I0890178

FRANSE LITERATUUR NA 1945

DEEL 2: RECENTE LITERATUUR

FRANSE LITERATUUR NA 1945

Deel 2: Recente literatuur

Jan Baetens & Koenraad Geldof (red.)

PEETERS
1998

D. 1998/0602/319
ISBN 90-429-0700-2

INHOUDSTAFEL

Voorwoord VII

I. Recente literatuur in Frankrijk. Een overzicht 1

Teksten, types, tendensen
Jan Baetens 3

II. Vorm en identiteit 17

Pascal QUIGNARD (°1948)
Bruno Blanckeman 19
Pierre MICHON (°1945)
Sidonie Loubry 33
Renaud CAMUS (°1946)
Jan Baetens 45
Pierre BERGOUNIOUX (°1949)
Dominique Viart 55

III. Het geheugen en de marge 69

François BON (°1953)
Dominique Viart 71
Didier DAENINCKX (°1949)
Koenraad Geldof 87
Régine DETAMBEL (°1963)
Els Jongeneel 109

IV. Experimentele literatuur 125

Jean LAHOUGUE (°1946)
Jan Baetens 127
TXT (1969-1993)
Jean-Pierre Bertrand 139
Jacques ROUBAUD (°1932)
Frédéric Briot 153

V. De minimalisten 165

Jean ECHENOZ (°1947)
Sjef Houppermans 167
LES JEUNES MINUIT
Sémir Badir 185

VI. Namenregister 197

Omtrent de auteurs 205

VOORWOORD

Elk overzichtswerk heeft op de een of andere manier te kampen met een klassiek en steeds terugkerend dilemma: auteurs en redacteuren moeten voortdurend kiezen tussen encyclopedische volledigheid of monografische diepgang. Slechts zelden wordt een overtuigende synthese tussen beide opties gevonden. Zo zijn er, wat de Franse naoorlogse literatuur betreft, verschillende literair-historische naslagwerken voorhanden, maar in vele gevallen gaat de vereiste tot volledigheid gepaard met een zeker gebrek aan diepgang: het resultaat is een onkritisch canoniserend en stereotiep ogend beeld van de contemporaine Franse literatuur. De lezer kan natuurlijk ook terecht bij eerder monografisch opgevatte studies rond een of meerdere auteurs, maar hier is de prijs van de analytische meerwaarde vaak een verbrokkeling door de afwezigheid van een globaal panorama. Benaderingen die de literatuur niet of onvoldoende inschrijven in een ruimere intertekstuele en sociaal-historische context zijn soms even onbevredigend als de oppervlakkig gewaande literatuurgeschiedenissen: het risico is reëel dat œuvres en auteurs op een onkritische manier verabsoluteerd worden.

Franse literatuur na 1945 is geen literatuurgeschiedenis in de strikte zin van het woord en streeft dus geen encyclopedische exhaustiviteit na. Toch wil het werk een *representatief* beeld schetsen van de belangrijkste evoluties in de Franse (dit wil zeggen: voornamelijk, maar niet uitsluitend hexagonale) naoorlogse literatuur en dat aan de hand van enkele prototypische figuren binnen verschillende genres. In die optiek krijgt een monografisch opgezette bundel toch een zekere literair-historische relevantie die verder nog versterkt wordt door een drietal andere elementen. Ten eerste wordt elk volume ingeleid door een omvangrijk overzichtshoofdstuk waarin de lezer een panorama van de voornaamste stromingen, auteurs en werken aangeboden krijgt. Zo beschikt zij of hij over voldoende achtergrondinformatie om de namen en œuvres die verder aan bod komen te kunnen situeren in een ruimere context en zo hebben ook die namen die verder niet weerhouden werden een plaats in het geheel. Ten tweede bevatten de meeste van de monografische hoofdstukken tal van intertekstuele en contextuele verwijzingen, zodat de lezer ook los van het inleidende overzicht gaandeweg, doorheen de lectuur van de verschillende hoofdstukken, een totaalbeeld krijgt van de voornaamste stromingen, auteurs en werken uit de naoorlogse Franse literatuur. Ten derde – en dit is geen onbelangrijke opmerking voor het eerste deel van een drieluik dat in een tijdspanne van anderhalf jaar gepubliceerd zal worden –, moet *Franse literatuur na 1945* opgevat worden als een *work in progress*. Wie een blik werpt op de inhoudstafel van dit eerste deel zal wellicht verwonderd zijn door de afwezigheid van enkele markante en erg invloedrijke figuren zoals Michel Leiris, Maurice Blanchot of Raymond Queneau. Toch is er geen sprake van een hiaat: veel van de afwezigen komen in de volgende volumes aan bod, hetzij monografisch (in het geval van Blanchot), hetzij als doorslaggevende intertekstuele factor in het ontstaan van meer hedendaagse stromingen en tendensen (in het geval van Leiris en Queneau). Met andere woorden, de drie volumes staan in nauwe relatie tot elkaar en vormen een netwerk van problematieken, auteurs en œuvres eerder dan een streng chronologisch en/of generisch afgebakende opeenvolging van monografische essays. Het uitgebreide en cumulatieve namenregister aan het eind van elk deel is in die optiek een meer dan nuttig instrument.

We bieden met dit drieluik de Nederlandstalige lezer een degelijk onderbouwd en zo representatief mogelijk overzicht aan van de naoorlogse Franse literatuur in al haar aspecten. Alle bijdragen zijn door binnen- en buitenlandse specialisten geschreven, wat borg moet staan voor de kwaliteit van de teksten. Degelijkheid betekent echter niet: afwezigheid van kritische evaluatie. *Franse literatuur na 1945* wil niet de illusie van een boventijdelijke, statische literatuur (-kritiek) wekken of bestendigen. Literatuur en literatuurwetenschap zijn voortdurend in beweging, ze vormen een dynamisch, soms conflictueel veld van spanningsrelaties: auteurs en œuvres worden onophoudelijk aan nieuwe interpretaties en waardenschalen onderworpen. *Franse literatuur na 1945* is, met andere woorden, een momentopname die eigen accenten legt en vroegere of andere momentopnames impliciet of expliciet op de korrel neemt.

Toch zal ons opzet pas echt geslaagd zijn, wanneer de lezer zelf op verkenningstocht trekt. Om haar of hem daarbij te helpen wordt elk essay afgesloten met een beknopte primaire en secundaire literatuurlijst, aangevuld waar mogelijk met een ruime selectie van Nederlandse vertalingen.

Jan Baetens & Koenraad Geldof

I

RECENTE LITERATUUR IN FRANKRIJK

Een overzicht

TEKSTEN, TYPES, TENDENSEN

Jan BAETENS

EEN LITERATUUR MET TWEE SNELHEDEN?

Het is verleidelijk om een overzicht van de Franse literatuur in de jaren '90 te beginnen met een herhaling van wat Julien Gracq reeds in 1953 constateerde. In het geruchtmakende schotschrift *La Littérature à l'estomac* schreef Gracq dat er twee literaturen bestaan, namelijk een traditionele, "niet-literaire", dominante literatuur en een vernieuwende, "literaire", gedomineerde literatuur. In beide literaturen delen de schrijvers alles met elkaar behalve dan die boeken die niet tot hun literatuur behoren. Na het elan van de moderniseringsbeweging uit de jaren '60 en '70, met een opvallend dominante rol voor allerlei vormen van soms extreem vernieuwende schrifturen, zou alles immers weer in de oude plooi gevallen zijn, en dit omwille van precies dezelfde redenen die een scherpzinnig observator als Gracq niet waren ontgaan: de ontgrenzing en de mediatisering van de literatuur hebben als gevolg dat de mens achter het boek en zijn aanwezigheid op het publieke forum elke bekommernis om de meer interne, literaire kwaliteiten van de tekst resoluut naar de achtergrond verdringen.

Deze hypothese is misschien wel verleidelijk, maar daarom nog niet overtuigend. Hoe reëel ze ook is, de kwestieuze splitsing is lang niet meer zo strikt als in de tijd van Gracq. Meer zelfs: in heel wat gevallen is het verre van duidelijk tot welk kamp bepaalde auteurs nu in feite behoren, met alle gevolgen vandien voor de positieve of negatieve beoordeling van hun werk. Sommige schrijvers richten zich zonder scrupules tot een zeer breed publiek. Het voorbeeld van Georges Perec vindt dus navolging: met *La Vie mode d'emploi* (1978) bewees Perec immers dat auteurs van avant-gardeteksten zich niet moeten schamen voor werken die zowel de meer gespecialiseerde lezer als diens op sensatie of escapisme beluste huisbewaarder kunnen bekoren. Zo wordt de muur tussen de twee literaturen waar Gracq het over had, gesloopt. Interessant hierbij is dat de dynamiek zich in beide richtingen beweegt en vooral dat ze meestal ook perfect omkeerbaar is. Moeilijk geachte auteurs zoals Jacques Almira (*La Fuite à Constantinople*, 1986), René Belletto (*L'Enfer*, 1986), Renaud Camus (*Roman Roi*, 1983) of Dominique Noguez (*Les Derniers jours du monde*, 1992) voelen plots de aandrang om populaire boeken uit te brengen, maar ze verzaken daarom niet aan ander, meer ambitieus werk. Rasechte brood- of volksschrijvers zoals Daniel Pennac (*Monsieur Malaussène*, 1995), Philippe Djian (*Assassins*, 1994) of Didier Daeninckx (*Autres lieux*, 1993) vinden dan weer moeiteloos hun weg naar meer prestigieuze vormen van tekstproductie, naar andere en hoger gekwoteerde uitgevers en naar minder stereotype stijlen en thema's. Het gemak waarmee de *Poulpe*-reeks, een hyper-commerciële misdaadreeks met een nieuw soort (anti)held in de hoofdrol maar verder totaal schatplichtig aan alle denkbare sjablonen van het genre, een pak gevestigde schrijvers heeft kunnen overhalen om onder eigen naam een aflevering voor dit succesverhaal te schrijven, is een mooi voorbeeld van de veel nauwer geworden relatie tussen verschillende types auteurs en teksten. De evolutie van iemand als Antoine Volodine (*Lisbonne, dernière marge*, 1990; *Vue sur l'ossuaire*, 1998) vormt dan in deze optiek wellicht de spreekwoordelijke uitzondering op de regel: Volodine debuteert in het genre van de science fiction, dat in Frankrijk nooit hetzelfde succes heeft behaald als in de Angelsaksische wereld, maar nadien ruilt hij de populaire literatuur in voor weerbarstige, sombere en sterk politiek geladen romans.

De hypothese van de twee literaturen loopt echter ook nog op een ander punt mank. De versplintering van de hedendaagse literatuur overstijgt immers oneindig de tweedeling waarop Gracq zijn pijlen richtte. Wat men ook moge beweren omtrent de al of niet bestaande scheidingslijn tussen commerciële en niet-commerciële literatuur, de doorgedreven versnippering van het literaire landschap is een onomstotelijk gegeven. Beslist, veel auteurs blijven op hun onafhankelijkheid staan; alleen, ze verdedigen die positie niet langer door de productie van stilistisch tegendraadse en daarom hoogst herkenbare teksten. *Extension du domaine de la lutte* (1995) van Michel Houellebecq, een echte cultroman over de vervreemding van een informatica-instructeur, is een goed voorbeeld van deze zoektocht naar een persoonlijke schriftuur die niet langer teert op branie-achtig geschrijf maar zich op het eerste gezicht lijkt te schikken naar de regels van het klassiek opgebouwde verhaal (zie ook *Les Particules élémentaires*, 1998). Andere auteurs lezen en becommentariëren elkaar alleen maar wanneer die dialoog geschraagd wordt door een of andere institutionele onderbouw. Zo groeperen schrijvers zich opnieuw meer en meer in functie van strategische belangen van uitgeverijen en tijdschriften. In tegenstelling tot wat sommigen beweren, is de rol van tijdschriften verre van uitgespeeld: veel uitgevers herontdekken hun belang voor de globale publicatiepolitiek. Het mediafenomeen dat *Revue de littérature générale* heet, kan model staan voor deze evolutie: in 1995 en 1996 (er verschenen slechts twee nummers) vormde dit lijvige, spotgoedkope en fraaie jaarboek een symbolisch en modernistisch tegenwicht voor de commerciële verbredingsstrategie van de uitgever P.O.L.

Daarenboven – en dat is een derde factor die de stelling van de twee literaturen ondergraaft – wekken de niet aflatende klaagzangen over de verkleutering en de commercialisering van de literatuur argwaan. Niemand zal ontkennen dat boekhandels en uitgeverijen moeilijke tijden beleven, dat concentraties en verticale afspraken tussen uitgevers en verdelers de doorsnee boekhandel in de tang nemen, dat de directe verkoop via Internet het reeds bescheiden marktaandeel van de kleine, onafhankelijke boekhandelaar nog verder afkalft, dat de structurele overproductie een indirecte censuur inhoudt op commercieel minder goed ondersteunde boeken, of nog dat de aandacht van de media voor de schone letteren en het bestsellersyndroom onvermijdelijk samengaan. Daar staat dan weer tegenover – en ik beperk me hier tot de productie van nieuw literair materiaal – dat elk interessant manuscript vroeg of laat toch wordt gepubliceerd (zo beweert althans Michel Deguy in *Le Comité* (1990), een bewogen aanklacht tegen de kruideniersmentaliteit van Gallimard); dat de reputatie van een nieuw auteur niet noodzakelijk op televisie of in de grote media wordt gemaakt en dat ook minder toegankelijke auteurs zoals François Bon niet per definitie uit de studio's geweerd worden; dat schrijvers van een oeuvre nog steeds de tijd krijgen om langzaam een band op te bouwen met een breder publiek (de carrière van Pierre Bergounioux zou op dit vlak een geruststelling moeten zijn); dat het blazoen van het jaarlijkse prijzencircus meer en meer besmeurd raakt (zozeer zelfs dat de toekenning van een belangrijke literaire prijs zich soms tegen de laureaat keert); dat er ruimte is en blijft voor nieuwe en creatieve uitgeverijen zoals Verdier of Tristram, en ten slotte dat een op sterven na dood gewaand genre als de poëzie ondanks alles een benijdenswaardige positie blijft bekleden. Bovendien komen recente en soms gedurfde titels veel sneller dan vroeger in het pocket-circuit terecht. Ook het exponentieel groeiende Internet biedt steeds meer mogelijkheden voor de literatuur: electronische uitgeverijen verspreiden werk dat nergens elders onderdak vindt – wegens te onrendabel – en schuimen de ontelbare literaire discussiefora af naar nieuw talent en vooral naar nieuwe vormen van (hyper-)tekstproductie.

De hertekening van het literaire landschap wordt bovendien meer en meer beïnvloed door een fenomeen waarvan Gracq wellicht het bestaan niet had kunnen voorzien. In het literaire veld is inderdaad recentelijk een nieuwe speler opgedoken die tot voor kort nooit een rol van betekenis heeft gespeeld in het Franse uitgeverijwezen, namelijk de overheid. Die tussenkomst situeert zich sinds de verregaande regionalisering van het Centre National des Lettres zowel op nationaal als op lokaal vlak. Net zoals in de theaterwereld, zij het op een heel wat bescheidener schaal, zorgt een krachtig letterenbeleid ervoor dat vernieuwing en experiment een zekere ademruimte behouden. Anderzijds – en dat is de keerzijde van de medaille – hangen de overlevingskansen van uitgeverijen, de eventuele publicatie van een boek en de mogelijkheid van het schrijven *überhaupt* (via beurzen) meer dan vroeger af van bureaucratische beslissingen. Men kan eindeloos palaveren over de criteria voor de toekenning van subsidies – opvallend genoeg is de kritiek op de werking van de verschillende commissies en instanties eerder schaars –, maar een ding is zeker: zonder de energieke steun van de overheid voor het boekwezen in al zijn aspecten zou het hedendaagse literaire landschap er ongetwijfeld schraler uitzien.

EEN LITERATUUR IN DE VERDRUKKING?

Enige zin voor nuance is eveneens geboden wanneer we het hebben over de vraag naar de positie van de Franse literatuur binnen een sterk gemundialiseerde markt. De paniekstemming die bij sommigen wordt veroorzaakt door de opmars van de Amerikaanse cultuur in al haar facetten, stemt niet helemaal overeen met de werkelijkheid. De internationalisering heeft ongetwijfeld ook in het literaire veld vragen doen rijzen omtrent de hegemonie van het Amerikaanse model. De overtuiging wint veld dat nieuwe auteurs en nieuwe trends niet langer in Parijs maar in New York gemaakt worden en dat auteurs die hiermee geen rekening houden onherroepelijk veroordeeld zijn tot een pathetisch provincialisme. Op het einde van de meest recente globale Franse literatuurgeschiedenis – niet toevallig op het conto te schrijven van Amerikaanse en in Amerika werkende specialisten –, schrijft Denis Hollier: "Amerika is de toekomst van een Franse literatuur die nu definitief *extra muros* opereert."

De media, de meeste politici en marktgevoelige auteurs zoals Philippe Sollers hebben die stelling snel onderschreven. Er heerst vrij algemeen een *directe* fascinatie voor de Verenigde Staten. In die context is het verwijt van navelstaarderij niet van de lucht: Franse auteurs zouden teveel met zichzelf en met hun eigen geschrijf bezig zijn, terwijl, zo beweert men, hun Amerikaanse collega's met twee voeten in de werkelijkheid staan. *Indirect* is het geflirt met Amerika wellicht ook het gevolg van een zekere bloedarmoede in het Franse literaire systeem zelf. Sommige commentatoren stellen onomwonden dat de inbreng van jonge auteurs of nieuwe stijlen in het niets verzinkt tegenover de verstikkende invloed die de literatuur van gisteren blijft uitoefenen. Meer nog: veel jonge auteurs zijn leraar of docent en ze spiegelen zich maar al te vaak aan de taal en stijl van de gecanoniseerde auteurs die ze onderwijzen.

Het is inderdaad erg frappant hoezeer het Franse literaire leven drijft op de voortdurende herontdekking van de eigen oude glories. Camus, om maar een voorbeeld te noemen, prijkt al decennia lang op de lectuurlijsten in het Franse onderwijs en hij weet zich op die manier om de vijf à tien jaar verzekerd van een nieuwe generatie lezers. De praktijk van de laattijdige erkenning van auteurs die in hun jeugd niet noodzakelijk tot de grootste vernieuwers behoorden, wijst in dezelfde richting. Ik denk hier bijvoorbeeld aan de 'rehabilitatie' van Emmanuel Bove in de jaren '70 en '80 (*Mes Amis*, 1932; heruitgave 1977) of van Louis Calaferte in de jaren '80 en '90 (*Septentrion*, 1963; heruitgave 1984). Steeds in dezelfde optiek verwijs ik nog naar de uiterst selectieve en vrij trivialiserende receptie van oeuvres die nochtans hyper-experimenteel geacht werden en worden. Georges Perec is vandaag wellicht de meest toonaangevende Franse auteur, maar de prijs van die postume canonisering is hoog: men heeft vooral oog voor de eerder populaire, toegankelijk teksten zoals *La Vie mode d'emploi* (1978), een encyclopedische roman, of *Je me souviens* (1978), een bundel jeugdherinneringen. Het grote publiek identificeert zich met Perecs evocatie van het Frankrijk van de jaren '50 en misschien verraadt het succes van dit boek ook een vaag schuldgevoel vanwege de Franse lezer ten opzichte van een joods auteur wiens moeder in Auschwitz verdween. De heisa rond elke nieuwe roman van Claude Simon – denk aan de publicatie van *Le Jardin des plantes* in 1997 – draagt ongetwijfeld bij tot het groeiende prestige van deze Nobelprijswinnaar, maar ondanks alles blijven zijn meest gedurfde werken van vroeger wrevel opwekken. Het verrassende succes van een oude glorie als Claude Ollier met *Feuilleton* (1990) of *L'Aberration* (1997) drijft een wig tussen het recente, sterk autobiografisch getinte werk en de hele *Nouveau Roman* die toch de voedingsbodem is van zijn schriftuur. Zo wordt de nochtans experimentele cyclus *Le Jeu d'enfant* (1958-1971) sinds de recente heruitgave op een veel klassiekere manier gepercipieerd dan vroeger.

De nogal verkrampte en chauvinistische omgang met het eigen literaire patrimonium wordt daarenboven nog versterkt door een andere dynamiek. Van de verschillende verruimingsbewegingen – bijvoorbeeld de strijd voor de opwaardering van de periferie ten opzichte van het extreem dominante centrum – is weinig of niets in huis gekomen. De niet-hexagonale literaturen zijn er niet in geslaagd om de Franse literatuur te veranderen in een mozaïek van gelijkwaardige franstalige literaturen. Soms verengt de literaire periferie tot een afgesloten, autonoom subsysteem: Québec, bijvoorbeeld, lijkt wel een eiland geworden, terwijl Creoolse auteurs een vrij schizofrene literatuur produceren die grondig verschilt al naargelang het boogde publiek, Frans of Antilliaans. Elders wordt de periferie door het centrum opgeslokt. De belangrijkste franstalige auteurs in België – Eugène Savitzkaya (*La Disparition de maman*, 1982; *Marin mon coeur*, 1992), Jean-Philippe Toussaint (*La Salle de bain*, 1985; *La Télévision*, 1997), Patrick Roegiers (*Hémisphère Nord*, 1995) en Jean-Claude Pirotte (*Plis perdus*, 1994) – hebben weinig of geen uitstaans meer met welke vorm dan ook van Belgische of Waalse identiteit.

Toch wijst al het voorgaande niet op een stagnatie of achteruitgang van de Franse en/of franstalige literatuur. Er zijn ook andere, eerder positieve tendensen. Het literaire systeem is autonomer geworden, het vernieuwt zich gestaag en is dus voldoende veerkrachtig om zich niet zomaar neer te leggen bij de hegemonie van Amerikaanse modellen. De autonomiseringsdynamiek is vooral te danken aan het verdwijnen van de klassieke avant-garde die sinds de jaren '20 onophoudelijk de onzekere grens tussen literatuur en politiek, tussen tekst en engagement, tussen kunst en leven in vraag had gesteld. Vandaag is die avant-garde nagenoeg totaal verdwenen. *L'Organisation* (1996) van Jean Rolin is hiervan een teken aan de wand: het boek beschrijft de laatste stuiptrekkingen van het gewapende ondergrondse verzet tijdens de nadagen van mei '68 en het hangt een ontluisterend beeld op van de hedendaagse vormen van 'engagement.' De implosie van de engagementsproblematiek blijkt ook duidelijk uit het feit dat nieuwe vormen van politieke betrokkenheid – in de context van de overwegend Angelsaksische *cultural studies* en van allerlei militante identiteitsformaties (vrouwen, Afro-Amerikanen, homo's en lesbiennes, enzovoort) – in Frankrijk niet of nauwelijks vaste voet aan de grond krijgen.

Deze laatste vaststelling verdient de nodige aandacht. In de Angelsaksische wereld zijn de verschillende zogenaamde minderheidsvertogen de ware catalysator van politieke vernieuwing en van het vernieuwde engagement. Cultuur, literatuur en politiek zijn hier nauw met elkaar verbonden. Niet zo echter in Frankrijk. Daar weigeren auteurs gewoonweg om als spreekbuis te fungeren voor sociale groepen, zelfs wanneer ze tot deze of gene groep behoren. Homoseksuele schrijvers wijzen het etiket 'homoseksueel schrijver' resoluut van de hand en hetzelfde geldt, *mutatis mutandis*, voor vrouwen, Maghrebijnse schrijvers en zij die zich met hun werk expliciet tot de arbeidersklasse richten. Alleen de strikt literaire kwaliteiten tellen. Op inhoudelijk vlak is de Franse literatuur niet verkaveld volgens raciale, seksuele of sociale scheidingslijnen. Het werk van Marie Ndiaye (*Comédie classique*, 1987; *Un temps de saison*, 1994; *La Sorcière*, 1995) is op en top Frans, wat niet belet dat de verstrengeling van het fantastische en het alledaagse, Ndiayes handelsmerk, bijzonder origineel is. Renaud Camus, nochtans een militant homoseksueel, stelt voortdurend dat het etiket 'homoseksueel schrijver' een regelrechte belediging is. Frankrijks prominentste vertegenwoordiger van wat de Angelsaksische kritiek *aids-fiction* is gaan noemen, Hervé Guibert (*A l'ami qui ne m'a pas sauvé la vie*, 1990; *Le Protocole compassionnel*, 1991), was tot aan zijn dood dezelfde mening toegedaan. Dit geldt zelfs voor de zeer expliciete en harde homoseksuele schriftuur van een Guillaume Dustan (*Dans ma chambre*, 1996), die zijn fictionele 'getto' op geen enkel moment loskoppelt van de maatschappij en de taal. Wie artistieke ambities koestert, onthoudt zich van de militante verdediging van een of andere vorm van identiteit. Het Franse literaire veld is op dit punt eerder traditioneel: het beantwoordt aan klassiek republikeinse en universele waarden en de interne ontwikkeling van de literatuur wordt niet door buiten-literaire krachten en normen gestuurd. Men zal dus tevergeefs zoeken naar ideologisch sterk geprofileerde reeksen of uitgeverijen van specifieke *communities* zoals die vandaag welig tieren op de Angelsaksische boekenmarkt. Het verwerven van een eigen stem en een eigen identiteit verloopt, op literair vlak, fundamenteel via de omgang met de Franse taal: door een proces van literaire assimilatie vloeien uniciteit en universalisme samen. *Phobos, cité des anges* (1995) is hiervan een mooi voorbeeld. In deze bundel schrijven zeer jeugdige, Noordafrikaanse inwoners van een probleemwijk te Nîmes hun ervaringen neer naar aanleiding van een *atelier d'écriture* dat door François Bon georganiseerd werd. Deze getuigenissen tonen aan hoezeer emancipatie en het winnen van zelfrespect verbonden zijn met de beheersing van het Frans. Dit blijkt ook uit andere werken die het leven in de grijze voorsteden als thema hebben: ik denk hierbij aan Jean Rolins *Zones* (1995), François Maspéro's *Les Passagers du Roissy-Express* (1990) en aan Annie Ernaux' *Journal du dehors* (1993). Deze sobere en indringende teksten zoeken in de omgang met de taal een soort tegengif dat troosteloze levens enigszins draaglijk kan maken.

In het Franse literaire systeem tekent zich nog een andere tendens af: de poëzie en de roman evolueren geleidelijk tot vertoogvormen waarin een ruimere literaire probleemstelling wordt gethematiseerd. De poëzie, bijvoorbeeld, keert zich af van de hermetische traditie van uiterst ascetische en gul met bladwit omspringende dichters zoals Jacques Dupin (*Echancre*, 1991) en André du Bouchet (*Poèmes et proses*, 1995): ze wordt gevoelig voor de diversiteit van stijl en stelt zich vragen over de zin en onzin van het poëtische bedrijf. Dit is geen teken van crisis of onmacht. Integendeel, het duidt op een grote bekommernis voor de literatuur zelf en op het feit dat de poëzie zichzelf niet langer beschouwt als een marginaal of onaantastbaar genre (zie bijvoorbeeld *La Voix d'Orphée: essai sur le lyrisme* (1989) van

Jean-Pierre Maulpoix). Verder wordt ongeremd teruggegrepen naar klassieke vormschema's: Jacques Roubaud publiceert in 1990 *Soleil du soleil: le sonnet français de Marot à Malherbe*, een bloemlezing van de oudst bekende sonnetten; onder het pseudoniem van Saint-Amand bundelt Didier Coste in *La Leçon d'Ottilia* (1994) niet minder dan 150 sonnetten; en in 1989 brengt de dichter-uitgever Alin Anseeuw in de bundel *Sonnets* een aantal dichters samen die elk op hun eigen manier de traditionele sonnetvorm te lijf gaan. De roman, die misschien iets aan belang inboet, zoekt steeds meer aansluiting bij allerlei vormen van bekentenisliteratuur. Deze evolutie levert in sommige gevallen uitermate boeiend werk op zoals dat van Gérard Macé die in essay-achtige ficties de biografieën van bekende figuren en auteurs lyrisch herinterpreteert (*Le Dernier des Egyptiens*, 1998: een herinterpretatie van Champollion via Fenimore Cooper). Anderzijds moeten we vaststellen dat, in tegenstelling tot vroeger, vertalingen nauwelijks nog een creatieve impuls betekenen voor de Franse literatuur. Hoewel het aantal vertalingen blijft toenemen, is hun invloed nagenoeg onbestaand. In de jaren '80 of '90 zijn er geen auteurs meer waarvan de rol vergelijkbaar is met die van reuzen zoals Hemingway, Dos Passos, Faulkner of Kafka. Het centrale referentiepunt voor de hedendaagse Franse literatuur is ongetwijfeld Faulkner, wat wijst op een zeker gebrek aan interessante eigentijdse, buitenlandse modellen. De schrale import van niet-Franse literaire modellen staat, paradoxaal genoeg, in fel contrast met de massale expansie, ook in Frankrijk, van de Amerikaanse en Japanse film, televisie, strip en multimedia-producten.

VERSCHUIVING EN VERDIEPING

De actuele Franse literatuur wordt niet gekenmerkt door een verregaande, postmoderne versplintering van de productie of de receptie waarbij, zoals elders wel het geval is, bepaalde auteurs ten behoeve van een specifiek publiek publiceren of waarbij bepaalde lezers alleen nog die auteur(s) lezen en geen andere. Anders gezegd: een aantal belangrijke tendensen slaan op het literaire systeem als geheel, los van genre- en stijlverschillen. Deze relatieve homogeniteit blijkt bijvoorbeeld uit de algemene herwaardering van het modernistische project.

Tijdens de jaren '70 werd de experimentele literatuur *en vrac* overboord gegooid en konden de vroegere paria's van de literatuur – de plot, het personage, de leesbaarheid – weerwraak nemen. Toch heeft de *revival* van de eerder klassieke narratieve structuren het streven naar formele vernieuwing en verdieping niet volledig begraven.

Het formalisme leeft en dat is niet in het minst de verdienste van de auteurs uit de zeer experimenteel gerichte OuLiPo-groep. Met respectievelijk *le grand incendie de Londres* (1989) en *Pourquoi je n'ai écrit aucun de mes livres* (1986) bewijzen Jacques Roubaud en Marcel Bénabou de vitaliteit van de experimentele schriftuur op een ogenblik dat die niet meer echt *salonfähig* was. Ook auteurs die als het ware aan een tweede carrière beginnen, dragen bij tot de renaissance van het formalisme: Denis Roche, een ex-*Telquellien,* publiceert naast een innoverende essaybundel, *Dans la maison du sphynx* (1992), zijn *Poésies complètes* (1995), en na het *TXT*-avontuur waagt Christian Prigent zich aan een niet minder veeleisende solocarrière waarin vooral de essays *Tous ceux qui merdRent* (1993) en *Une Erreur de la nature* (1996) in het oog springen. Jean-Claude Montel, een auteur uit de vroegere *Change*-stal, werpt zich op de expliciet politieke roman (zoals in *Relance à pagailles,* 1996). Jean Lahougue doorbreekt een stilte van bijna tien jaar met de publicatie van twee nieuwe boeken, *La Ressemblance et autres abus de langage* (1989) en *Le Domaine d'Ana* (1998).

De sterkste impulsen tot vernieuwing gaan echter uit van twee tijdschriften, namelijk *Revue de littérature générale* (P.O.L) met vooral de twee fel besproken nummers van 1995 en 1996, en het materieel meer bescheiden doch literair niet minder ambitieuze *Formules* dat sinds 1997 bij L'Age d'Homme verschijnt. Niettegenstaande verschillen qua periodiciteit, volume en standvastigheid ten opzichte van het modernistische credo verdedigen beide bladen de idee van een sterk autonome literatuur zonder zich daarbij evenwel te spiegelen aan een specifiek genre of een specifieke groep van auteurs. Zowel in de *Revue de littérature générale* als in *Formules* vindt de lezer oorspronkelijk materiaal en vertalingen, teksten van hedendaagse en oude auteurs (tot en met uit de Oudheid). Deze openheid wordt echter wel verschillend gemotiveerd: de *Revue de littérature générale* experimenteert graag met moderne *sampling*-technieken – en in die zin is het blad wellicht de ware erfgenaam van de doodgewaande avant-garde –, terwijl

Formules eerder zweert bij een geloof in het creatieve potentieel van de vorm op zich die als *contrainte* ("dwang", "regel") het schrijfproces in gang zet en stuurt. Hoe dan ook, het resultaat is analoog: de inhoudstafel van beide bladen lijkt op een fel gekleurd *patchwork* van teksten en tradities, waarvan de diversiteit gekanaliseerd en gestroomlijnd wordt door een expliciet programmatische visie op de literatuur. Binnen het literaire veld belichamen de *Revue de littérature générale* en *Formules* het literaire modernisme, zij het niet langer in de betekenis van een naïef streven naar vernieuwing omwille van de vernieuwing. Het werk van Olivier Cadiot (*L'Art poétic'*, 1988; *Futur, ancien, fugitif*, 1993), een van de stichters van de *Revue de littérature générale*, speelt hierbij een voortrekkersrol.

Ook meer gevestigde auteurs zoals Jean Echenoz of François Bon schrijven zich in in deze dynamiek van vormelijke en stilistische vernieuwing. Het zijn twee auteurs met een herkenbaar *oeuvre* – denk aan Echenoz' melancholische ironie of aan Bons ongeslepen syntaxis –, maar niettemin proberen ze met elk nieuw boek een andere toon, een onuitgegeven invalshoek aan te boren. Zo blijft hun werk onvoorspelbaar, uitdagend. Hetzelfde kan gezegd worden van Pierre Bergounioux bij wie de zeer constante en afgelijnde thematiek – het mijmeren over de verloren kinderjaren in een wereld die onherkenbaar is veranderd – en het hoogstpersoonlijk idioom vernieuwing en experiment allerminst uitsluiten. Régine Detambel verzoent met groot gemak haar klassieke en vormelijk erg afgemeten proza met de hedendaagse zin voor experiment en stijl. De meest gelauwerde auteur van deze nieuwe generatie, Pierre Michon, evolueert in dezelfde richting, hoewel zijn proza bij momenten wat overwoekerd wordt door een te gezwollen pathos. Zelfs auteurs van iets conventioneler proza laten zich op het formele vlak niet onbetuigd. Ik denk hier bijvoorbeeld aan het erg in trek zijnde genre van de *autofiction* dat steunt op de vermenging van realiteit en fictie, van roman en autobiografie. Vooral de soms wrede en provocerende teksten van Hervé Guibert hebben de *autofiction* haar literaire meerwaarde gegeven.

De relatieve homogeniteit van het Franse literaire systeem situeert zich niet enkel op vormelijk vlak: ze is eveneens tot op zekere hoogte thematisch. Veel romans draaien rond de ouder-kind-relatie. *Nous deux* (1995) van Nicole Malenconi – de wrange titel verwijst naar het gelijknamige pulpblad – vertelt het verhaal van een stervende moeder; de romans van Marie Ndiaye handelen vaak over gebroken gezinnen en over de invloed van televisie op kinderen. In *Les Champs d'honneur* (1990) biedt Jean Rouaud een nostalgische terugblik op het dorpsleven in de jaren '40 en '50 waarin de grootvader een op zijn minst even belangrijke rol speelt als de vader. *Marin mon coeur* (1992) van Eugène Savitzkaya is een vertederend boek over het kersverse vaderschap. Jean-Benoît Puech heeft deze thematiek in de veruit meest literaire vorm gegoten in een aantal scherpzinnige teksten waarin de confrontatie tussen een modernistische vaderfiguur – belichaamd door Louis-René des Forêts – en een woordenloze, postmodernistische zoon centraal staat (*Du vivant de l'auteur*, 1991; *L'Apprentissage du roman*, 1993; *Toute Ressemblance ...*, 1996). Verder komt de verhouding van het individu met zijn directe omgeving zeer vaak aan bod. Sociale en existentiële vervreemding – dikwijls gesitueerd in een heel specifiek en herkenbaar temporeel en ruimtelijk kader (de teloorgang van het platteland of van de oude industrieën) – loopt als een rode draad door heel wat romans. De vervreemdingsproblematiek beperkt zich echter niet alleen tot de spanningsverhouding tussen heden en verleden. Voor de zogenaamde minimalisten zoals Christian Gailly (*K. 622*, 1989; *Les Evadés*, 1997), Christian Oster (*Le Pique-nique*, 1997), Patrick Deville (*Cordon bleu*, 1987) en Rossano Rosi (*Derrière les plinthes*, 1998) is vervreemding eerder het gevolg van de afgrondelijk banaliteit van het bestaan. Het resultaat van beide diagnosen is identiek: verhalen over gebroken wezens in een ontwrichte tijd.

Tot slot van dit overzicht vermeld ik nog een laatste element dat wijst op de toegenomen autonomie van het literaire systeem, namelijk de relatieve afwezigheid van directe interactie tussen de literatuur en de andere media. In vergelijking met de Angelsaksische wereld is de Franse poëzie bijvoorbeeld niet echt indringend beïnvloed door de poëticale aspecten van de rapcultuur in de voorsteden. In *Limite* (1985) probeert François Bon ritmes en thema's uit de rockmuziek literair te vertalen, maar het eindproduct toont vooral hoe moeilijk beide registers met elkaar te verzoenen zijn. Een ander geval is dat van de film. Tussen de *Nouveau Roman* en de *Nouvelle Vague* lagen de gelijkenissen voor het rapen. Vandaag lijken beide media zich onafhankelijker dan ooit van elkaar te ontwikkelen, enkele uitzonderingen zoals Alain Fleischer (*Là pour ça*, 1987) niet te na gesproken. De vitaliteit van de recente Franse film, met zijn krachtige beeldtaal en het genadeloze en soms gewelddadige inzoomen op sociale wantoestanden (*Les Amants du Pont-Neuf* van Carax uit 1991; *La Haine* van Kassovitz uit 1995), heeft voorlopig nog geen literaire pendant gevonden. *Un an* (1997) introduceert in het oeuvre van Echenoz de sociale problematiek van de daklozen, maar dit gebeurt op een typisch Echenoziaanse manier, dit wil zeggen: op en top literair. In *Temps machine* (1992) schildert François Bon op een weergaloze manier de teloorgang van de traditionele fabriekscultuur; de gehanteerde taal verwijst echter evenzeer naar de innerlijke verscheurdheid van Bons eigen schriftuur, met ander woorden: naar een literaire problematiek. Kortom, de literatuur is autonoom, zeker, maar sterk op zichzelf teruggeplooid en dat is niet zonder problemen. Zo blijft de literatuur in hoge mate ongevoelig voor de vele en snelle veranderingen van het Frans als omgangstaal. Van de versnelde argotisering van het Frans vindt men in de literatuur nauwelijks sporen terug. Hierin schuilt wellicht een nieuwe uitdaging voor de literatuur, die trouwens evenzeer een uitdaging voor de taal zelf is: hoe zal de literatuur het verander(en)de spreken vorm geven?

BEKNOPTE BIBLIOGRAFIE

BAETENS, Jan & VIART, Dominique, *Etats contemporains du roman*, Paris, Lettres Modernes Minard, 1998.

HOLLIER, Denis (éd.), *De la littérature française*, Paris, Bordas, 1993.

MITTERAND, Henri (e.a.), *Littérature XXe siècle. Textes et documents*, Paris, Nathan, 1992.

PREVOST, Claude & LEBRUN, Jean-Claude, *Nouveaux territoires romanesques*, Paris, Messidor – Ed. Sociales, 1990.

RICHARD, Jean-Pierre, *Lectures du jour*, Paris, Seuil, 1995.

VERCIER, Bruno, *La Littérature en France depuis 1968*, Paris, Bordas, 1982.

VIART, Dominique (éd.), *Mémoire du récit*, Paris, Lettres Modernes Minard, 1998.

De volgende tijdschriftnummers zijn integraal of gedeeltelijk gewijd aan een of ander aspect van de recente Franse literatuur: *CRIN* ("Jeunes romanciers de Minuit", n° 27, 1994), *Stanford French and Italian Studies* ("Regards sur la France des années 1980. Le Roman", n° 80, 1994), *L'Infini* ("50 irrécupérables", n° 52, 1995), *Textyles* ("Lettres du jour I", n° 13, 1996; "Lettres du jour II", n° 14, 1997) en *Yale French Studies* ("Same Sex, Different Text?", n° 90, 1996), *Littérature* ("De la poésie aujourd'hui", n° 110, 1998).

II

VORM EN IDENTITEIT

PASCAL QUIGNARD
(°1948)

Bruno BLANCKEMAN

Pascal Quignard wordt op 23 april 1948 geboren in Verneuil-sur-Avre (Normandië). Van 1976 tot 1994 zetelt hij in het leescomité van Gallimard. Als getalenteerd musicus richt hij samen met enkele vrienden een klassiek ensemble op dat lange tijd privéconcerten geeft. Quignard is een mysterieus man die zich ver van het literaire gewoel houdt, een geleerde, iemand die elke ochtend vanaf vier uur vergeten teksten uit vroegere eeuwen, onvermoede auteurs uit vreemde beschavingen en miskende werken van erkende auteurs leest. Sinds 1969 heeft hij een veertigtal boeken op zijn actief. Hoewel hij slechts enkele romans geschreven heeft en meerdere tientallen traktaten, is zijn succes toch voornamelijk te danken aan een van deze romans, *Le Salon du Wurtemberg* (1986). De romans waardoor de auteur wat meer publieke erkenning gekregen heeft, vormen het bekendste deel van zijn oeuvre, de traktaten zijn er het ongekende, duistere deel van. Via deze teksten beoogt Quignard een andere vorm van communicatie, een ander type lezer ook: hier spreekt niet de schrijver tot zijn publiek, maar de ene lezer tot de andere.

Zoals menig ander auteur van zijn generatie zoekt Quignard opnieuw aanknoping met de tot voor kort zo verguisde kunst van het vertellen, maar hij laat daarbij de vormexperimenten die het verhaal in de vorige decennia ter discussie hadden gesteld, niet zomaar achterwege. Het vertellen valt niet automatisch samen met de structuur en de eigenheid van de roman, en deze tweeslachtigheid maakt van het verhaal een schitterend instrument voor teksten over/in onzekere tijden. In de traktaten cultiveert de schrijver de herinnering en het verleden van taal en literatuur, hij buigt zich over wat vergeten is en herontdekt auteurs, redenaars, predikanten die sinds eeuwen niet meer worden gelezen. Op die manier ontstaat een tekst die de Roman van een Modern Geletterd Mens zou kunnen heten. Quignard staat bovendien niet weigerachtig tegenover gelegenheidsteksten zoals essays over schilderkunst, commentaren in kunstboeken, filmscenario's, libretto's of choreografieën. Deze intense activiteit getuigt van een zeer open kijk op het schrijverschap. Quignard maakt graag uitstapjes buiten de literaire heiligdommen waarvan hij voor de rest een onvoorwaardelijk behoeder is. Dankzij de mengeling van stijlen en genres ontsnapt het oeuvre aan elke strikte categorisering. Anderzijds vestigt de generische verscheidenheid paradoxaal genoeg de aandacht op de al even sterke eenheid van thema's en interessepunten.

In Quignards uitgesproken betrokkenheid op de geschiedenis (met de Klassieke Oudheid in een prominente rol), in zijn fascinatie voor de taal (met de grote aandacht voor de etymologie) en in de obsessie voor de thematiek van de kindertijd, ervaart de lezer steeds weer een bijna archaïsche spanning. Deze spanning vloeit op haar beurt voort uit een drukkend gevoel van ongemak en onvrede dat cruciaal is voor de ervaringswereld van de romanpersonages en dat de traktaten uitdrukken via het spel met ideeën. De schrijver peilt onrustig naar zichelf, hij is onvermoeibaar op zoek naar het onbekende in hem, onder het mom van meditatieve verzinsels of romaneske meditaties, die, stuk voor stuk en zonder toe te geven aan het anekdotische, de bouwstenen leveren voor een even indrukwekkende als complexe en indirect autobiografische constructie.

Quignards voornaamste romans – *Carus* (1979), *Le Salon du Wurtemberg,* (1986) en *Les Escaliers de Chambord* (1989) – ademen op narratief en thematisch vlak dezelfde onrust uit. De klassieke verhaalstructuren worden overhoop gehaald en de onbestemdheid van intrige en personages creëert het beeld van een subject in verwarring. De crisis van het verhaal en de crisis van een persoonlijkheid lopen parallel: de taal functioneert niet langer naar behoren, het geheugen en het geweten zijn bedrieglijk, het onbewuste speelt iedereen parten, het gevoelsleven mist vaste grond.

Het debuut, *Carus*, handelt over de depressie van een personage dat koppig zwijgt. Vrienden proberen hem opnieuw moed in te spreken. Het thema van de roman valt samen met de geschiedenis van een vriendschap, wat op zijn beurt onlosmakelijk verbonden is met een taalproblematiek: hoe week je woorden los uit hun dagelijkse banaliteit, hoe geef je ze opnieuw menselijke waarde en kracht? De eerste vraag zet de intrige in gang; de tweede doet ze stokken door een soort van spiegeleffect: de taal is immers niet alleen instrument, maar ook zelf onderwerp van de vertelling zoals in de experimentele literatuur van de jaren '60. Het verhaal valt uiteen in passages met een minimale vorm van vertelling – de verteller brengt zeer beknopt verslag uit van zijn ontmoetingen met de depressieve vriend – en in zeer lang uitgesponnen – want minutieus gereconstrueerde – dialogen. De inhoud van de gesprekken versterkt deze dubbelstructuur: de conversatie draait voortdurend uit op een kritiek op de taal, die verwoord wordt met behulp van een zeer erudiet fonetisch, morfologisch, filosofisch vertoog, dat de sprekers overgieten met een of ander ideologisch sausje van psychoanalytische, marxistische, theologische of hermeneutische makelij. De personages die elkaar ontmoeten in een louter intellectuele vriendschap, definiëren zich uitsluitend op basis van hun relatie ten opzichte van de taal. De depressie van de held blijkt uit het feit dat hij zwijgt of zich opsluit in een spottende ironie. Bovendien komen we van zijn naam niets meer te weten dan een initiaal, A., een soort van grafisch-metonymische verdichting van het personage zelf: A. blijft koppig aan de kant staan, hij raakt zelfs niet eens over de drempel van het alfabet. De evolutie van de personages en van de verschillende gevoelens die hen verbinden op een manier die nu eens heftig en dan meer ontspannen is, is verweven met het thema van de taal, het enige ijkpunt voor de schepping van fictieve, romaneske zielstoestanden. Discussies en ruzies, debatten en twisten geven voortdurend aanleiding tot uitspraken die zowel cerebraal als sentimenteel zijn: hoe erudieter de taal, des te meer gevoelens ze verbergt. De motor van het verhaal is dan de manier waarop die uitspraken vrij en vrank worden geuit of, omgekeerd, verdrongen. In laatste instantie ontsnapt de roman zelf niet aan de depressie waarover verhaald wordt. De poging om een echte fictie te scheppen mislukt, omdat de reflectie omtrent de vervlakking en het afsterven van de taal, een constante bij Quignard, alle aandacht opeist. De oorzaak hiervan schuilt wellicht in de soms obsessionele aandacht van vele Franse schrijvers voor de eigen taal, die internationaal op haar retour is en intern verscheurd door allerlei veranderingen. Maar een en ander houdt zeker ook verband met de visionaire scenografie van de traktaten, die de ene keer de complexe vernuftigheid van de taal ophemelen, terwijl ze elders dan weer wijzen op haar ontstellende breekbaarheid. De taal verschijnt hier als een complexe realiteit die niettemin slechts door een flinterdunne wand gescheiden wordt van het niets dat ze tevergeefs tracht toe te dekken. De traktaten handelen vaak over dode of verdwenen talen, over stiltes, over gestamel en woorden die men zich niet meer kan herinneren, over het zwijgen van lezer en schrijver.

Les Escaliers de Chambord speelt dan weer met de stereotypen van de avonturen- en liefdesroman, met actie en psychologie. De onverbiddelijkheid van het internationale zakenleven, de spanningen binnen een koppel dat op scheiden staat, de complexiteit van de menselijke geest, het zijn stuk voor stuk klassieke romanthema's waaraan de auteur onmogelijk kan voorbijgaan, indien hij de wereld een spiegel wil voorhouden. De actie zelf blijft soms achterwege, want het uitgangspunt van de vertelling – een conflict tussen twee machtige verzamelaars – krijgt op geen enkel moment een dramatische invulling die naam waardig. De klemtoon op het zintuiglijke, op de gebeurtenissen, legt overduidelijk de beperkingen bloot van de psychologische dimensie van de roman: oorzakelijkheidsverbanden zijn steevast duister, personages blijven steken in onbevredigde gevoelens en onverklaarbare, pijnlijke herinneringen. Indien er *überhaupt* sprake is van enige suspens, dan vooral dankzij de psychoanalytische evolutie van de protagonist die op het eind het hele verhaal een zekere betekenis geeft. Maar in tegenstelling tot Proust bij wie de vertelling uitmondt in een ultieme openbaring, is de psychoanalytische reddingsplank hier narratief niet onproblematisch: de psychoanalyse haalt de betekenis onderuit, de zingeving komt te laat en staat los van het verhaal zelf. Er wordt geen waarheid geopenbaard. Wat rest, zijn bijna maniakale en duizelingwekkende beschrijvingen van een pure zintuiglijkheid die dwangmatig de ervaring van de leegte, van het niets herhaalt. Het liefdesverhaal, ten slotte, begint veelbelovend met een *liaison*, maar ook hier wordt de vertelling uiteindelijk ontwricht. De relatie tussen de twee personages moet wijken voor de analyse van hun respectievelijke neuroses. De resterende romanconventies worden op die manier volledig op de helling gezet: de diverse onderdelen van het verhaal worden eerst mechanisch aan elkaar gelast, later in een steeds ijlere vorm herhaald om vervolgens als los zand uiteen te vallen. Het verbrokkelde en verhakkelde verhaal weerspiegelt de toestand van de personages die er op geen enkel moment in slagen om zich echt te identificeren met de verschillende sociale, psychische of amoureuze rollen die ze spelen.

Quignards romanpoëtica is er een van weigerachtige aanvaarding. De terugkeer naar het verhaal en de truukjes van de werkelijkheidsillusie hebben niets van de zelfgenoegzaamheid van een herboren academisme. De schrijver gebruikt de roman omdat deze, traditioneel gezien, nieuwe kansen biedt voor het verwerven van kennis. Niettemin blijft de schrijver ten aanzien van de roman enige twijfel koesteren – een twijfel die typisch is voor onze tijd en elke gevestigde instantie van culturele legitimering treft. De meer recente romans – *Tous les matins du monde* (1991) en *L'Occupation américaine* (1994) – zijn hoe dan ook klassieker qua vorm dan het vroege *Carus*, en opnieuw is de tijdsgeest hier allicht niet vreemd aan: auteurs als Danielle Sallenave, Philippe Sollers en Jean-Marie-Gustave Le Clézio hebben dezelfde evolutie doorlopen. Wat er ook van zij, het oeuvre van Quignard handelt vooral over de dynamiek van het schrijfproces. Verwordt de vertelling dikwijls tot een bespiegeling in romanvorm, dan zijn de reflexieve traktaten niet zelden gekenmerkt door een sterk romanesk elan, ongeacht het onderwerp (literatuur, kunst, geschiedenis, taalkunde of biologie). De schrijver zoals Quignard die ziet, is een polygraaf, niet zozeer omdat hij zich aan verschillende genres waagt zoals een 18de-eeuwer dat pleegt te doen, maar omdat zijn schrijven de verschillende mogelijkheden van de tekst ten allen tijde openhoudt. Quignard slalomt op een originele manier tussen genres, teksten en disciplines. Zijn traktaten gaan over literatuur en filosofie, muziek en godsdienst, biologie en psychoanalyse, schilderkunst en linguïstiek, antropologie en esthetica, en nog veel meer. Hun schriftuur herijkt de binnen- en buitengrenzen van de literatuur. Zo komt een denken tot stand dat zichzelf voortstuwt door middel van imaginaire scènes en abstracte figuraties.

Romans, traktaten, gelegenheidsteksten doorlopen hetzelfde fundamentele traject. In verschillende vertoogvormen jaagt de auteur identieke spookbeelden na. Dat de teksten nooit lijken wat ze zijn en steeds veranderen, heeft een esthetische en een existentiële betekenis: net zoals het schrijven voor alles (in) beweging is, is ook het bestaan bij Quignard niet (vooraf) gegeven.

De nadrukkelijke terugkeer naar scènes uit de kindertijd, de constante aandacht voor antieke literaturen en beschavingen, de dromerijen over de herkomst van woorden stuwen de tekst op een speciale manier vooruit. Elk discours van Pascal Quignard wordt door die archaïsche spanning gekenmerkt: het heden grenst aan het verleden, dat van de eerste levenservaringen, dat van de eerste generaties van schrijvers, en ook dat van de eerste vormen van een woord.

In hun gevecht tegen zelfverlies trekken het romanpersonage en de auteur van de traktaten op zoek naar een oorsprong die zich onttrekt aan hun herinnering, hun bewustzijn en hun taal. De psychoanalytische beeldtaal, de etymologie en de bekommernis om het antieke zijn sporen van dit streven. Volgens Quignard gaat de kindertijd verloren door het aanleren van de taal. Vanaf dat ogenblik verdwijnt de oorspronkelijkheid van ons wezen: persoonlijkheid stoelt op dit fundamentele vergeten. De taal laat het kind weliswaar toe om zijn verlangens te uiten, maar dit collectieve medium berooft terzelfder tijd het sprekende subject van diens individualiteit. Het is precies de taak van de schrijver om de eerste levenservaringen van het kind terug bloot te leggen, om iets te tonen van de archaïsche structuur die door de taal als gemeenschappelijk en normatief tekensysteem is overwoekerd. Door die terugkeer naar de oorsprong keert de schriftuur zich als taal ook tegen zichzelf, een paradox die vooral in de traktaten wordt gematerialiseerd door een stilistiek van de breuk en de discontinuïteit. Ook de romanteksten proberen de door de taal verkommerde dimensie van het subject te redden: *Carus*, *Le Salon du Wurtemberg* en *Les Escaliers de Chambord* bevatten mooie kinderportretten; *La Leçon de musique* (1987) en *Tous les matins du monde* vertellen fictieve scènes uit het leven van de jonge Marin Marais. De grote aandacht voor het onooglijke wijst in dezelfde richting: in *Les Escaliers de Chambord*, bijvoorbeeld, zijn de personages zeer gehecht aan speeltjes, beeldjes, dwergboompjes, enzovoort. Maar het allerduidelijkste voorbeeld van deze problematiek is de mythe van de onophefbare en haast predestinerende anterioriteit van de existentiële oorsprong, van het verlies: het lot van Quignards personages wordt altijd bezegeld door de even onwrikbare als vergeten wet van de herinneringen uit de kindertijd.

In *Le Salon du Wurtemberg* wordt de dynamiek van de initiatieroman doorkruist door een tegengestelde beweging. De intrige, die allerlei gewaarwordingen ontleedt en een onuitspreekbare verwarring probeert te duiden – de minnares van de protagonist doet hem denken aan zijn zus, die hij dan weer associeert met zijn moeder –, volgt een omgekeerde logica waarin niet de persoonlijkheidsvorming centraal staat, maar veeleer de zoektocht naar een onveranderlijke psychische grondervaring. *Les Escaliers de Chambord* herneemt dit verhaalschema met dubbele – dit wil zeggen: progressieve en regressieve – causaliteit. De lineaire opeenvolging van de diverse episodes wordt langzaam afgeremd door korte herinneringen aan scènes uit de kindertijd: eerst zijn het korte geheugenflitsen die los staan van de intrige, maar uiteindelijk overwoekert het geheugen het hele verhaal. De horizontale, klassieke verhaalstructuur wordt met andere woorden, overgedetermineerd door een verticaal, letterlijk diepgravend onderzoek naar identiteit.

Het oeuvre van Quignard ontwikkelt zich dus niet gelijkmatig. De traagheid van de tijd die men wil terugvinden, wordt afgewisseld met de onveranderlijkheid van de uitgewiste tijd en met het meditatieve uitrekken van het ritme van bewustzijnstoestanden, het geheugen, het schrijven... Overal stoot de lezer op die intense aanwezigheid van een archaïsch verleden dat in het heden een melancholische relatie tot de wereld doet ontstaan. Het gevoel van een absoluut onvermogen tot geluk tekent het hele oeuvre.

Dit gevoel blijkt overduidelijk uit de manier waarop Quignards verhalen tonen hoezeer elk denken en elk dromen onvermijdelijk leiden tot versnippering en zelfverlies. Geen enkele nuance van de existentiële breuk wordt over het hoofd gezien: de verteller van *Le Salon du Wurtemberg* wil via het schrijven de verbrokkeling van zijn herinneringen te lijf gaan, maar hij loopt verloren in het labyrint van het onbewuste; de personages in *Carus* verschuilen zich achter hun monolithische, geleerde monologen, die, alle inspanningen ten spijt, gebarsten blijven; in *Tous les matins du monde* verwijzen de composities van Monsieur de Sainte-Colombe en Marin Marais naar crisismomenten in het verleden (voor de eerste, het verlies van een echtgenote; voor de tweede, het keren van de stem); Apronenia Avitia noteert in haar *Tablettes de bois* (1984) de kleine en banale feitjes die haar lichamelijk en sociaal vormgeven; in *Les Escaliers de Chambord* wordt uiteindelijk ook het vertellen zelf aangetast door het uiterst versnipperde bestaan van de held: de lezer blijft wat verweesd achter, met een onvoldaan gevoel.

Al deze personages belichamen een psychologisch type dat op de dool is, hopeloos op zoek naar eenheid, naar grond onder de voeten.

Ze verraden tot op zekere hoogte een vrij essentialistische visie op de mens, maar anderzijds zijn ze ook symptomen van een bepaalde tijd, een bepaalde samenleving en een bepaalde beschavingstoestand. De gelijkenissen met personages van andere auteurs die eveneens een deprimerend beeld van de mensheid ophangen, zijn frappant. Op dit punt verschilt Quignard in niets van Echenoz, Serena, Volodine, Germain of Holder: bij al deze auteurs ontmoet de lezer schimmige, passieve, onzichtbare, door het leven getekende en gespleten personages. De terugkeer van het verhaal betekent dus geenszins de heropstanding van de klassieke, fundamenteel onproblematische held. Integendeel, ons *fin de siècle* heeft het subject onzeker gemaakt, het is onscherp en zit boordevol twijfels. De schrijver probeert de disparate brokstukken van dat subject te lijmen, als waren het atomen van verschillende wezens. Dit is de basisintentie van elk van Quignards teksten.

In de mate waarin Quignard begaan is met de problematiek van de identiteit, is hij een van de hedendaagse vernieuwers van het autobiografische genre dat meer en meer geradicaliseerd wordt: auteurs peilen naar de verborgen dieptes van de identiteit en zo komt het traditionele, ongebroken autobiografische schrijven steeds meer onder vuur te liggen. Bij Quignard neemt deze bevraging achtereenvolgens de vorm aan van een proliferatie van romaneske dubbelgangers, van een identificatie met vergeten schrijvers en intellectuelen, en van het al of niet expliciete spel met de pseudoniemen. Wat betekent identiteit, als het *ik* niets anders is dan de kruisbestuiving van een lichaam, een taal, een onvolmaakt bewustzijn en een selectief geheugen? Quignards teksten tasten de mogelijke antwoorden af.

Quignard heeft eerst en vooral een uitgesproken voorkeur voor fictieve dubbelgangers. *Le Salon du Wurtemberg*, bijvoorbeeld, gaat hierin zeer ver, omdat de verteller heel wat anekdotes prijsgeeft die verwijzen naar het leven van de auteur zelf. Net als Quignard, die in de *Traités* veel over zichzelf spreekt, is de verteller musicus en lector bij Gallimard, iemand die teksten en partituren verslindt, die vertaalt en schrijft, zich terugtrekt in Liré (Anjou), het geboortedorp van Du Bellay, enzovoort. Het is precies alsof de tekst absoluut niet als fictie wil gelezen worden; kwestie van de eigen herinneringen, gevoelens en belevenissen van de auteur niet narratief te vertroebelen. De authenticiteit van de strategie staat buiten kijf, maar toch is de les niet echt eenduidig. Het geheugen van de verteller laat hem immers in de steek: geen enkele herinnering kan het verleden ongeschonden doen herleven. Het zelfbewustzijn slaagt er niet in om het kluwen van de identiteit te ontwarren. Identiteit is eerder een soort spanning dan een permanente toestand, eerder een vluchtpunt dan een vastomlijnd iets, eerder een leemte dan een staat van harmonie.

Een andere vorm van indirecte autobiografie neemt bestaande schrijvers als vertrekpunt. Quignard voert in de traktaten tal van vergeten of legendarische personaliteiten ten tonele: Du Bellay, La Fontaine, La Bruyère, Ariosto, Spinoza, Varro, Martialis, Sei Shônagon, Synesios van Cyrene, Albucius, Lu Guimeng, Lycofroon... Heel snel echter leidt de schrijfoefening de lezer op een concentrische manier terug naar de figuur van de schrijver zelf. De eruditie is in grote mate een tactiek om selectief op de eigen persoonlijkheid in te zoomen. De portrettist reist van het buiten-tekstuele verleden naar een louter semiotisch (talig, literair en cultureel) universum en dit onderzoek naar de geschiedenis van tekens biedt hem de kans om 'in uitgesteld relais' over zichzelf te spreken. Identiteit wordt geleerd, beleefd en verzonnen dankzij de ontmoeting met auteurs uit een ver verleden. Het resultaat van deze eigenzinnige portretkunst is een archetypische voorstelling van de geletterde als iemand door wiens aderen geen bloed maar inkt stroomt, wiens huid van papier is en wiens leven samenvalt met de Tekst.

Le Lecteur (1976) wil niets anders zijn dan een droomwereld van citaten, referenties, culturele verwijzingen, filosofische en religieuze allusies die samen een poëtische mystiek van de metamorfose scheppen: alleen zo kan iemand zich een *homme de lettres* noemen. In "La Passion de Guy le Fèvre de la Boderie" (*Petits Traités*, 1990) schetst Quignard het portret van een sinds lang vergeten humanist die sterk begaan was met allerlei poëticale kwesties. De inlassing van citaten in het verhaal laat mooi zien hoezeer Quignard zich met deze figuur vereenzelvigt. Hij schrijft over een auteur die schreef over het schrijven, hij kan zichzelf verliezen en ontdubbelen in de eindeloosheid van een arbeid die door de eeuwen heen wordt voortgezet, los van de concrete individuen die er zich aan overgeven. De identiteit van de auteur schuilt hier in de anonimiteit van de klerk, een scherp uitgetekende figuur die niettemin heel onopvallend door de verschillende traktaten waart, altijd en overal vol overgave aan een paradoxale arbeid. De klerk dankt immers zijn identiteit aan een schrijven dat zijn persoonlijkheid uitwist. Terzelfder tijd is de identificatie met de geromanceerde ander voor Quignard meteen ook een uitlaatklep voor persoonlijke obsessies. Zo belichaamt Du Bellay in "Liré" (*Petits Traités*) de ideale schrijver: hij is nostalgisch, op zoek naar de verloren momenten, afgezonderd van het leven, vol verlangen naar wat vroeger was, naar een vorm van niet-zijn, kortom: iemand die het leven als een vergissing beschouwt en de geboorte als een dwaasheid.

In deze wirwar van dubbelgangers is de ultieme graad natuurlijk die van het pseudoniem. Pascal Quignard lijkt wel op de vlucht voor zijn eigen naam. *Les Tablettes de bois d'Apronenia Avitia* worden in een lang didactisch voorwoord gepresenteerd als het echt dagboek van een Romeinse patriciërsvrouw, als een authentiek document dus. De naam van de auteur staat wel op het voorplat, maar Quignard blijft erg vaag omtrent het statuut van die vermelding. Wat als het nu eens ging over een vertaling van een antiek auteur, zoals in *Albucius* (1989)?

Dankzij een figuur als Apronenia Avitia kan Pascal Quignard zich inleven in een ander lichaam, in een ander decor en een andere beschaving. Zo krijgt hij een andere kijk op het schrijverschap. Want wat betekent schrijven in een tijd die het begrip 'autobiografie' niet kent, die onder privéleven en psychologie iets heel anders verstaat dan wij? Quignard waagt zich hoe dan ook aan dit gedachtenexperiment zonder dat de stem van de moderne auteur ooit verstomt: qua thematiek liggen *Les Tablettes de bois d'Apronenia Avitia* trouwens helemaal in het verlengde van de rest van zijn oeuvre. Wat dit boek echter zo speciaal maakt, is de poging om een soort van neutrale autobiografie te creëren, een fictief model van zelfexpressie dat de eigenlijke autobiografie voorafgaat. De nagestreefde neutraliteit is in feite de resultante van een dubbele inperking. Quignard vermijdt zowel de historische uitweiding – het gevaar bij uitstek voor de moderne memorialist –, als de anekdotische verdunning, het risico van elk modern dagboek. In het werk is de relatie met de geschiedenis problematisch en heel ongelijkmatig: alomtegenwoordig in het eerste deel, waar ze het genre van de klassieke teksteditie pasticheert, omzeggens afwezig in het tweede deel, dat de pseudo-geschriften van Apronenia omvat. Hoewel het hoofdpersonage de eerste invallen van de Barbaren en de instorting van het Imperium meemaakt, worden deze gebeurtenissen die haar persoonlijk treffen, amper vermeld. Het dagelijkse schrijfritueel trekt een muur op, het houdt de buitenwereld en de geschiedenis op afstand. Wat iemand meemaakt, voelt, beleeft, kan het relaas van de actualiteit van de dag niet vatten. De anekdotische aantekeningen over het alledaagse leven kunnen dat trouwens evenmin. De zin van het schrijven ligt dus noch in uitzonderlijke, historische gebeurtenissen, noch in de banale feitjes van elke dag, maar alleen in het schrijven zelf. En omdat het werk het hele leven van de protagoniste omspant, resulteert dat niet-historische, niet-anekdotische schrijven uiteindelijk toch in een getrouw portret van een bijzondere persoonlijkheid.

De ontdubbeling waarmee Quignard experimenteert in *Les Tablettes de bois* rendeert pas echt in de twee romans die hij publiceert onder het pseudoniem van Agustina Izquierdo, namelijk *Un souvenir indécent* (1992) en *L'Amour pur* (1993). "Izquierdo", dat "links" betekent in het Spaans, verwijst misschien naar de andere hand van de auteur, naar de hand die normaal niet schrijft maar die, gezien zijn positie – ook het hart bevindt zich links – het lichaam in evenwicht houdt. Het pseudoniem suggereert dat de courante identiteit – die van de burgerlijke stand – aan een kant verlamd is, zolang ze zich niet openstelt voor de mogelijkheden van de "mindere helft." Op die manier dwingt de schrijver zichzelf om datgene te verwoorden wat anders verboden of verborgen blijft. Agustina Izquierdo is een Pascal Quignard 'zonder papieren', zonder remmingen, een spreekbuis voor lang verkropte verlangens en neigingen. De anders zo schaarse erotiek neemt hier paroxistische vormen aan. Verhaal en intrige staan in het teken van de uitvoerig en onomwonden beschreven seksuele obsessie van de heldin. Dat is de ruggengraat van een verhaal waarin de personages gekelderd worden door een fataliteit die des te profaner is, omdat de seksualiteit van de heldin elke norm tart. Izquierdo is in zekere zin de Jansenistische Quignard die plots het woord geeft aan de libertijn waarmee hij zich verwant voelt. Maar dankzij het pseudoniem kan Quignard ook de literaire remmen losgooien: in Izquierdo's romans kunnen eindelijk ook minder erudiete vormen van literatuur aan bod komen – een oude ambitie, want uit *Le Salon du Wurtemberg* blijkt reeds duidelijk de verzuchting naar werken voor een breed publiek. De stijl van Izquierdo ligt dan ook volledig in de lijn van de

18de-eeuwse roman, die een perfect evenwicht wist te bewaren tussen vormelijk classicisme en inhoudelijke vrijmoedighied.

De proliferatie van maskers heeft voor Quignard een dubbele betekenis: ze is assertief en demystifiërend. De veelheid aan ego's schept identiteit en stelt ze meteen ook in vraag. De onaflatende zoektocht naar een nieuwe identiteit of naar nieuwe stijlen en genres, toont hoe de auteur alles naar zijn hand zet zonder vast te roesten in een bepaalde structuur. Deze denk- en schrijfwijze kan ook geduid worden als een kritiek op de hedendaagse cultus van het imago en de *look*: door het spel met maskers ontmaskert Quignard identiteit als een contingente en dus kneedbare constructie. Een dergelijke visie op het subject verraadt echter eveneens een zekere twijfel: Quignard spiegelt zich nederig aan de onpersoonlijke figuur van de klerk, maar hij kan diens wil tot anonimiteit niet aanvaarden. Alleen, individualiteit ontstaat slechts door een permanente verandering van identiteit. Quignard heeft geen patent op deze bevinding, want veel moderne autobiografen verhouden zich op dezelfde, paradoxale manier tot de identiteitsproblematiek. Misschien is deze innerlijke gespletenheid niets anders dan het symptoom van een samenleving die van elk individueel subject het fundament van de democratie gemaakt heeft, maar die terzelfder tijd, in een reflex van filosofische twijfel, de eenheid zelf van dit subject ontmaskert als een illusie. In de buurt komen van zichzelf, dat is voor Quignard meer dan de zoektocht naar een strikt subjectieve en individuele waarheid. Het subject bestaat alleen bij gratie van woorden, boeken, ontmoetingen, herinneringen, verhalen en verlies. Wie dit inziet, beseft meteen ook dat dit subject niets anders kan zijn dan zijn eigen metamorfosen.

Tot slot van deze terreinverkenning kies ik als motto voor het hele oeuvre van Quignard een uitspraak uit een van de *Petits traités*: *Je est hors d'état* ("Ik is uitgeteld"). Pascal Quignard pleit hiermee voor een schrijven zonder vangnet, wars van alle bestaande genres, vormen en mensvisies, en dat maakt zijn oeuvre zo waardevol. De lezer ontdekt er een kameleontische schriftuur die niet zonder angst ontelbare bakens uitzet om de chaos te bezweren.

Uit het Frans vertaald
door Jan Baetens &
Koenraad Geldof

Beknopte bibliografie

Werken van Pascal Quignard

Le Lecteur, Paris, Gallimard, 1976.
Carus, Paris, Gallimard, 1979.
Les Tablettes de bois d'Apronenia Avitia, Paris, Gallimard, 1984.
Le Salon du Wurtemberg, Paris, Gallimard, 1986.
La Leçon de musique, Paris, Hachette, 1987.
Les Escaliers de Chambord, Paris, Gallimard, 1989.
Albucius, Paris, Gallimard, 1989.
Petits traités, Paris, Maeght, 1990.
Tous les matins du monde, Paris, Gallimard, 1991. (*Geen ochtend ter wereld*, Van Oorschot.)
L'Occupation américaine, Paris, Seuil, 1994.
Le Sexe et l'effroi, Paris, Gallimard, 1994.

Werken van Pascal Quignard, alias Agustina Izquierdo

Un Souvenir indécent, Paris, P.O.L, 1992.
L'Amour pur, Paris, P.O.L, 1993.

Teksten over Pascal Quignard

BLANCKEMAN, Bruno, "*Petits traités*, la suite", in *Prétexte*, n° 9 (1996), pp. 12-16.
DOP-MILLER, Catherine, "Les récits 'latins' de Quignard", in *Stanford French and Italian Studies*, n° 80 (1994), pp. 169-178.
FAHREN, Simon, "*Tous les matins du monde*", in *NRF*, n° 471 (1992), pp. 115-120.
RABATE, Dominique, "Mélancolie du roman: la fiction dans l'œuvre de Pascal Quignard", in Dominique VIART (éd.), *Mémoire du récit*, Paris, Gallimard, 1998, pp. 29-45.
RICHARD, Jean-Pierre Richard, *L'Etat des choses. Etude sur huit écrivains d'aujourd'hui*, Paris, Gallimard, 1990, pp. 39-66.

PIERRE MICHON
(°1945)

Sidonie LOUBRY

Pierre Michon wordt in 1945 in de Creuse geboren en debuteert in 1984 met de publicatie van *Vies minuscules* bij Gallimard. In menig opzicht is dit een cruciaal boek, in het licht van het latere werk zelfs een sleuteltekst. Het is op de eerste plaats een boek over de eigen oorsprong, want de levensverhalen van eenvoudige mensen zijn verweven met een soort van autobiografisch relaas dat handelt over Michons ontdekking van het schrijverschap. Bovendien verwijst de titel, *Vies minuscules*, naar een centrale thematiek die voorgoed de schriftuur van deze auteur zal bepalen. Of preciezer: de keuze voor de "onooglijke levens" definieert een welbepaalde problematiek en vorm.

De problematiek is het onooglijke, de broosheid van het bestaan (niet alleen van kleine mensen, maar van iedereen, grote kunstenaars incluis), het moment waarop het woord stokt, waarop men de onmogelijkheid van het verlangen vermoedt. Michons schriftuur gaat over een wereld die voor de auteur en de personages haast geen realiteit bezit en waaruit ze verbannen zijn (zelfs uit de taal), over de ervaring van het gebrek. Het werk valt helemaal samen met de authentieke beproeving van een afwezigheid die, in een en dezelfde beweging, de taal oproept en tot nietigheid verdoemt. Hier spreekt een scherp bewustzijn van ontbering en gebrek, van datgene wat de onooglijke levens een soort ziel geeft, van datgene wat de literaire en picturale schepping voortstuwt en afremt.

Met die problematiek van het onooglijke stoot de schriftuur op haar eigen broosheid. Het debuut springt misschien wel in het oog door de rauwe en fel schitterende stijl, maar het wordt eveneens gekenmerkt door generische hybriditeit. De thematiek van de problematische herkomst tast als het ware Michons schriftuur zelf aan. Zo vervaagt, in *Vies minuscules*, de grens tussen autobiografie en roman, tussen fictie over anderen en autofictie, net zoals in *Rimbaud le fils* of in *Trois auteurs* essay, fictie en zelfs autobiografische anekdotes elkaar doorkruisen. Een opstel over Balzac wordt onderbroken door de kroniek van de mislukkingen van de loteling Rabanet.

Mengvormen

Bij het schrijven houdt Michon geen rekening met theorieën. Zijn techniek vloeit voort uit zijn manier van werken, uit zijn onrust. De discrete erkenning van een fundamenteel gebrek (in zichzelf, in de wereld, in de kern van de taal) wordt zo ernstig genomen dat elk formeel spel uitgesloten is en het alle energie van het schrijven voor zich opeist. Het schrijven ontplooit zich via de omweg van de problematische ervaring van vormen zoals de biografie, het zelfportret, het essay, zonder zich ooit tot een enkel genre te beperken. Michon verweeft genres met elkaar. Hij bevrijdt zich van de al te strakke scheiding tussen werkelijkheid en fictie, tussen mysticisme en prozaïsche nuchterheid, maar de ironische omgang met de conventionele voorstellingswijzen ondergraaft op geen enkel moment de grote stilistische zeggingskracht.

Wat titels zoals *Vies minuscules* of *Vie de Joseph Roulin* elk afzonderlijk vertellen, vinden we terug in alle werken van Michon: de fictie wordt door het levensverhaal gedragen, zoniet verantwoord. De biografie heeft het voordeel dat ze de schriftuur op het andere ent, ze impliceert een zekere opening. Ook al spreekt de auteur er in laatste instantie slechts intieme bekommernissen in uit, de biografie is een cruciale stap in een proces van een zekere onthechting, van een ascese van de kunstenaar. Het feit dat de auteur zich vaak verbergt achter getuigen en secundaire personages hangt samen met een zoektocht naar een soort schriftuur die terzelfder tijd zelfonthechting is. Niet alleen het subject heeft alle monolithische schijn laten varen, ook de schrijver twijfelt over zijn statuut, hij vraagt zich soms cynisch af wat 'literatuur' betekent. Michons schriftuur wordt gekarakteriseerd door een voortdurende zelfreflectie, ze biedt ruimte voor metadiscursieve vraagstellingen zonder enig verlies aan soepelheid. In die optiek is de getrouwheid aan een enkel literair genre niet langer vanzelfsprekend. De schriftuur plooit terug op haar bronnen, dit wil zeggen op vroegere, reële of fictieve verhalen waarop verder geborduurd wordt, op archieven en documenten die geconsulteerd worden zoals de briefwisselingen en getuigenissen van schrijvers die Michon gebruikt voor zijn Balzac-portret ("Le Temps est un grand maigre", in *Trois auteurs*), of op het Rimbaud-album uit de Pléiade-reeks dat Michon met de pen in de hand lijkt te doorbladeren en dat de rode draad vormt van *Rimbaud le fils* of er op zijn minst de uitwerking van schraagt. Net zoals de toon of de gebruikte genres variabel zijn, zo verglijdt ook het vertelstandpunt voortdurend.

De biografie bezweert het solipsisme, het isolement, ze getuigt van de menselijke wil om te delen, ze nodigt de lezer uit tot een oefening in broederlijkheid. Michon betrekt de lezer trouwens in zijn onderneming, zij of hij is zijn getuige en medeplichtige, de auteur voert haar of hem mee tot aan de rand van die duizelingwekkende ervaring van iets unieks, onherleidbaars en onbereikbaars waar het woord zijn tanden op stuk bijt. Vandaar die doorwrochte stijl, dat doorwrochte denken die vooral typisch zijn voor het vroegere werk en die voortdurend proberen om het ik en de andere samen te houden in een respectvolle dans die op vele manieren kan geïnterpreteerd worden. De fictie verheimelijkt haar listen niet, ze etaleert ze, ze citeert haar bronnen, afficheert haar eigen geconstrueerd-zijn. Het spreken over de ander botst immers uiteindelijk steeds tegen zichzelf aan.

De constructies van de verteller verraden de personages niet. Hun bekommernis is van een andere orde dan die van de exacte reconstructie van de feiten. Het komt er voor Michon op aan om op een haast steelse manier te tonen hoe zelfs het meest nietszeggende bestaan doortrokken is van ervaringen of onze blik opent voor een welbepaalde ervaring. Daarom accumuleert hij aantekeningen (nietige, concrete details, vluchtige ervaringen, scènes onder de vorm van tableaus of beelden), hij speelt ze zelfs tegen elkaar uit: essentieel is het getuigenis van wat gebeurt, beweegt. Hiermee geeft Michon niet alleen uitdrukking aan het voorbijglijden van de tijd, maar ook en vooral aan de compactheid en de verscheidenheid van de ervaring – een ervaring die zeer lichamelijk is en toch de lichamelijkheid losweekt van zichzelf.

In zijn werk denkt Michon expliciet na over de finaliteit van de schriftuur en de andere kunsten. Alles is bij hem ondergeschikt aan een welbepaalde ambitie. Het is de grenzeloze ambitie die bij veel van zijn personages aanleiding geeft tot een niet te stillen wil tot macht, maar die tevens uitmondt in de verschroeiende wil om niet te verzaken aan die geweldige oproep om "uit chaos betekenis te distilleren" (*Mythologies d'hiver*): men moet proberen om "dat kleine beetje dodelijke waarheid" bloot te leggen "dat brandt in het koude hart van het geschrevene." (*Ibid.*) In functie van dit perspectief verkent en creëert Michon verschillende vormen van een mythologische schriftuur. De lotsbestemming van elk van zijn personages lijkt uniek juist omdat ze verweven is met exemplarische, ja zelfs archetypische ervaringen, maar ook omdat alle elementen van Michons schriftuur dit effect beogen. De schrijver ontwerpt een poëtica van legendarische levens die des te efficiënter is omdat ze zich bewust is van haar eigen mechanismen; meer nog: ze etaleert ze en eist ze voor zich op. Michons oeuvre, van *Vies minuscules* tot *Mythologies d'hiver*, is een groot spel met het erfgoed van de mondelinge en literaire traditie, met modellen van voorbeeldige levens zoals de hagiografie, met legenden en verhalen uit grootmoeders tijd.

Dit brengt ons bij het probleem van het literaire realisme. Hier getuigt het realisme niet zozeer van een simpele drang tot mimetische weergave, maar veeleer van een zoektocht naar nietige details die iets laten oplichten van het fundament, van de vorm van ons in-de-wereld-zijn. De overtuigende strategie die de bisschop Bertrand influistert wanneer die laatste de *vita* van de heilige Enimie wil schrijven, komt aardig in de buurt van Michons eigen opzet:

> Wat je zult schrijven, moet even absoluut zijn als Gods macht, even helder als het water van Burle, en even tastbaar als een boom of een bord linzen.
> (*Mythologies d'hiver*, p. 67.)

De tastbaarheid van het bord linzen, van de honger die het veroorzaakt, is een manier om "het absolute tastbaar en helder" (*Ibid.*) voor te stellen. Dit is een strategie van de omweg: de auteur lijkt zich te verliezen in eenvoudige evocaties van ogenschijnlijk bijkomstige, nietige dingen. Maar precies die dingen belichamen een ervaring die het essentiële direct raakt. Michon doet graag beroep op beelden, omdat die ervaring altijd geworteld is in een lichaam, in een zekere relatie tot de wereld en ook omdat hij de zwakheden van de taal wantrouwt. Het essentiële laat zich slechts indirect benoemen: anders zou literatuur verworden tot de loutere illustratie van of zoektocht naar loodzware, metafysische 'waarheden.'

Het ritme van Michons schriftuur wordt dus gedicteerd door een constellatie van beelden, van "al te vaak beaamde" (*Vie de Joseph Roulin*, p. 20) clichés, maar ook van unieke momenten van verwondering, een constellatie waarvan de uiterst visuele natuur moet onderstreept worden. Michon stiliseert zijn evocaties graag tot een soort van tableaus die hij vergelijkt met beroemde schilderijen. De verwijzing naar de schilderkunst ontmaskert de wereld van de schijn. Toch doet ze de werkelijkheid niet vervluchtigen: integendeel, ze zet de symboliek van die scènes nog meer in de verf en ze vereist een leesstijl waarvan het meditatieve karakter aan de lectuur van haiku's doet denken: de lezer stelt zich ingetogen open voor concrete dingen en, als in een momentopname, krijgt zij of hij voeling met de wereld. Zo is de vorm van de evocatie steeds ingebed in een *nu*, ze is ontdaan van het verleden, van datgene wat reeds volbracht werd. Dit verklaart Michons voorkeur voor de tegenwoordige tijd die we overal in het werk terugvinden en die bij de lezer dikwijls de indruk wekt van een hallucinante betrokkenheid.

Gebrek en genade

Wat maakt een onooglijk bestaan tot een Leven dat de moeite waard is om verteld te worden? Misschien het feit dat een leven, op een bepaald ogenblik en via een ervaring van verwondering of gebrek, op het essentiële stoot. Het krijgt voeling met wat het overstijgt door het besef van een fundamenteel gemis. Wanneer de onthechting haar hoogtepunt bereikt, wordt het bestaan een vorm die als draagvlak kan dienen voor die tastende, steelse notities die Michon lijkt te koesteren. Een sprekend voorbeeld hiervan is Roulin, de Provençaalse postbode, de simpele ziel langs wie Michon Van Gogh probeert te benaderen. Roulin is "ontwapend" (*désarmé*), "doodmoe" (*exténué*), een broze Elckerlijc. Maar terzelfder tijd is hij ondoorgrondelijk. Michon zal hem onvermijdelijk verraden zonder dat dit als een probleem ervaren wordt. Door diens nietigheid kan Michon in Roulin een naaste ontdekken, maar diezelfde nietigheid laat hem tevens toe om de figuur van Roulin te vervormen, om hem naar eigen goeddunken fictioneel te boetseren. De tekst definieert het personage dan ook als een "vorm" (*Vie de Joseph Roulin*, p. 12).

Michons levensverhalen (zelfs die van grote kunstenaars) gaan over de verschillende manieren waarop personages met verlies en gebrek geconfronteerd worden. Dit is wellicht de thematische kern van het oeuvre. Een eerste vorm van afwezigheid is die van de vader – "die eerbiedwaardige afwezige" – die versterkt wordt door de afwezigheid van God. Ook de taal zelf wordt als gemis ervaren. De ongeletterdheid van broeder Foucault (*Vies minuscules*) is hier een mooi voorbeeld van, of de stunteligheid van zij die gekweld worden door "de angst om in-de-wereld-te-zijn zonder dat ze over de woorden beschikken die getuigenis zouden kunnen afleggen van wie ze zijn" (*Maîtres et serviteurs*, p. 89). Michons personages beheersen de taal niet, hun woorden missen kracht: ze zijn bannelingen. De taal schenkt hen de wereld niet, ze gunt hen een blik op het andere en maakt de Betekenis ongrijpbaar. Het gebrek geeft dus aanleiding tot een bezinning over de taal en het Zijn. Toch is dit niet de enige dimensie in Michons oeuvre. De schrijver heeft ook oog voor het gebrek dat onze meer 'aardse' verlangens begrondt. Hij maakt geen onderscheid tussen de verschillende vormen van verlangen, omdat ze allemaal naar elkaar verwijzen. In die optiek spelen de thema's van de honger, de woede of wreedheid omwille van gefrustreerde verlangens een belangrijke rol.

De schepping denken

Michons personages doorstaan allen de beproeving van ontbering, maar hun reacties lopen uiteen. De kleine mensen uit *Vies minuscules* duiken op in een verhaal waarin de verteller het relaas doet van zijn ontdekking van de schriftuur. De latere teksten handelen op een nog explicietere manier over het wordingsproces van de kunstenaar tegen een achtergrond van verlies. Steeds weer spelen kunstenaars een centrale rol: een musicus (in *L'Empereur d'Occident*), schilders (Van Gogh in *La Vie de Joseph Roulin*, Goya, Watteau, Lorentino en Piero della Francesca in *Maîtres et serviteurs*, Desiderii en Claude Le Lorrain in *Le Roi du bois*) of schrijvers (*Rimbaud le fils*, Balzac, Faulkner en Cingria in *Trois maîtres*). Voor deze personages zou de beproeving van het gebrek zeker neerkomen op de pijnlijke en stille vaststelling van een totaal failliet, ware het niet dat een of andere hogere kracht hen ondanks alles tot schrijven en schilderen aanzet. Hun onstuitbaar verlangen leidt, paradoxaal genoeg, tot een vorm van verzaking, het onderwerpt hen aan een kracht waarover ze geen controle hebben maar die hen terzelfder tijd voortstuwt en aanspoort om te verzaken aan sociale erkenning of andere geneugten van de wil tot macht.

Wie inderdaad schrijft of creëert om vluchtige, aardse dingen te verwerven, om erkenning na te jagen en "zich een plaats te veroveren", tekent bij voorbaat haar of zijn eigen doodsvonnis. *Le Roi du bois* toont de grenzen van een artistieke praktijk die niets anders is dan een supplement, een soort compensatie of een middel in dienst van een streven naar macht ("ik heb geschilderd om prins te worden", zegt de protagonist). Met andere woorden, het personage blijft dupe van zijn eigen begoochelingen, zolang het Le Lorrain wil imiteren. Hij valt in zijn vroegere negativiteit terug (als jonge herder sloeg hij genadeloos varkens en varens), maar ontnuchterd en zonder hoop drijft hij deze negativiteit nu ten top: voortaan zal hij als doder door het leven gaan. Opnieuw kloppen en slaan. Zoals hij vroeger varens geselde, zo zal hij nu prooien in het nauw drijven en doden, hij zal de onbeschaamdheid straffen van alles wat onschuldig is en gebrek niet als een calvarie ondergaat maar zich eenvoudigweg, tevreden in het Zijn nestelt.

Wie niet in de valstrik van de ambitie trapt, kan kunst als een lotsbestemming beleven. Men moet dan aan haar ordewoord gehoorzamen: "zwoegen zoals een galeislaaf op zee, in razernij, in onmacht." Deze "zinloze verspilling" maakt van de kunst een "catastrofale karwei." Het zijn de woorden van Joseph Roulin die Van Gogh gadeslaat, maar ze zijn ook van toepassing op alle verhalen van Michon over kunstenaars. De gedrevenheid van het scheppen gaat samen met een besef van zinloosheid dat soms op een spottende toon verwoord wordt: zo geeft Michons Balzac zich volledig over aan de literatuur, goed wetende dat alles slechts een grote farce, een "nachtelijk spelletje" (*Trois auteurs*, p. 30) is. Ten koste van veel energie probeert de kunstenaar tevergeefs mens, taal en wereld te verzoenen.

Roulin is dus verbaasd over de enorme kracht die Vincent steeds weer naar die tot mislukken gedoemde onderneming drijft, over de "despotische" en "wrede" lokroep die de schilder in de ban houdt. Michon verwijst naar diezelfde druk en ijdelheid, wanneer hij over zijn eigen schriftuur spreekt: "de ijdele, despotische en stomme ritmerende impuls die wat men schrijft ondersteunt, voedt en uitput (...).” De gelijkenis steunt op Michons energetische opvatting van de schriftuur: de act van het schrijven moet ongebroken zijn, voortvloeien uit een impuls, het ritme volgen dat zich opdringt. De vorm toont waartoe een dergelijk gebaar leidt.

Dankzij de complexe, vaak Latijns ogende zinsbouw kunnen heel uiteenlopende notities in een omvattende beweging samengebracht worden. Op die manier wordt Michons lezer gevangen in het net van een denken dat zich geleidelijk ontvouwt, in de meanders van een voortstuwende syntaxis die haar oorspronkelijk elan nooit lijkt te verliezen. Zonder deze transparante boomstructuur zouden de onophoudelijke uitwijdingen en inlassingen (punctuele herinneringen, bijkomstige dromerijen, verpletterende of vluchtige inzichten...) niets dan chaos opleveren. Michons schrijfstijl wordt op verschillende manieren in de tekst geconcretiseerd: zijn praktijk legt de lange zinnen (soms langer dan een bladzijde) een strakke structuur op en stuurt zo het ritme van de lectuur. Ze kan eveneens de structuur van een heel verhaal bepalen. Ook hier belet ze dat discontinuïteit de tekst uiteen doet spatten of tot on-zin reduceert. Het discontinuë ligt in een vorm vervat, het wordt door een ritme gescandeerd. Door deze aaneenschakeling van fragmenten ontstaan bepaalde betekeniseffecten die typisch zijn voor Michons indirecte en dromerige benadering van essentiële motieven. De zinsdynamiek beantwoordt aan een verlangen dat Michon als volgt verwoordt: “Snel schrijven, ervoor zorgen dat de woorden vloeien, dat er beweging is en dat ik het gevoel heb innerlijk bezig te zijn gedurende de korte tijd van het schrijven.”

In de loop der jaren is Michons stijl sneller geworden. De taal van *La Grande Beune* heeft niets van de initiële rauwheid verloren, maar haar syntaxis is minder doorwrocht: het is alsof het wantrouwen ten opzichte van elke pose een soort beknoptheid gebiedt, alsof de rivaliteit met de Grote Stijl minder urgent geworden is. Michon ruimt nu meer plaats in voor de ellips en de metafoor, zijn “geliefde vormen van quasi-denken.” Deze procédés liggen aan de basis van een obsessionele schriftuur die beelden herkauwt en metaforen op een uiterst compacte manier met elkaar verweeft. De ascetische schriftuur mondt uiteindelijk uit in *Mythologies d’hiver* waarin Michon zich aan het genre van het kortverhaal waagt. Soms rest er niets meer dan de uiterst gestileerde schets van een ervaring.

De schriftuur plooit zich naar het ritme, want voor Michon heeft ze, net als elk scheppend gebaar, te maken met de gave: ze is het effect van een genade die men slechts ontvangt in een toestand van ontbering, onthechting:

> Kunst lijkt me een onverdiend goed, zoals genade. Zo wil ik kunst beleven. Ik kan en wil niet verantwoordelijk zijn voor wat ik schrijf: datgene waarvoor men verantwoordelijk is, is altijd arm.

De onthechting neemt vaak de vorm aan van een opdracht: de onbetekenende schilder Lorentino creëerde slechts een meesterwerk, toen hij zijn schepping "opdroeg aan wie het hoorde." Het was alsof hij zijn catastrofale karwei moest volbrengen in naam van een grote afwezige, een bijna vaderlijke figuur, de Keizer van het Westen, de Grote Opdrachtgever, kortom: in naam van hem die aan de oorsprong ligt van elk verlies. Misschien wordt een kunstwerk, zoals Faulkner zei, wel "altijd *in memoriam* opgedragen wordt aan een gestorven leven, aan een onooglijk leven." Denk aan die overleden zuster in *Vies minuscules* van wie de verteller als kind de spaarpot doelbewust had gebroken: het is alsof hij hiermee het verlies ten top wilde drijven en zo een niet in te lossen schuld op zich nam, waaraan later ook de schriftuur zal opgedragen worden.

De ervaring van het gebrek heeft geen artistieke compensatie nodig. Gebrek wordt hier niet beloond: het moet uitgediept worden, men moet als een razende beginnen spreken temidden van een toestand van ontbering; de verdwazing, de barst, de zwaarte van het lichaam en de aantrekkingskracht van het licht neerschrijven. Op die manier kan kunst zowel woede als liefdadigheid omarmen. Zo is Lorentino's oeuvre getekend door "woede en erbarmen", door "vleesgeworden woede die geschilderd mededogen geworden is, die opgedragen is aan het allerhoogste en die, laag na laag, zuiverder en vol van overgave wordt." Zo ook Rimbauds rijm dat "woede en erbarmen met elkaar doet botsen." Toch manifesteert de genade zich op een ontgoochelende, onhandige manier. Haar effecten staan niet in verhouding tot de roep. De woede wordt gezuiverd en stelt zich voortaan ten dienste van de "afwezigheid van God die onze god is." Dit wil Michon bereiken: de zuivere woede achter zich laten en zich openstellen voor dat soort van genade die het schrijven is. Dat verklaart het grote belang van Faulkner. In *Trois auteurs* noemt Michon hem "de vader van de tekst" en hij geeft hiermee uiting aan een biografische ervaring: voor Michon lag de lectuur van Faulkner aan de basis van de ontdekking van het schrijverschap, ze schonk hem de impuls en de vastberadenheid die nodig waren voor een onderneming zoals *Vies minuscules*. Faulkner staat voor een schriftuur die ritme, razernij en genade, energie en sublimatie in zich verenigt. Hij is, zo schrijft Michon, iemand "wiens syntaxis alles naar haar eigen ritme plooide, wiens nihilisme in het tegendeel omsloeg dankzij de massieve genade van dat ritme."

Deze beknopte schets van een vooraanstaand auteur op het eind van deze eeuw kan onmogelijk voorbijgaan aan het feit dat hij een eigenaardige positie bekleedt in het kleine literaire wereldje. Het gezegde dat te veel roem schaadt, is hier van toepassing. Michon werd inderdaad erg snel door zijn collega-auteurs erkend als een belangrijk schrijver. Jean-Pierre Richards scherpzinnigheid was geen geïsoleerd gegeven. Verschillende artikels – eerder van auteurs dan van critici – juichten zijn publicaties toe en er verscheen zelfs een hulde-album voor hem met daarin de meest prestigieuze namen. Op de koop toe publiceerde Verdier de bundel: de *place to be* voor veeleisende schrijvers die niet willen bezwijken voor de sirenenzang van de commerciële literatuur. Deze eerder elitaire lofbetuigingen waren echter niet zonder democratische gevolgen: Gallimard besliste om *Rimbaud le fils* en vervolgens *Vies minuscules* in de Folio-reeks heruit te geven, wat de teksten toegankelijker maakte voor het grote publiek. Toch kan men zich vragen stellen bij dit eerbetoon aan een auteur die nog steeds in leven is. Soms lijkt het op een begrafenis eerste klas. Sinds *Vies minuscules* publiceert Michon nog steeds intense teksten, maar her en der ontwaart men tekenen van een zekere moeheid. In talrijke teksten vertelt hij hoe pijnlijk dicht zijn en schijn, echt schrijverschap en pose bij elkaar liggen. In dit duistere spel van verlangen en imago, dat het oeuvre zelf lijkt aan te wakkeren, speelt de sympathie van de tijdgenoten een dubbelzinnige rol. Het is immers niet onmogelijk dat al de interesse voor een schrijver voor wie het schrijven zo moeilijk valt, hem eerder verstikt dan ondersteunt.

Uit het Frans vertaald
door Koenraad Geldof

BEKNOPTE BIBLIOGRAFIE

Werken van Pierre Michon

Vies Minuscules, Paris, Gallimard, 1984.
Vie de Joseph Roulin, Lagrasse, Verdier, 1988. (*Het leven van Joseph Roulin*, De Arbeiderspers.)
L'Empereur d'Occident, Montpellier, Fata Morgana, 1989.
Maîtres et serviteurs, Lagrasse, Verdier, 1990. (Meesters en knechten, Van Oorschot.)
Rimbaud le fils, Paris, Gallimard, 1991. (*Rimbaud de Zoon*, Van Oorschot.)
Le Roi du bois, Lagrasse, Verdier, 1996.
La Grande Beune, Lagrasse, Verdier, 1996. (*De Hengelaars van Castelnau*, Van Oorschot.)
Mythologies d'hiver, Lagrasse, Verdier, 1997.
Trois auteurs, Lagrasse, Verdier, 1997.

Teksten over Pierre Michon

Compagnies de Pierre Michon, Lagrasse, Verdier, 1993.
JENNY, Laurent, "Hanté par la forme", in *Critique*, n° 536/37 (1992), pp. 127-129.
POUILLOUX, Jean-Yves, "Une prose de voyant", in *Critique*, n° 534 (1991), pp. 866-873.
RICHARD, Jean-Pierre, *L'Etat des choses*, Paris, Gallimard, 1990, pp. 87-106.
—, *Terrains de lecture*, Paris, Gallimard, 1996, pp. 11-35.

Verder zijn *L'Autre Journal*, n° 8 (1991), *Rencontre avec Pierre Michon*, dossier proposé par les libraires de *L'Oeil de la lettre* (februari 1998), en *Matricule des Anges*, n° 15 (1996), helemaal of gedeeltelijk aan Pierre Michon gewijd.

RENAUD CAMUS
(°1946)

Jan BAETENS

Van de zowat dertig, meestal erg lijvige boeken die Renaud Camus tussen 1975 en 1998 publiceert, is er slechts een in het Nederlands vertaald, namelijk *Tricks* (1979), het afstandelijke, bijna onpersoonlijke relaas van een aantal vluchtige homoseksuele relaties. In Engeland, Duitsland of Japan is de situatie niet anders: Camus staat er vooral bekend als een auteur van en voor de *gay community*, als spreekbuis van een welbepaalde visie op de homo-erotiek en als de soms nostalgische *chroniqueur* van een levensstijl die sinds het uitbreken van Aids gewoon ondenkbaar is geworden. Wie echter het thema van de homoseksualiteit overbeklemtoont, doet deze unieke auteur met een al even uniek oeuvre onrecht aan. De homoseksualiteit vormt zeker een van de essentiële dimensies van Camus' werk, maar de problematiek is niet overal even dominant en wordt niet altijd met grote bravoure geëtaleerd. Sommige critici onderscheiden, in het geval van Camus, een eerste, militant homoseksuele fase van een tweede periode waarin de "Camus chaste" (Lawrence Schehr; zie bibliografie) zou overheersen. In werkelijkheid valt deze strikte tweedeling moeilijk hard te maken. Ook het latere werk komt bij momenten heel expliciet seksueel uit de hoek: het vrij recente *P.A./petite annonce* (1996) zal meer dan één argeloze lezer van de "kuise" teksten uit de voorgaande jaren hebben doen opschrikken.

Hoe dan ook, de exclusief seksuele invalshoek is wellicht niet de meest adequate om het werk van Camus in al zijn complexiteit te benaderen. Men kan even goed vertrekken van het spel met de identiteit en met de naam (de eigen naam en eigennamen) dat als een rode draad door het oeuvre loopt. Camus verschuilt zich graag achter pseudoniemen, hij flirt vaak met het patroniem van zijn illustere naamgenoot, Albert Camus, zijn schriftuur is niet zelden een reflectie op de betekenis en materialiteit van namen, en Camus aarzelt ook niet om zich zonder enige vorm van bronvermelding zinnen en fragmenten uit andermans teksten toe te eigenen. Hoewel zijn eerste werken (*Passage*, 1975; *Echange*, 1976) bijzonder origineel zijn ten opzichte van de *mainstream*-productie van die jaren, bestaan ze grotendeels uit citaten die hij, zonder aanzien des persoons, ontleent aan teksten van anderen maar ook "van zichzelf." De heel speciale omgang met de naam veruitwendigt dan weer een nauwkeurig georchestreerde uitzaaiing van het werk zelf over alle planken van de bibliotheek. De onthutsende diversiteit van genres die Camus beoefent, lijkt wel eindeloos, terwijl elke genre-bepaling boek na boek gewogen wordt en te licht bevonden. Al zijn dagboeken verweven zonder uitzondering het meest intieme met het meest encyclopedische; de romans balanceren op de grens van experiment en keurig afgewerkte pseudobestseller; in essays van de meest uiteenlopende aard (met ondertussen ook een sectie "Toespraken") overlappen het anekdotische en het doorwrochte elkaar voortdurend. Elders halen potsierlijke genre-aanduidingen zoals "Qu" (zowel de afgekapte vorm van *que*, het eerste woord in veel titels uit de klassieke periode, als een fonetisch knipoogje naar de argot-term *queue*, penis) hoogdravende categorieën als "Elégies" of "Miscellanées" onderuit op een carnavaleske manier. Deze ongrijpbaarheid en constante vernieuwing sluiten echter de fundamentele continuïteit van het werk niet uit, zeker niet op stilistisch vlak. Hiermee bevestigt Camus Roland Barthes' stelling in *Le Degré zéro de l'écriture* die zegt dat elke stijl idiosyncratisch verwijst naar het lichaam van de schrijver. Camus komt vaak op deze en andere passages van Barthes terug, maar hij voegt er onmiddellijk aan toe dat het schrijvende ik om het even welk schrijven kan herhalen, gebruiken, misbruiken, vervormen en plagiëren in een eindeloze beweging die hij, opnieuw in navolging van Barthes, *bathmologie* noemt. Die "wetenschap der niveaus" (*science des degrés*) onderzoekt hoe elke discursieve positie via ontelbare vormen van hergebruik steeds nieuwe betekenissen kan krijgen. Omtrent de bathmologie publiceerde Camus trouwens een kort, ironisch traktaat getiteld *Buena Vista Park* (1980), nog steeds een van de beste manieren om met dit veelvormige oeuvre kennis te maken.

Camus schrijft altijd tegen iets of iemand, vooral tegen de hedendaagse samenleving waarvan hij in de loop der jaren een van de meest rabiate maar ook een van de grappigste tegenstanders geworden is. Zijn schriftuur is zowel eigentijds en tegendraads – de twee aspecten gaan onveranderlijk hand in hand – als reactionair, terwijl we zijn levensvisie als aristocratisch, elitair en (gewild) anachronistisch kunnen bestempelen. Niettemin is deze auteur bijzonder symptomatisch voor onze moderne tijd: zijn werk is tot op zekere hoogte de kritisch-ironische *summa* van de literatuur en cultuur van een heel tijdperk – het onze – en het spoort de vervreemde en onderdrukte lezer aan om komaf te maken met de wanorde en de wansmaak van een samenleving die Camus, naar het voorbeeld van Barthes, "kleinburgerlijk" noemt. Schrijven is strijden tegen de postmoderne consumptiemaatschappij, tegen de neerwaartse spiraal van vervlakking.

Deze paradoxale en soms tegenstrijdige schriftuur berust in feite op twee zwaartepunten die het disparate, centrifugale oeuvre van Camus enigszins samenhouden: de homo-erotiek en de stijl. Op elk van die terreinen bekleedt Camus een heel bijzondere plaats die hem verschillend maakt van zijn tijdgenoten. Zo is hij zonder enige twijfel een militant homoseksueel, maar terzelfder tijd weigert hij resoluut het etiket van "homoseksueel schrijver." Camus drukt zich als volgt uit:

> Jazeker, ik ben een homoseksueel, maar niet meer of niet minder dan dat ik in de provincie geboren ben, of me voor schilderkunst interesseer, of blauwe ogen heb of op het platteland woon. Homoseksualiteit is een aspect van mijn persoonlijkheid naast vele andere. Homoseksualiteit is wellicht – heel waarschijnlijk zelfs – belangrijker dan die andere zaken, maar een persoonlijkheid, en zeker een literaire persoonlijkheid, kan je onmogelijk tot dat ene aspect herleiden.
> (Interview met Bruno Vercier, p. 10; zie bibliografie.)

Er zijn echter ook positieve motieven voor Camus' afkeer jegens elke vorm van *community*-literatuur. Als erotiek tussen gelijke en wederzijds instemmende partners is de homo-erotiek bij Camus van elke traditionele ethische betekenis ontdaan. In die optiek zijn seksualiteit en homoseksualiteit dus principieel onschuldige, niet-ethisch geladen dimensies van het menselijke bestaan die, net zoals alle andere dimensies, ten goede en/of ten kwade kunnen ingevuld worden. *In se* moet de homoseksualiteit niet verdedigd worden tegen de samenleving. Wat daarentegen wel problematisch is, is de heersende moraal die de homoseksualiteit afkeurt samen met vele andere 'afwijkende' praktijken en zaken – zoals bijvoorbeeld eenieders recht op stilte of het recht om te wijzen op het verschil tussen Cultuur en cultuur. Een welbepaalde mens- en maatschappijvisie is duidelijk in de verdrukking geraakt door de wereldwijde opmars van een "kleinburgerlijke" ideologie die in Camus' ogen hoogst onethisch is en die hij in elk van zijn boeken met de moed der wanhoop bekampt. Deze ideologie zweert *rücksichtslos* bij een gemakzuchtig hedonisme: 'Wees jezelf', 'Volg je eigen natuur', 'Durf jezelf te zijn', dat is het principe waarmee we, dag in dag uit, om de oren worden geslagen. Volgens Camus betekent dit echter niets anders dan: 'Wees jezelf en trek je van de rest niets aan', 'Wees jezelf en eis ook van de ander dat hij zichzelf is/wordt.' Alles wat de eigen navel overstijgt, wordt op die manier gestigmatiseerd: van de cultuur weerhoudt men alleen datgene waarin men zichzelf onmiddellijk herkent; op het vlak van de taal wordt elke inspanning om beter te leren spreken en schrijven als 'elitair', 'onnatuurlijk', 'onsympathiek' afgedaan; vormelijke omgangsregels worden naar de prullenmand verwezen, terwijl de slordige omgang met het historisch patrimonium en de natuur leidt tot drastische en sadistische vernietiging. Kortom, de hele *Zeitgeist* ademt een kleurloos, grijs *je m'en foutisme* uit waarvan Camus de schaamteloosheid en de vanzelfsprekendheid hekelt. Zijn motto is niet 'Wees jezelf', maar 'Verander jezelf.' In die context gebruikt hij vaak de term *absence*: alleen wie aan de geestdodende en vervuilende proliferatie van het eigen *ik* verzaakt en leert omgaan met leegte en stilte, met het nog onbekende, kan aanspraak maken op het 'goede leven.'

De manier waarop Camus gestalte geeft aan zijn stilistische project is zo mogelijk nog verbazender dan de combinatie van homoseksualiteit en ethische bekommernis. Zijn oeuvre is steeds gekenmerkt geweest door een unieke tegenspraak. De eerste publicaties schrijven zich overduidelijk in in de avant-gardeliteratuur van de jaren '70: de *Eglogues*, een onafgewerkte romancyclus, bestaan bijvoorbeeld uit een aaneenschakeling van zinnen (meestal al of niet herkenbare citaten trouwens) waarbij alle zinnen, woorden en tekstuele mechanismen terzelfder tijd een eigen, specifieke betekenis hebben en naar elkaar verwijzen. Maar de *Eglogues* zijn ook geschreven met een bijna dandyesk gevoel voor schoonheid en ze schenken veel aandacht aan alles wat de avant-garde als onzin afwijst: elegantie, gevoeligheid, leesplezier en, niet te vergeten, humor en nostalgie. In die periode laat Camus zich *à la Proust* fotograferen, terwijl de erotiek niet alleen door de expliciete evocatie van de homoseksualiteit gekanaliseerd wordt maar ook door de vormelijke omgang met de taal. Naderhand verliest deze bizarre cocktail wat van zijn pittigheid; de tonische spanning tussen onverzoenbare perspectieven op taal en stijl zal echter nooit verdwijnen. Camus is en blijft een modernistisch auteur die zijn eclecticisme niet onder stoelen of banken steekt. Wat de moderne/modernistische *doxa* had afgewezen – de biografie van de auteur, de humanistische zin voor eruditie, kortom: alles wat buiten de taal ligt –, krijgt bij Camus opnieuw een ereplaats zonder dat zijn teksten hierbij aan moderniteit inboeten. Het klassieke ideaal was dat van *l'homme* et *l'oeuvre*. Welnu, Camus herstelt het voegwoord in ere. Zijn schriftuur is niet langer gebiologeerd door haar eigen zelfreflexiviteit, ze stelt zich open en genereert een oeuvre waarin tegengestelden elkaar kunnen ontmoeten. In de marge van Mallarmé's befaamde uitspraak over "l'absente de tous bouquets" (een uitspraak over het onmogelijk samenvallen van tekst en referent en als dusdanig het vaandel waarachter elk rechtgeaard modernist zich sinds bijna een eeuw schaart), noteert Camus het volgende:

> (...) hoe onaards het boek dat komen zal en zijn woorden ook mogen wezen, ze mogen nooit aanvaarden dat niets op aarde borg voor hen zou staan.

Dit verlangen wordt geconcretiseerd via een zeer verzorgde, klassieke stijl die uitblinkt door een ongelooflijk gevoel voor panache, variatie en vooral ritme. Toch heeft de lectuur van Camus' teksten niets van een kruisweg. In navolging van Stendhal wiens rol in de jaarlijkse dagboekvolumes steeds belangrijker wordt, betoont Camus zich een fervent voorstaander voor een schriftuur *alla prima*, met dien verstande natuurlijk dat de beoogde levendigheid en spontaniteit pas tot hun volle recht komen dankzij de maturiteit van de schrijver.

Camus' oeuvre mag dan al verleidelijk, fascinerend en ambitieus zijn, het wordt tot op heden relatief weinig gelezen. Net als Valery Larbaud is Camus een *écrivain pour écrivains*, een schrijver die men leest omwille van de stijl en de vorm, en niet zozeer omwille van de inhoud, iemand dus met een bescheiden maar fervent publiek dat, als in een soort van loge en los van de auteur, intens contacten uitwisselt. De regelmatige herdrukken van *Tricks* bewijzen dat er wel degelijk een publiek voor Camus bestaat. Alleen, de meeste lezers van dit boek hebben geen flauw benul van de eigenlijke intenties van de auteur en de meesten staan mijlenver af van de ideale lezer die Camus zich nochtans soms zo tastbaar voor ogen stelt. Het kan overdreven lijken, maar er is, in het geval van Camus, wel degelijk sprake van een commercieel failliet van het oeuvre – dat blijkt trouwens ook ten overvloede uit de stoïcijns-hilarische passages in de dagboeken waarin de auteur zijn tribulaties met bankiers, belastingsambtenaren en andere schuldeisers beschrijft. De oorzaken van deze situatie zijn niet makkelijk te achterhalen. De naam speelt zeker niet in zijn voordeel: hij is de dupe van de verwarring met die andere Camus. Bovendien – toppunt van paradox – hypothekeert de rijkdom van het oeuvre de receptie: hoe breng je dit bijzonder disparate werk aan de man, en hoe moet je al die erg uiteenlopende producten koppelen aan een en dezelfde auteur? Een ware nachtmerrie voor de *marketing*-mensen. Komt daarbij nog de manifeste onwil van Camus – ik druk me zacht uit – om zijn tijdgenoten naar de mond te praten. Hij weigert mee te draaien in het mediacircus: perslui, critici en cultuurpausen nagelt hij liever aan de schandpaal, met naam en toenaam als het even kan. Zo brengt Camus in zijn *Journal romain, 1985-1986* het relaas van het reilen en zeilen in de Villa Médicis, een instelling die jaarlijks vele Franse kunstenaars – Camus incluis – onderdak verleent tegen vrij royale voorwaarden. Iedereen is verontwaardigd, behalve het publiek aan wie dit boek volledig onopgemerkt voorbijgaat. Het fenomeen wordt wat later nog onbegrijpelijker: wanneer Hervé Guibert in de sleutelroman *L'Incognito* (1988) Camus' 'schandaalboek' nog eens dunnetjes overdoet, hapt het grote publiek wel toe. Niemand legt het verband met Camus die bijlange niet zo mediageniek is als Guibert.

Vanuit sociaal en cultureel oogpunt is Camus een anti-schrijver die weerstand biedt tegen de toegenomen vormloosheid en gemakzucht. Dat het grote publiek hem links laat liggen, hoeft dan ook niet echt te verwonderen. Wie de macht van het getal aan zijn zijde heeft, kan het zich veroorloven om te zwijgen en te verzwijgen in plaats van de polemiek openlijk aan te gaan. Camus' positie lijkt op die van zijn vriend Dominique Noguez die op een analoge manier verwikkeld is in een eenzaam gevecht tegen de sluipende zelfmoord van de Franse taal (*La Colonisation douce*, 1991; vermeerderde heruitgave 1998): het is alsof ze in de woestijn staan te prediken. Critici proberen Noguez en Camus te ontmaskeren als twee reactionairen.

Maar is het pleidooi voor de eigen taal en voor correcte, formele omgangsvormen dan het exclusieve waarmerk van het rechts-nationalisme? Wat dan met hen die hun platte hedonisme en gemakzucht botvieren in de schaduw van de macht? Camus en Noguez zijn politieke moralisten – zij het van een meer genuanceerde soort dan Finkielkraut of Debray: tegen het recht van de sterkste in verdedigen ze de bevrijdende rol van de cultuur als een instrument van verfijning in verscheidenheid, waarbij begrippen als 'natie-staat', 'identiteit', 'vaderlandsliefde' en 'universalisme', een nieuwe, hedendaagse en positieve invulling moeten krijgen.

Naast de sterk moralistische inslag die het hele oeuvre doordesemt, zou ik in wat volgt nog een drietal andere en op zijn minst even belangrijke aspecten van Camus' werk willen aanstippen: de aandacht voor de act van het schrijven, de constructie van een *oeuvre* dat steeds opnieuw ter discussie wordt gesteld, en, ten slotte, de poëtische ervaring van het *génie du lieu*.

Het *hic et nunc* van het schrijven was reeds de leidraad van Camus' debuut en het heeft, boek na boek, alleen maar aan belang gewonnen. Het feit dat het *Journal* een steeds nadrukkelijker plaats opeist, is hier natuurlijk niet vreemd aan, maar ook andere segmenten van het oeuvre zoals de *Elégies* zijn sterk gebonden aan de concrete plaats en tijd van het schrijven. Alle ingrediënten van de schrijfact worden voortdurend gethematiseerd, zodat de lezer een blik kan werpen in de 'keuken' van de schriftuur. Andere auteurs – ik denk vooral aan Francis Ponge (zie volume 1, pp. 130-133) en Roger Laporte – zijn Camus daarin voorgegaan, maar beide vormen van thematisering zijn erg verschillend. Ponge en Laporte geven de lezer de kans om het zoeken en tasten van de auteur op de voet te volgen, ze offreren haar of hem de hele waaier van verschillende tekstvarianten die elkaar verdringen, ja zelfs uitwissen. Camus, daarentegen, vergast de lezer op het beeld van de schrijver in *a room with a view* – bij elk bezoek aan Firenze betrekt hij de kamer uit de gelijknamige film en een van zijn dagboeken is opgedragen aan het kwestieuze pension. De auteur beschrijft minutieus wat hij ziet, voelt en denkt op die of die concrete plaats en op dat of dat precieze moment. Als *paysagiste* kent Camus in de hedendaagse literatuur zijn gelijke niet. Getuige hiervan is de beschrijving van de lucht of van de Parijse daken aan het begin van

Aguets. Journal 1987(1989) en de ode aan zijn kamer in de Villa Médicis of het uitzicht op Rome in *Elégies pour quelques-uns* (1988), een meesterlijke bundeling van ogenschijnlijk achteloos samengegooide gelegenheidsstukken in het genre van Larbauds *Jaune, bleu, blanc*. Het spreekt voor zich dat de enunciatie het sterkst naar voor komt in het *Journal*, des te meer omdat het principe van een niets ontziende eerlijkheid ook stilistisch wordt geconcretiseerd. Het dagboek schuwt geen enkel onderwerp; op een en dezelfde bladzijde kan de lezer het volgende aantreffen: Camus' behandeling tegen syfilis, een brief van een ex-lezer die de auteur de huid vol scheldt, een interpretatie van deze of gene kleur in een of ander werk van een welbepaalde, vergeten schilder uit de Napolitaanse school, ergernis omwille van een taalfout van een televisiepresentator, opmerkingen over nachtelijk burenlawaai en bedenkingen bij een voorstel tot wetswijziging in het Franse parlement. Het *Journal* ontzegt zich dus elke vorm van censuur (behalve dan wanneer het gaat over de uitgever-mecenas Paul Otchakovsky-Laurens die waakt over de boeken en de collega's van het huis), en zo ambieert ook de schriftuur zelf een maximale literaire authenticiteit: elke herschrijving, elke verschoning – in de dubbele betekenis van het woord – is taboe. Camus tikt het dagboek rechtstreeks op de computer, hij laat "alles" zien en hij slaagt er nog in ook om alles gelijktijdig in de boekhandel te krijgen. Deze werkwijze heeft maar een nadeel: kritische afstand is moeilijk, zoniet onmogelijk. Maar omdat het oeuvre zich nooit verengt tot het dagboek, is het gevaar van een louter narcistisch schrijverschap onbestaand.

BEKNOPTE BIBLIOGRAFIE

Werken van Renaud Camus

Passage, Paris, Flammarion, 1975.
Echange, Paris, Flammarion, 1976 (onder het ps. van Denis Duparc).
Tricks, Paris, Mazarine, 1979 (herwerkte uitgaves bij éd. Persona en P.O.L).
(*Tricks, zesenveertig vertelllingen*, De Arbeiderspers.)
Buena Vista Park, Paris, P.O.L - Hachette, 1980.
Journal d'un voyage en France, Paris, P.O.L - Hachette, 1981.
Roman roi, Paris, P.O.L, 1983.
Roman furieux, Paris, P.O.L, 1987.
Journal romain. 1985-1986, Paris, P.O.L, 1987.
Elégies pour quelques-uns, Paris, P.O.L, 1988.
L'Esthétique de la solitude, Paris, P.O.L, 1990.
Elégie de Chamalières, Paris, P.O.L, 1991.
L'Esprit des terrasses. Journal 1990, Paris, P.O.L, 1994.
P.A./petite annonce, Paris, P.O.L, 1997.
Als work in progress is *P.A.* ook te lezen op de website van de auteur: perso.wanadoo.fr/renaud.camus/

Teksten over Renaud Camus

BAETENS, Jan, *Les Mesures de l'excès*, Paris, Les Impressions Nouvelles, 1993.
BUISINE, Alain, "D'un romanesque à contretemps: (Jean) Renaud Camus", in *Littérature*, n° 77 (1990), pp. 41-65.
HOUPPERMANS, Sjef, "Les mois d'été de Camus", in *Neophilologus*, 72:4 (1988), pp. 524-545.
SCHEHR, Lawrence, "Camus: Paris/Rome", in Idem, *The Schock of Men: Homosexual Hermeneutics and French Writing*, Stanford, Stanford U.P., 1995, pp. 129-170.
VERCIER, Bruno, "A Problem of Terminology", in *Yale French Studies*, n° 90 (1996: *Gay and Lesbian Writing in French*), pp. 7-21.

Het tiende nummer van *Ecritures* (1998) is integraal gewijd aan Renaud Camus.

PIERRE BERGOUNIOUX
(°1949)

Dominique VIART

Pierre Bergounioux debuteert op een wel heel bijzonder moment in de evolutie van de romanliteratuur. In 1984 is voor de enen het genre, na de radicale experimenten van de jaren '60 en '70, op sterven na dood, terwijl anderen het dan weer hebben over een intens *aggiornamento*, waarbij de roman, ondanks alle beperkingen van de taal, er blijkbaar toch in slaagt om uitdrukking te geven aan het hedendaagse bestaan. Typisch voor de hernieuwde belangstelling voor het verhaal is de gewijzigde houding tegenover het verleden: in plaats van dit verleden af te zweren en gemakshalve te kiezen voor een vlucht vooruit, maken een aantal jonge auteurs de balans op van het verleden en zetten hierbij een scheppingsproces in gang dat lucide balanceert op de moeilijke grens tussen verleden, heden en toekomst.

Het thema van de mislukking staat niet voor niets centraal in een werk dat bij zijn auteur een "smaak van as" nalaat, maar hem evenzeer dwingt om steeds opnieuw de draad van het schrijven op te nemen. Voor Bergounioux, die zegt dat schrijven hem pijn doet, is het dus van essentieel belang om zonder ophouden de strijd aan te binden met datgene wat hem tot mens maakt en hem ook vernietigt. Bergounioux beseft dat hij uit een tijd en een plaats stamt die een loodzware erfenis hebben achtergelaten, maar waarmee hij ook onlosmakelijk verbonden is. Zijn identiteit en zelfbewustzijn belijden hun schuld aan datgene en diegenen die hem gevormd hebben en waarvan de invloed zich nog steeds doet gelden. Om deze zware erfenis te torsen en ook om ze te verwerken, stelt Bergounioux zich in een twintigtal romans en andere teksten steeds weer dezelfde vraag: *wat moet ik denken van de persoon die "ik" probeert te zeggen?* Die koppigheid, die standvastigheid, die innerlijke gedrevenheid maken Bergounioux' oeuvre tot een van de meest indringende en authentieke scheppingen van onze tijd.

Het einde van een beschaving

Pierre Bergounioux is geboren te Brive in 1949. Deze datum en plaats zijn allerminst anekdotisch, omdat het hele oeuvre van Bergounioux zich in de schaduw beweegt van die ogenschijnlijke contingentie:

> Door mijn kinderjaren behoor ik tot de laatste generatie van mensen die men nog autochtoon zou kunnen noemen, omdat het mensen waren die vastzaten aan een bepaald moment en een bepaalde tijd. Ik heb de meest beslissende momenten van mijn leven beleefd in een verloren uithoek van het bosrijke Gallië, temidden van de overblijfsels van een agrarische samenleving die nu niet meer bestaat.

De kritiek heeft terecht gewezen op de landelijke wortels van dit werk, dat zich voornamelijk afspeelt in het zuidwesten van het Centraal Massief en niet echt voeling heeft met het stadsleven. Bergounioux is echter allerminst een regionalistisch auteur: zijn decors zijn misschien wel bijzonder herkenbaar en zijn beschrijvingen van het leven in de Corrèze zeer treffend, maar de teksten geven nooit toe aan het exotisme, ze zijn niet zomaar een kroniek van het landelijke leven. Wat de auteur drijft, is van een heel andere orde en getuigt van een heel andere ambitie dan dit provincialisme. Het isolement dat de auteur in zijn geboortestreek verankert, sluit volgens hem de fantasie en het romaneske juist uit. Bergounioux formuleert het als volgt:

> Men moet op gelijke voet gestaan hebben met de dingen die men in een verhaal verzint, men moet zich onmiddellijk herkennen in het beeld van die andere wereld, men moet de ijle lucht van de grote steden en vooral van de hoofdstad hebben opgesnoven om *überhaupt* ooit romancier te kunnen worden en zich op de koop toe nog navenant te voelen ook.

Bergounioux onderzoekt door middel van persoonlijke herinneringen en opgetekende getuigenissen wat de mensen hebben gevoeld toen, rond het midden van deze eeuw, hun levenswijze plots uit elkaar spatte, een levenswijze die nochtans gestoeld was op het rotsvaste geloof in de onveranderlijkheid der dingen:

> Ik ben geboren op 600 kilometer van Parijs, in een achtergebleven streek die een levend anachronisme was en nog altijd is. Onze leefwereld was toen nog materieel en intellectueel bijna volledig afgesloten,

> weerbarstig ten opzichte van alles wat zich aan de andere kant van de heuvel bevond, zonder de minste rijkdom en, vooral, zonder enige toegang tot de Cultuur, kortom, een perfect voorbeeld van de 'rurale achterlijkheid' die, zoals Marx het zegt, 'de prekapitalistische maatschappijen doet wegrotten.'

Bergounioux neemt de maat van de omwenteling die de nieuwe tijden met zich meebrengen, zelfs wanneer de verandering "beperkt is gebleven tot enkele details" (*La Mort de Brune*, p. 135). Precies de kleine details, die de auteur tot in hun kleinste sporen en hun kleinste gevolgen verbeten beschrijft en analyseert, geven een zeer betekenisvol beeld van de levens die op de klippen van de geschiedenis gelopen zijn. De jaren '60, een periode van de ongebreidelde vooruitgang en modernisering, heeft vele plattelandsmensen stuurloos gemaakt. Niet alleen tradities kwijnden weg, ook de levens die op die tradities geënt waren. *Miette*, dat de beschavingscrisis bekijkt vanuit het perspectief van een rurale familie, vormt in dit opzicht een sleutelwerk:

> Het was voor die mannen en vrouwen – of voor die man die dertig eeuwen oud was en Baptiste heette, en voor die vrouw die drieduizend jaar oud was en die Miette genoemd werd – (...) een ruwe doop en een bewogen overgang toen ze plots overgeplant werden van de eeuwigheid naar de tijd. Ze kregen zelfs niet eens de kans om terug te blikken of te kijken naar alles wat zich op dat moment met veel kabaal afspeelde, op die plaats waar ze leefden en werkten en herboren werden sinds het begin der tijden, steeds aan zichzelf gelijk, onveranderlijk, zoals de grond en de dingen hen onaflatend hadden geboetseerd.
> (*Miette*, p. 132.)

De diepe sympathie van de verteller voor deze mensen mag niet verkeerd begrepen worden. Bergounioux voelt mee met hun lijden en lotgevallen zonder zich te identificeren met de waarden en normen van een tijd die hij veroordeelt noch verheerlijkt als een verloren aards paradijs. Hij spreekt met ontroering en verrukking over een wereld die voor hem de eerste kennismaking met het leven betekende. Zonder nostalgie wil de auteur zo nauwkeurig mogelijk nagaan hoe de vroegere, eeuwige tijd veel onmogelijk maakte, hoe hij het leven van de mensen bepaalde en hoe hij niets of niemand aan het lot liet ontsnappen. In *Miette* leren de meeste personages willens nillens hoe ze moeten verzaken aan hun verlangens en zich neerleggen bij wat het leven voor hen heeft beschikt: Adrien heeft talent als handwerkman, maar moet niettemin het veld op; omdat haar vader zich tegen haar vertrek en haar studies verzet, mag Octavie haar wiskundig talent niet verder ontplooien in Amerika: ze blijft ongehuwd achter in haar geboortestreek; Baptiste, de oudste zoon, probeert, koste wat het kost, de traditie van het familiebedrijf verder te zetten; door haar huwelijk verhuist Lucie naar een boerderij die op slechts enkele kilometers van het ouderlijke huis ligt; Miette, de oude moeder die sterft net voor de verteller de familie leert kennen, werd tegen haar wil uitgehuwelijkt – maar wat betekende 'wil' in die tijd? Miette "dwong bewondering af, omdat ze zich pas na verzet bij dit onvrije leven had neerlegd" en vanaf dat moment

> (...) gebruikte ze de vastberadenheid waarmee ze zich eerst had verzet tegen de dingen die haar wil hadden gebroken, (...) ten voordele van die dingen zelf (...) omdat er één ding was dat die wereld, de hare, niet kon dulden en dat zijzelf nooit zou hebben begrepen: namelijk iets willen tegen de dingen in, de kapotgeslagen mogelijkheid verkiezen boven datgene wat toch zou gebeuren.
> (*Miette*, p. 43.)

In het werk van Bergounioux is de lijst van gebroken levens lang. Maar ook het persoonlijke traject van de autobiografische verteller valt samen met het kantelen van de geschiedenis. Voor hem betekent die omwenteling eveneens geweld en pijn: het vertrek uit het dorp, eerst naar kleine stadjes die nog de geest van het Ancien Régime uitademen, dan naar de grotere agglomeraties en ten slotte naar het moderne Parijs, wordt ervaren als een verbanning. Het subject zit pijnlijk gekneld tussen twee werelden, het worstelt met het leven. Bergounioux laat hieromtrent niet de minste twijfel bestaan:

> Men leeft maar één keer. Ik stam uit een tijd en een achterlijke streek die mijn eerste ervaringen hebben gevormd. Ik behoor mijn kinderjaren en mijn eerste liefdes toe, ik koester mijn eerste momenten zorgvuldig, ik blijf gehecht aan de mensen tussen wie ik heb geleefd, op wie ik leek, van wie ik werd gescheiden nog voor ik van hen moest weggaan, met de dood in het hart, om ergens ver weg te gaan studeren.

Alle romans van Bergounioux articuleren die dubbele ruimte van een *voor* en een *na*, een ruimte die zowel verlies als kennis impliceert, volgens een beweging die lijkt op de bijbelse Zondeval. Het leven van de verteller valt uiteen in episodes van telkens zeventien jaar: de zeventien jaar van kindertijd en adolescentie, met de zoektocht naar het "gruwelijke beest" en de droom van "een boom over de rivier" (twee titels van latere boeken, *La Bête faramineuse* en *L'Arbre sur la rivière*); de zeventien jaar van intense lectuur van boeken om alles te leren wat nooit meer zal terugkomen; en ten slotte, op 34-jarige leeftijd, de beslissing om te schrijven, om de last te verlichten die de auteur gaandeweg heeft leren doorgronden en die de tekst belichaamt onder de metaforische vorm van verhalen over schuld, achterstallen en tekorten.

De schuld

De auteur voelt zich dus schatplichtig aan de wereld die hem heeft gemaakt en zijn schrijfarbeid is een manier om in zichzelf te peilen naar de onbewust geworden last en druk van het verleden. Voor Bergounioux is er geen leven zonder determinisme, maar om te beseffen hoe sterk men is gedetermineerd, moet men de krachten kennen die ons leven bepalen. Schrijven impliceert de aanvaarding van die schuld. Niet dat de auteur openlijk zijn erkentelijkheid belijdt ten aanzien van hen die hem gemaakt hebben tot wat hij is (ook al bevat *La Mort de Brune* zo'n eerbetoon aan een vroegere onderwijzer). Het gaat eerder om het veel pijnlijker besef dat hij nu moet doen wat vroeger onmogelijk was: hij moet de pijn en het verdriet van zijn voorouders op zich nemen om vooralsnog hun dromen en verlangens te realiseren. Juist door die identificatie met de familieleden en het aflossen van de schuld die hij ten opzichte van hen voelt, blijft Bergounioux ondanks alles schrijven. *L'Orphelin* en *La Toussaint* gaan hierin het verst: het schrijven is er een ware beproeving, de schrijver moet er zich weren tegen zijn eigen zwakheid en verwarring.

In *L'Orphelin*, geschreven na de dood van zijn vader, bekent de verteller dat de Geschiedenis de verhouding met zijn vader volledig had scheef getrokken:

> Mijn vader had me nodig, hij moest me voortdurend knechten om te kunnen blijven wat het lot van hem gemaakt had: een wees uit de Grote Oorlog, een kind van niemand dat niet kan aanvaarden dat er na hem nog iemand komt.
> (*L'Orphelin*)

Om te zeggen wat de vader nooit heeft kunnen uitspreken, neemt Bergounioux zoals gewoonlijk zijn toevlucht tot beelden, die eerst raadselachtig zijn en vervolgens tot het uiterste uitgerokken en hernomen worden, zodat ze gaan fungeren als leitmotiven. De "koffer" aan het begin van *L'Orphelin* is daar een goed voorbeeld van:

> We zijn met twee, identiek, maar niet op hetzelfde moment aangekomen. Wie er eerst was, is in het voordeel, omdat hij er eerst was. Wanneer de andere aankomt, volledig naakt, snuivend, merkt hij dat er al iemand is. Er staat ook een soort oude koffer. De eerste lijkt ongeduldig, hij wil de andere de inhoud van de koffer laten zien.
> (*L'Orphelin*)

De allegorische koffer, volgepropt met kleren die men gewoonlijk aantreft in koffers op zolder en waarmee men zich verkleedt, symboliseert alles wat een kind wil zijn en doen om de ouders te plezieren. Alleen, het kind beseft nog niet dat zijn identiteit – in de mate dat het die ooit verwerft – niet tussen die rommel zal te vinden zijn. Eerder dan een allegorie is *L'Orphelin* een filosofische vertelling over de opvoeding en de relatie tussen ouders en kinderen.

De invalshoek van *La Toussaint* is breder, omdat de verteller dieper ingaat op een dubbele erfenis, die langs vaders kant en die langs moeders kant, op de kruising tussen de "steltlopers" uit de Quercy en de "zwarten" uit de Limousin, tussen de gelatenheid en de droefenis van een duistere, sombere streek enerzijds en de gulle overdaad van een droge, zonnige streek anderzijds. Het gespleten hoofdpersonage ondergaat bijna Baudelairiaans die dubbele afkomst en innerlijke tweespalt. Toch staat zijn eigen leven op het spel, want "de doden leven twee keer: eerst buiten en dan vanbinnen. En misschien is dit tweede leven krachtiger en langer dan het eerste", schrijft Bergounioux in *La Toussaint*, waar hij een visie op identiteit ontwikkelt die sterk doet denken aan Girards mimetische verlangen, ware het niet dat Bergounioux' nieuwe generatie haar identiteit verwerft door de imitatie van een model *dat ze niet zelf gekozen heeft* (in tegenstelling, bijvoorbeeld, tot Julien Sorel die in *Le Rouge et le noir* zijn keuze laat vallen op Napoleon). Ze heeft het model als het ware geërfd; voor andere verlangens is er geen plaats: "Over de tijd heen reik ik hen aan wat ze verloren hebben."

Dit helder en pijnlijk schema wordt nog verder vertroebeld door nieuwe tegenstellingen. In *L'Orphelin* schrijft Bergounioux:

> In ons leven, in onszelf eisen ze dat we naar hen luisteren en hun verlangens realiseren. Zolang ze echter ook buiten ons leven, kunnen ze niets anders dan zich te verzetten tegen het feit dat we die verlangens realiseren. Zolang ze nog leven, juist omdat ze nog in leven zijn, kunnen ze niet dulden dat we in hun naam iets aanvatten. Want dan zou men hen misschien nog kunnen verwijten dat ze het zelf nooit gedaan hebben.

Vandaar de noodzaak van de dood, de enige manier om het verlangen van de ander te realiseren, om de onvervulde wensen van de overledene in te willigen. Vandaar ook dat Bergounioux er zo sterk op hamert dat hij niet schrijft voor zichzelf, maar voor de doden. Zijn teksten hebben steeds een bestemmeling, maar ze kunnen pas verstuurd worden na de dood van de geadresseerde, net zoals een rouwproces pas kan beginnen na het definitieve afscheid.

Zelfkennis kan dus niet zonder kennis van de ander. Identiteit onstaat enkel en alleen dankzij deze wederzijdse afhankelijkheid. Dit schema is zo dwingend dat Bergounioux het zelfs toepast op de relatie tussen de volwassene die hij geworden is en het kind dat hij ooit was: de volwassenheid is de prozaïsche poging om datgene tot stand te brengen wat het kind reeds intuïtief, als in een flits aanvoelde. Maar de auteur idealiseert de kinderjaren niet: van die tijd onthoudt hij vooral de wanhoop van het opgroeien en het ouder worden. "In alles wat men doet, wil men verhinderen dat het ontroostbare kind de verpletterde volwassene overleeft" (*Le Grand Sylvain*, p. 32). Het leven is dan een lange aaneenschakeling van dingen waaraan men moet verzaken en een lang gevecht tegen dat verlies.

Het probleem van de identiteit

Sommige critici brengen Bergounioux' eerste teksten in verband met de *Bildungsroman*. De ervaringen en beproevingen uit de kindertijd zoals verteld in *La Bête faramineuse*, *C'était nous*, *L'Arbre sur la rivière* en zelfs *La Maison rose*, zijn stuk voor stuk variaties op het thema van de persoonlijke ontwikkeling. Niettemin onderscheidt Bergounioux zich op twee fundamentele punten van de traditionele *Bildungsroman*.

Op de eerste plaats is identiteit voor Bergounioux niet iets dat langzaam ontdekt en veroverd wordt, ze is altijd al gegeven, van bij de geboorte. Er kan dus geen sprake zijn van vorming of ontwikkeling: het subject moet alleen zichzelf beter leren kennen. Bergounioux' aparte variant van de *Bildungsroman* leunt dan ook zeer dicht aan bij de psychologische analyse. Beide genres zijn sterk gekleurd door een analoge retrospectieve obsessie: de blik van de vertellers is altijd naar achter gericht, zelden of nooit naar voor. Zelfs wanneer de romans de verschillende fasen in de ontwikkeling van een persoonlijkheid beschrijven en analyseren, staat niet de vertelling zelf centraal, maar – en dit is een tweede verschil ten opzichte van de *Bildungsroman* – het commentaar op bepaalde feiten en gebeurtenissen, de steeds dieper gravende analyse van wat ervaringen, breukmomenten en bepaalde openbaringen ons leren omtrent de identiteit van het subject. De analytische dimensie is zo sterk uitgewerkt dat de onstuitbare drang tot zelfkennis bij momenten het verhaal naar de achtergrond verdringt. Met uitzondering van enkele zeldzame teksten zoals *Ce pas et le suivant*, doen de talloze onderbrekingen of "becommentariërende pauzes" (Genette) het verhaal stokken. In een interview licht Bergounioux die werkwijze toe als volgt:

> Het vertellen van een verhaal oefent op de vertelstof een zeer dwingende invloed uit, wanneer die stof enkel en alleen bestaat in de verbeelding van de auteur, wanneer ze slechts het spel van de interne relaties binnen het verhaal dient. Dan voegt datgene wat men wil vertellen zich perfect naar de syntaxis van de vertelling. (...) Heel anders is het echter wanneer de vertelde feiten echt gebeurd zijn, wanneer het verlangen om die feiten beter te begrijpen, primeert op dat om te vertellen. De fundamentele as van de roman is horizontaal: de ene gebeurtenis veroorzaakt de andere en zo wordt het probleem dat voordien bestond, opgelost en wat komen zal, verantwoord. De fundamentele as van de analytische tekst is verticaal: in plaats van langzaam of met bokkensprongen te evolueren, blijft de analytische tekst maar verder graven naar betekenis. De wil tot inzicht haalt het hier op de wil om iets te tonen.

Door de dwang tot zelfkennis moet de verteller zich voortdurend buigen over de sporen die het verleden in hemzelf heeft achtergelaten:

> De mens steekt zo in elkaar dat hij in het begin van het leven niets weet, hij kent niet eens zichzelf. Hij heeft er ook geen erg in. Onder

> druk van de omstandigheden heb ik daarmee geen vrede kunnen nemen, en ik betreur dat. Alles spande samen en zo groeide in mezelf die extreme drang tot kennis. Dat vormt de basis van een lange en moeilijke zoektocht die alleen maar zal ophouden wanneer alle raadsels opgelost zijn.

Bergounioux' teksten zijn retrospectief, niet prospectief, en de vertelling maakt er plaats voor de analyse. De afstand ten opzichte van de klassieke *Bildungsroman* is dus groot. Tenzij ook een werk zoals *A la Recherche du temps perdu* als een klassieke *Bildungsroman* kan beschouwd worden. Het verband is verre van gratuit, want er bestaat een grote affiniteit tussen Bergounioux en Proust, zelfs wanneer de eerste liever Hegel citeert als het er echt op aan komt om uit te drukken wat herinneringen voor hem betekenen: "De momenten die de Geest ogenschijnlijk achter zich heeft gelaten, huizen nog steeds diep in hem" (*La Maison rose*). De zelfkennis die het subject verwerft via de reflectie op het verleden en de ander, reikt zo ver dat die relatie hem niet alleen de inhoud van die kennis maar ook de weg tot zelfkennis aanwijst. *La Maison rose* stelt het klaar en duidelijk: wie alleen is, komt slechts heel moeizaam tot zichzelf. In dit boek krijgt de verteller het aan de stok met zijn tante. Zij houdt vol dat hij ooit in het roze huis is geweest. Hij herinnert zich niets van een dergelijk bezoek. Alleen de familiefoto waarop hij als zuigeling prijkt in de armen van zijn grootvader, zal zijn weerstand kunnen breken. Terzelfder tijd incasseert echter ook het zelfbewustzijn een klap: de verteller wordt hoogst onzeker in zijn omgang met het verleden. Indien inderdaad "'zijn' 'geweest zijn' betekent", zoals de fenomenologie beweert, dan gaat de identiteit zelf aan het wankelen, van zodra men inziet hoe onvolmaakt de kennis van het eigen verleden wel is.

De tekst die met uiterste precisie de vroegere ervaringen evoceert en duidt, trekt een scherpe scheidingslijn tussen de standpunten van verteller en personage. *La Maison rose* articuleert zowel de visie van het kind met zijn eigen ervaringswereld als die van de volwassene die zijn vroegste jaren onder de loep neemt om er de nodige lessen uit te trekken. In de ogen van de lezer versterkt deze voorstellingswijze de schizofrenie van het subject: het is niet alleen innerlijk verscheurd, het zit bovendien geprangd tussen twee tijdsdimensies en twee manieren van zijn, tussen gevoelens en verstandelijke beleving. Volgens Bergounioux vloeit de literaire complexiteit van zijn boeken voort uit die existentiële dualiteit. De werken geven hun geheimen slechts zelden prijs na een eerste lectuur. De evocatie van de lichamelijke gewaarwordingen van het kind preciseert niet onmiddellijk de oorzaak van de gevoelde prikkeling. Ze illustreert wat Jean-Pierre Richard een "poëtica van het niet-doordachte" noemt. Omdat hij initieel de objectieve oorsprong van deze of gene ervaring in het ongewisse laat, kan Bergounioux zich volledig overgeven aan de beschrijving van de gewaarwording zelf. Het volle inzicht volgt pas later, zodat de lezer in een eerste fase niet echt begrijpt wat er gebeurt. Bovendien plooit deze schriftuur zich voortdurend op zichzelf terug, omdat de auteur de scherpte en duidelijkheid van de opgehaalde herinneringen blijft bevragen. Bergounioux heeft het zelfs moeilijk om dingen slechts één keer te vermelden of uit te spreken: de druk van het verleden is zo zwaar dat herhaling een vitale noodzaak is. Zo herneemt *Le Matin des origines* verschillende passages uit *La Maison rose* en bepaalde sleutelmomenten uit de kindertijd duiken in verschillende werken op, soms met erg grote verschillen. Elk nieuw boek van Bergounioux wekt bij de lezer de indruk van een obsessionnele en cyclische beweging. In het sterkste geval, zoals in *La Maison rose* of *Ce pas et le suivant*, manifesteert deze herhaling zich zelfs binnen een en hetzelfde boek.

De herhalingsdwang is echter slechts een effect, niet het hoofddoel van het schrijven, dat trouwens ook omwille van andere redenen op dingen en gebeurtenissen terugkomt:

> Zijn hele leven lang, elke dag opnieuw hervat de mens zijn bestaan om het iets verder uit te bouwen, om het te veranderen, om het terug te koppelen aan datgene wat dit leven tenslotte op dreef houdt, namelijk de noodzaak om verder te gaan, de nasleep van allerlei herinneringen, het verlangen naar duidelijkheid, het vergeven, de vrede.

De zelfanalyse is zo nauwgezet dat Bergounioux er niet voor terugdeinst om zijn teksten in een conceptuele richting te duwen:

> Filosofie is voor mij heel belangrijk, als conceptuele analyse en als toepassing van algemene wetten op ons individueel bestaan. Ze is een instrument om onszelf te bevrijden van wat Hegel het 'juk van onze singulariteit' noemde.

Bergounioux citeert Hegel niet alleen in interviews, ook in sommige boeken is de filosoof pregnant aanwezig. De verteller van *La Toussaint*, bijvoorbeeld, gaat hem zelfs opzoeken. Nadat hij jarenlang een ritueel bezoek heeft gebracht aan het graf van zijn familie, beslist de verteller op het einde van het boek om een krans te gaan neerleggen op het graf van de filosoof van het bewustzijn: het is alsof hij hiermee de gedwongen en ondergane afstamming wil vervangen door een afstamming die hij zelf gekozen heeft, alsof hij hiermee zijn erkentelijkheid wil uitdrukken jegens de persoon die hem heeft doen inzien dat afkomst een lostbestemming is die kan overstegen worden. Descartes vervult trouwens een analoge functie: Bergounioux voert de filosoof graag ten tonele in diens afgesloten winterkamer, mediterend over de gespletenheid van de mens, als iemand die de verteller op die manier gezelschap houdt en met wie hij zo vertrouwd raakt dat vage omschrijvingen volstaan.

Hoezeer Bergounioux zich ook beroept op Descartes en Hegel, toch verschilt zijn schriftuur fundamenteel van het filosofische discours. De schrijver construeert geen vertoog, hij wil inzicht krijgen in de half-intuïtieve, half-rationele chaos die het betoog voorafgaat. Het conceptuele denken laat het lichamelijke achter zich, terwijl het in het literaire discours juist een essentiële plaats bekleedt. De teksten van Bergounioux worden heen en weer geslingerd tussen literatuur en filosofie: hij is een grandioos verteller die allerminst afkerig staat van doorgedreven analyses die het verhaal doen stokken. Toch grijpt hij ook als denker het liefst terug naar de middelen die de literatuur hem ter beschikking stelt: net als Faulkner of Claude Simon exploiteert hij de interne monoloog en de chaos van een schriftuur die op zoek is naar zichzelf om het denkproces zelf gestalte te geven. Bergounioux vertelt niet *in medias res*, hij schrijft *in medias cogitationes*. Vandaar het grote belang van Flaubert. Hij belichaamt als geen ander een project waarin Bergounioux zichzelf herkent en waarvan de finaliteit schuilt in de wil om een houding te definiëren ten opzichte van het leven:

> Bij [Flaubert] heb ik een treurige en postume verwantschap ontdekt, een gemeenschappelijke interesse: we delen de wil om iets van onszelf te redden.

De verwantschap is echter niet totaal. Bergounioux staat weigerachtig tegenover Flauberts nihilisme, omdat dat haaks staat op de schuldgevoelens die zijn omgang met het verleden doordrenken:

> Ik wilde niet worden zoals Flaubert, namelijk niets (...). Flaubert had niets te redden, niemand te sparen. Niemand had hem nodig, niemand had iets nodig dat in hem zat en waarvan de vernietiging iemand anders een identiteit kon geven. Mijn vader heeft voor mij alles veranderd. Er was geen ontkomen aan: ik moest hem wel meetorsen.
> (*L'Orphelin*, p. 105.)

Flaubert is een referentiepunt en een antimodel. Hij is zo uitermate fascinerend, dat Bergounioux regelmatig, indringend, haast obsessioneel met hem dialogeert. Hier komt hij meer dan eens in de buurt van het nu zo modieuze *essai-fiction*: net als Quignard, Michon of Macé, vermengt Bergounioux fictie en reflectie in functie van een nieuwe en superieure vorm van waarheid.

De teksten van Bergounioux thematiseren onophoudelijk de problematiek van de individualiteit van de auteur zelf, en toch is dit oeuvre niet solipsistisch. De ambitie van de schrijver reikt verder dan de zoektocht naar de eigen waarheid. Bergounioux geeft duidelijk te kennen dat de ervaringen van zijn vertellers ook die zijn van elk subject, ongeacht de periode of de beschaving. De zelfanalyse wordt zo een vorm van antropologische psychologie, wat trouwens blijkt uit Bergounioux' voorliefde voor vreemde woorden zoals van de Kurelu uit Nieuw-Guinea of van de Pahouins uit Ogooué. Deze volkeren leven ver van ons, maar hun lot verschilt in niets van het onze. Zelfs de hoogst individuele ervaringen van de vertellers van *L'Orphelin* en *Le Grand Sylvain* geven aanleiding tot onpersoonlijke bespiegelingen met *on* ("men") als onderwerp. Via het schrijven over zichzelf wil Bergounioux iets zeggen over de Mens (in dat opzicht wijkt zijn project niet veel af van wat Montaigne in de 16de eeuw voor ogen stond). Zijn oeuvre is moeilijk en zal slechts weinigen onmiddellijk aanspreken. Wie zich echter geduldig door dit werk laat overrompelen, zal snel merken dat ook zij of hij inwoners zijn van het universum van de auteur.

Uit het Frans vertaald
door Jan Baetens &
Koenraad Geldof

BEKNOPTE BIBLIOGRAFIE

Werken van Pierre Bergounioux

Catherine, Paris, Gallimard, 1984.
Ce Pas et le suivant, Paris, Gallimard, 1985.
La Bête faramineuse, Paris, Gallimard, 1986.
La Maison rose, Paris, Gallimard, 1987.
L'Arbre sur la rivière, Paris, Gallimard, 1988.
C'était nous, Paris, Gallimard, 1989. (*Dat waren wij*, Van Oorschot.)
La Mue, Paris, Gallimard, 1991.
L'Orphelin, Paris, Gallimard, 1992.
Le Matin des origines, Lagrasse, Verdier, 1992. (*Het Begin van de tijd*, Van Oorschot.)
Le grand Sylvain, Lagrasse, Verdier, 1993.
La Casse, Montpellier, Fata Morgana, 1994.
La Toussaint, Paris, Gallimard, 1994.
Miette, Paris, Gallimard, 1995. (*De Komst van de tijd*, Van Oorschot.)
Points cardinaux, Montpellier, Fata Morgana, 1995.
La Mort de Brune, Paris, Gallimard, 1996.
Le Chevron, Lagrasse, Verdier, 1996.

Teksten over Pierre Bergounioux

ALAMEIDA, Pierre de, "L'histoire et la géographie. A propos de quelques livres récents de Bergounioux", in *Lendemains*, n° 78-79 (1995), pp. 64-73.
BERGOUNIOUX, Pierre, "Le tremblement authentique [entretien avec François Bon]", in *Quai Voltaire*, n° 3 (1991), pp. 16-21.
BON, François, "Pierre Bergounioux ou le puzzle qui ne se rejoint pas", in *Ecritures*, n° 9 (1997), pp. 15-22.
RICHARD, Jean-Pierre, "La blessure, la splendeur", in Idem, *L'Etat des choses*, Paris, Gallimard, 1990, pp. 107-129.

III

HET GEHEUGEN EN DE MARGE

FRANÇOIS BON
(°1953)

Dominique VIART

SCHRIFTUUR EN REALITEIT

François Bons eerste publicaties staan in het teken van de industriële maatschappij. *Sortie d'usine* (1982) wil het lawaai en het geweld dat arbeiders in de fabriek ondergaan op een onuitgegeven manier verwoorden. De verkapte en verminkte zinsbouw is de literaire pendant van gekneusde lichamen en geesten. Het boek laat ook zien hoe Bon van in het begin botst op de grenzen van de taal als expressiemiddel: in *Sortie d'usine* weerklinken verre echo's van onuitspreekbare emoties. Wat later daalt *Limite* (1985) af in de dubbele hel van werkloosheid en zelfmoord. Eens te meer belandt Bon in de wereld van de fabriek, van afgetobde en opgebrande lichamen, van zwaar op de proef gestelde zenuwen, in een wereld waarin alleen illusoire pijnstillers zoals voetbal of rock voor even soelaas bieden.

Is Bon een vertegenwoordiger van het 'Nieuwe realisme'? De betekenaar is ouder dan de betekenis laat vermoeden, want het etiket werd reeds in de jaren '50 gebruikt om te verwijzen naar sommige *Nouveaux Romanciers*; wat later sloeg het op een groep dichters die met hun poëzie de werkelijkheid wilden vatten. En dat het juist nu in deze context terug opduikt, hoeft niet te verbazen. *Le Crime de Buzon* (1986) is een roman over de gevangenis, een boek dat toont hoe men altijd al 'zit', nog voor voor men effectief opgesloten wordt, of hoe gevangenen altijd gevangenen blijven, zelfs na hun vrijlating. *Décor ciment* (1988) hangt een onthutsend beeld op van leven en dood in een Parijse voorstad waar drugs, waanzin en doodslag maar ook verloedering, zinloosheid en absolute leegte als een pest rondwaren. *Calvaire des chiens* (1990) en *Un Fait divers* (1994) zitten op dezelfde golflengte. Het eerste boek speelt zich af tegen de achtergrond van het Berlijn van vlak voor de val van de Muur en vertelt het relaas van een Frans-Duitse cameraploeg die op zoek is naar een geschikte filmlokatie en hierbij strandt in een verlaten dorp in de Cévennes waar alleen nog een meute verwilderde honden overgebleven is. *Un Fait divers*, dat onlangs verfilmd werd, handelt over een jonge, marginale moordenaar en zijn absurde daad. In beide gevallen springt de grauwe, ruwe en gewelddadige werkelijkheid in het oog.

Bij een andere uitgever publiceert Bon *L'Enterrement* (1992), *Temps machine* (1992) en *Prison* (1998) – verhalen die nauwer aansluiten bij het leven van de auteur zelf zonder aan realiteitsgehalte in te boeten: ze vertellen elk op hun manier over de "mysterieuze ziekte" die het individu en de samenleving ten gronde richt. Als motto voor *Temps machine* citeert Bon Baudelaire: *J'habite pour toujours un bâtiment qui va crouler / un bâtiment travaillé par une maladie secrète* ("Ik leef voor eeuwig in een gebouw dat gaat instorten / een gebouw dat belaagd wordt door een mysterieuze ziekte"). Baudelaire introduceerde de Stad als poëtisch thema. Bon neemt die draad op, maar keert de invalshoek om:

> (...) sinds een jaar of tien heb ik de indruk dat mijn werk deel is gaan uitmaken van de hedendaagse stad met haar gewriemel en haar gelaagdheid, en met op de achtergrond die onuitgesproken stad die van boek tot boek vorm krijgt (...). Ik wil de ogen sluiten, me overgeven aan de willekeur en de duisternis van de stad en haar omgeving, aan haar versplinterde eenheid. (...) In de stad die zo groeit, stoot ik op veel dingen die vreemd blijven, die ik niet kan ontcijferen, die pas inzichtelijk worden van zodra disparate voorstellingen en momenten samenvloeien. Dan vertelt de stad misschien iets over de donkere kanten van ons denken.
> (Interview met Sonia Nowoselsky-Müller; zie bibliografie.)

Deze nieuwe poëzie van de stad heeft niets lyrisch of onbestemds. In navolging van Rimbauds *Illuminations* heeft Bon het over Steden met "miljoenen mensen die elkaar voorbijlopen", Steden waar de "Dood zonder tranen, onze gewillige en ijverige dienstmaagd" heerst. Bon is op zoek naar een nieuwe taal die op maat gesneden is van de grijze droefenis van werelden zonder licht, die de "verbeten grijns" van hun bewoners kan uitdrukken. Die taal is wars van elk "poëtisch realisme" dat de werkelijkheid verbloemt om ze dragelijker te maken; ze put haar kracht alleen uit haar intensiteit. In het reeds geciteerde interview formuleert Bon het zo:

> Wat mij betreft, heeft de werkelijkheid een dwingende structuur die ik niet kan noch wil ontlopen. Ik stop op plaatsen waar niets menselijks is overgebleven, zelfs niet Becketts schaduwen. Ik wil de droom, de meest intieme droom terugvinden, maar dan wel in de bonte mengeling van concrete werelden, van fabrieken die zich van kunst niets aantrekken, van broosheid en goedheid, van dat licht, het laatste teken van leven, waar Beckett over spreekt. Kortom, ongeveer doen wat Proust ooit schreef: "de werkelijkheid beschrijven tot je de kleuren van de droom herontdekt." Met hart en nieren.

Het oerbeeld

Sortie d'usine barst van de beelden. Hetzelfde geldt trouwens voor veel moderne werken: bij Proust roept een kop thee het beeld op van heel Combray, terwijl voor Claude Simon het beeld dat aan de oorsprong van het schrijfproces ligt iets tastbaars is, iets wat zich in het geheugen van de schrijver gegrift heeft en dat hij zonder ophouden bevraagt. De realiteit stuurt het schrijven, maar dan wel via beelden, via sporen in het geheugen. Bons werkwijze is analoog en dikwijls nog extremer: sommige werken zijn aan een enkel beeld opgehangen. *Sortie d'usine* vindt zo zijn oorsprong in het beeld van een arbeider met de hand rond de gekwetste pols geklemd en met gebogen hoofd; *Le Crime de Buzon* in dat van een jongeman in een trein met gebogen hoofd tussen twee agenten. De beelden van Bon staan op zichzelf, ze worden niet uitgesponnen, het zijn ongepolijste flarden werkelijkheid. En alleen de beelden zijn belangrijk, niet de personages die erin voorkomen. Wat ze samenhoudt, is meestal een of andere angst of obsessie. Hier lijken beelden op verloren voorwerpen die Bon op straat oppikt en waarvan hij boven alles de sjofele zuiverheid niet wil verliezen. De gelijkenis met de *arte povera* ligt voor de hand. Net zoals deze schilders en beeldhouwers stelt Bon zijn materiaal samen uit onooglijke en geblutste dingen die de samenleving achteloos weggooit of minacht. Een arme kunst, dus, maar eveneens een kunst van de armen, een kunst vanuit kikvorsperspectief. Bons verhalen spelen zich af in woonblokken van sociale wijken, in fabrieken, in clublokalen, in een wereld waar werkloosheid, vermoeidheid en uitzichtloosheid heersen, waar iedereen de werkelijkheid lijdzaam ondergaat en waaraan ook de schrijver zich wil onderwerpen.

De consumptiemaatschappij dumpt massaal haar wegwerpartikelen. Voor Bon heeft dit afval bijzondere waarde: het gaat immers om beelden van mensen; hij beschrijft die beelden in plaats van ze angstig te verdringen, zoals de meesten doen. De auteur wil die beelden zelfs naakt, zonder commentaar opnemen in zijn boeken, een beetje zoals de pellicule beelden vastlegt. De regisseur die in *Le Calvaire des chiens* oog heeft voor de kleinste beweging, belichaamt dit ideaal en lijkt wel een dubbelganger van Chantal Ackerman. Bij Bon wordt de verhaalstof dus gedicteerd door de werkelijkheid, maar de 'kunstenaar' is geen naïef adept van de vroegere mimesis-gedachte: hij is op zoek naar een schriftuur die de werkelijkheid uitdrukt zonder ze platweg na te bootsen.

"Op zoek naar een taal"

Rimbaud was "op zoek naar een taal" en eigenlijk is dit streven actueler dan ooit. Een van de personages uit *Le Calvaire des chiens* stelt dat je de eigen taal pas kan ontdekken vanuit een vreemde taal. De roman zelf illustreert die bewering: de personages botsen met elkaar omdat ze een andere taal spreken of omdat ze binnen een en dezelfde taal verschillende invalshoeken hanteren. "Het is alsof men in zijn eigen taal geconfronteerd wordt met de onmogelijkheid om andere talen te vertalen" (*Ibid.*, p. 153). Deze situatie lijkt trouwens erg veel op die van de schrijver die woorden van anderen in zijn eigen idioom moet vertalen. Een riskante onderneming, zo weten we sinds Roland Barthes: "Iemands taal ontnemen in naam van de taal, is dat niet het begin van elke legale moord?" Hoe kan de schrijver de stemlozen doen spreken zonder daarom hun "woordvoerder" te worden? Bon verwerpt in deze optiek elke vorm van autoriteit: dat er in zijn romans geen alwetende vertellers of bevoorrechte vertelstandpunten voorkomen, is geen toeval. *Limite, Un Fait divers, Prisons* zijn doelbewust meerstemmig. De aanwezigheid van een centrale verteller in *L'Enterrement* of van een protagonist in *Sortie d'usine* vloeit voort uit de grotere (auto-)biografische betrokkenheid van de auteur, maar zelfs daar wordt het vertelstandpunt niet kunstmatig over alle verhaalinstanties uitgesmeerd.

Bon is dus op zoek naar een taal die de stemmen "buiten hem" het woord kan verlenen, stemmen "waarmee je doorgaans niet mag spreken." Maar hoe doe je dat: iemand het woord geven zonder haar of hem het woord te ontnemen? Door de imitatie van een toon, een timbre? Door de imitatie van stijl en woordgebruik? Volgens Bon leveren deze al te gemakkelijke procédés niets anders op dan een oppervlakkige weergave, een voyeuristische afstandelijkheid, een vrijblijvend doorslagje van de lachwekkende miserie van de kleine man. Beslist, ook Bon laat de stemmen hun eigen taal spreken – in *L'Enterrement*, bijvoorbeeld, wordt heel wat dialect gesproken –, ook hij heeft een zwak voor een "schraperige", "krassende" schriftuur. Maar wat hem het nauwst aan het hart ligt, is de creatie van een nieuwe taal, van een taal die echt anders is en steeds weer verrast, die als geen ander de andersheid van de andere kan laten weerklinken. Bons universum wordt bevolkt door de stille meerderheid, door marginale en uitgesloten stemmen van wie de taal gekleurd wordt door ritmes en beelden afkomstig uit verzen van Claudel of Saint-John Perse. Schoolse "realisten" en sociologen zullen natuurlijk meteen opwerpen dat "die mensen" zo niet spreken, dat de taal van delinquenten en rockfanaten anders klinkt. Wie zich echter al te snel vrolijk maakt over Bons precieus ogende taal, verliest de essentiële vraag uit het oog: verraadt deze stijl de stem van de stemlozen? Misschien is juist die manier van schrijven wel de meest geëigende weg om het vooropgestelde doel te bereiken. En hoe kan je de breuk tussen mens en wereld beter uitdrukken dan door een lyriek van de verbrokkeling? Net zoals hun taal staan de personages van Bon buiten de wereld, ze hebben alle greep op het leven verloren, ze zijn reddeloos opgesloten in vergeten werelden, in gevangenissen, gehuchtjes of sociale betonblokken.

De zoektocht naar een nieuwe taal brengt de werkelijkheid dichterbij. In tegenstelling tot de voorstanders van de innerlijke monoloog verwerpt Bon hierbij de creatie van een of andere spontaan lijkende, ongepolijste taal. Hij drijft zijn eigen onredelijkheid, zijn eigen hortende lyriek op de spits. Zijn personages spreken een taal die zwanger is van bijbelse ritmes, profetisch pathos en apocalyptische visioenen die voortdurend afgebroken en hernomen worden. De beeldtaal is krachtig, zoals bij Rimbaud, de syntaxis Rabelaisiaans. De zin voor het hallucinante ontleent Bon aan Cervantes, de diatriben aan Céline. De taal die uit deze smeltkroes voortspruit, is allerminst abstract, incoherent of al te esthetisch. Dat komt omdat Bon op geen enkel moment het contact met de gesproken taal verliest: altijd en overal herinnert zijn schriftuur op een niet-anekdotische manier aan het gesproken woord. Dankzij de meer literaire intertekstuele allusies wordt de schriftuur een soort geheugen van oudere, misschien wel vergeten vormen van spreken. Zo respecteert ze niet alleen de contemporaine meerstemmigheid maar ook die van de geschiedenis. Beide dimensies spelen trouwens op elkaar in: het is dankzij Rabelais, zo zegt Bon ergens, dat hij de taal van elke dag, het dialect uit zijn directe omgeving, heeft herontdekt. Literatuur en spreektaal zijn dus geen gescheiden werelden. Zowel de Rabelaisiaanse zinsbouw of de bijbelcitaten als het gebruik van het dialect van de Vendée trekken de aandacht van de verbaasde, wat onwennige lezer. Maar net zoals het oog zich aanpast aan lichtschakeringen, zo moet ook het innerlijke oor wennen aan de nieuwe taal. Daarenboven creëert Bon niet alleen letterlijk een nieuw geluid; hij gunt ons ook een nieuwe blik op de wereld. De heersende taal omhult/verhult de dingen; de nieuwe taal onthult, ze stelt de dingen in een naakt en vreemd daglicht, en plots *zien* we datgene waaraan we tot voor kort achteloos voorbijliepen.

Schrijven met

Het tonen van de realiteit is iets anders dan de loutere verwijzing naar of de beschrijving van objecten. Bons omgang met de werkelijkheid vereist een totaal nieuwe invalshoek. Op dit punt is Bon een verre neef van Shakespeare: in beide gevallen schuilt de naaktste waarheid in de taal van de waanzin. De incongruentie tussen woorden en dingen desautomatiseert onze waarneming, ze legt de fundamentele wanorde en chaos van de werkelijkheid terug bloot. De herinnering aan de taal van vroeger beoogt dus meer dan syntactische effecten. Bon associeert bepaalde ritmes met oeuvres van illustere voorgangers – oeuvres die op deze manier betekenis blijven genereren. Opnieuw begint alles met een beeld dat iets oproept wat tot dan toe verborgen was gebleven en zonder stem. In *Le Crime de Buzon*, bijvoorbeeld, roept het beeld van de jongeman tussen de twee agenten de herinnering op aan de lectuur van Dostojewski's *Schuld en boete*: dankzij het beeld ontdekt Bon de diepere waarheid van Dostojewski's boek.

De romans van François Bon doen boeken herleven waarvan sommigen alleen nog maar in de rand van ons geheugen vegeteren. Elke tekst ontstaat in de schaduw van een inspirerend voorbeeld dat onze relatie tot de wereld fundamenteel gestalte heeft gegeven:

> Hoeveel jaren voor de fabriek en door welk toeval had hij *Het Slot* gelezen zonder er ook maar iets in te herkennen van de ervaring die nog komen moest? Het was alsof die lectuur hem toen al gered had van de opsluiting in die verstikkende werkelijkheid, maar stilzwijgend, erover wakend dat die redding pas veel later geopenbaard zou worden, als iets verborgen dat naar boven komt in een goed bewaarde verborgenheid, in een tot metafoor geworden fabriek.
> (*Sortie d'usine*, p. 165.)

De meest lachwekkende of wanhopige werkelijkheid vindt soelaas in een schriftuur en cultuur die slechts ogenschijnlijk boven de realiteit tronen. *L'Enterrement* sluit af met een citaat van Apollinaire: "Eindelijk heb je genoeg van die oude wereld." In *Le Crime de Buzon* is elk personage onlosmakelijk verbonden met een auteur – de een bijvoorbeeld met Agrippa d'Aubigné, de andere met Hoffmann. Boeken worden als een brevier meegedragen in de hoop om wat meer greep op de wereld te krijgen. In *Décor ciment* gebruikt een junkie een taal die gekruid is met Rimbaud en zijn de herinneringen van een zeeman doorspekt met allusies op de bijbel. Men ontsnapt nooit helemaal aan zichzelf, ook niet aan de boeken die een leven maken tot wat het is. De intertekstuele inbedding van Bons romans is dus allerminst het uitwendige teken van een cultuur die de auteur wil etaleren en op ervaringen plakt om ze zin te geven: de intertekst is een integraal bestanddeel van de ervaring zelf.

VERMINKING EN AFWEZIGHEID

De noodzakelijke omweg van een taal die wanhoop kan vatten langs een eeuwenoude cultuur verleent de broze stem van de kleine man kracht – en die kracht blijft voelbaar aanwezig niettegenstaande de gelaagdheid van de schriftuur. De taal van de stemloze heeft niets pittoresks – dat zou haar betekenis doden; precies omdat de auteur ze van zo dicht mogelijk wil beluisteren, krijgt ze een nieuwe betekenis. Dat blijkt uit de indringende ervaring van de verteller van *L'Enterrement*.

Op de begrafenis van een jeugdvriend hoort hij dialect praten en hij beseft plots welke inspanningen de volkstaal moet leveren om het dagelijkse lijden uit te spreken en te bezweren, om de smart te verdringen en te begraven met dooddoeners. Maar gemeenplaatsen zijn meer dan een soort vlucht voor het lijden: ze wijzen op het onvermogen van de taal om het lijden in zijn volle omvang uit te drukken.

Als Bon niet op zoek is naar een taal die het onzegbare probeert uit te spreken, onderstreept hij dat de taal een leegte in zich draagt. Zijn "stemmen" spreken niet met elkaar. Of beter: ze willen met elkaar spreken, maar kunnen niet. Sommige personages hebben het nooit gekund, andere kunnen het niet meer: niemand die echt een stem heeft die de hare of de zijne is. Vele personages vervreemden door hun zwijgen, ze zijn geworden wat ze zijn door en in de taal van anderen. Maar wie steekt er achter die stilte? Net als Gombrowicz of Pirandello benadrukt Bon de discrepantie tussen zijn en schijn. Voor beiden zijn romans een universum vol gruwelijk verminkte wezens. De arbeider die in *Sortie d'usine* doof wordt door de geluidsoverlast op de werkvloer, opent de rij. De protagonist van *Le Crime de Buzon* had negen jaar lang geen stem, zijn zuster is stom geboren. In *L'Enterrement* loopt iemand met een hazenlip en in *Le Calvaire des chiens* figureren mentaal gehandicapten. Verder ontmoet de lezer eenogigen, blinden, eenarmigen, zwaarverbranden, enzovoort – kortom: tal van personages die letterlijk toegetakeld zijn door het leven. De kwetsuren zijn allesbehalve symbolisch; de tastbare lelijkheid en pijn maken deel uit van een perspectief dat zich aandient als een directe sociale aanklacht. Bon komt hier regelmatig op terug en hij verwijst in dit verband graag naar Adorno. Het is ook geen toeval dat hij voor het eerst werd opgemerkt door de communistische pers.

Wat voor de ruimte geldt, is ook van toepassing op de tijd: beiden zijn uiterst gecondenseerd, gebald. *L'Enterrement*, bijvoorbeeld, speelt zich in enkele uren af. De compactheid van ruimte en tijd materialiseert de claustrofobe gevoelens van personages die op alle niveaus in een carcerale wereld leven. Toch mag men van Bon geen metafysicus maken: wat telt, is de creatie van een taal die toont hoe sociaal isolement de inwendige leefwereld van de mens aantast en vernietigt: "de gevangenis … die droegen we in onszelf mee" (*Le Crime de Buzon*, p. 26). En die verminkte taal, die taal van de verminking is de kerker waaruit niemand ontsnapt: "in de taal zelf spreekt men een eigen taal zonder dat men de andere nog kan horen" (*Décor ciment*).

HET KANTELEN VAN DE BESCHAVING

Temps machine, Bons tweede roman die verschijnt bij de kleinere uitgeverij Verdier, is een keerpunt in het oeuvre. Het boek zoekt opnieuw aansluiting met de wereld van de fabriek, maar ook met de autobiografische inspiratie. Men kan *Temps machine* lezen als een archeologisch verhaal dat alles blootlegt wat aan het schrijf- en productieproces voorafgaat en waarvan *Temps machine* dan de neerslag vormt. Twee trajecten kruisen elkaar: dat van François Bon, leerling aan een school voor kunstambachten, en dat van zijn voorouders, meegesleurd door een historische stroomversnelling waarin een industriële wereld van ambachten en stielen definitief de baan moet ruimen voor de post-industriële maatschappij. De twee trajecten zijn niet identiek. De verandering van technicus in schrijver verzinkt in het niets in vergelijking met de evolutie waardoor een hele leefwereld en een heel tijdperk verzwolgen worden. De wereld van de zegevierende fabriek, van het ijzer dat men moet smelten en gieten, van de *machine* en haar *tijd* is praktisch helemaal verdwenen. De autobiografische dimensie is dan ook geen doel op zich. Het eigen verhaal is slechts functioneel: het legt op zijn bescheiden manier getuigenis af van een tijdperk dat op sterven na dood is. Het was ontegensprekelijk een vervreemdende en wrede tijd, maar nu hij verdwenen is, zijn de verweesde achterblijvers meteen ook hun referentiekader kwijt.

De autobiografische dimensie verdwijnt snel naar de achtergrond. Wat in de plaats komt, is een breder perspectief op een wereld in volle staat van ontbinding. Het persoonlijke verhaal is maar een nietig onderdeeltje van een veel omvattender gebeuren dat Bon evoceert met behulp van opvallend veel eigennamen die op het eind van *Temps machine* samengezet worden in een soort van collectief eresaluut. Het boek is minder een levensverhaal dan een kroniek waarin de vorm en het gebruik "van elk werktuig uit de verdwenen wereld der machines" (*Ibid.*, p. 49) voor het nageslacht opgetekend wordt. Op die manier redt de auteur de herinnering aan fabrieken die worden afgebroken of verkommeren op braakliggende terreinen en "aan de woede die opkomt wanneer men dat alles in eigen land reeds heeft zien teloorgaan" (*Ibid.*, p. 72). *L'Enterrement* handelt over het wegkwijnen van de landelijke samenleving en cultuur, die het in de Vendée en elders moeten afleggen tegen verkavelingswoede, supermarkten en *shopping malls*. *Temps machine* registreert een wereld net op het ogenblik waarop hij weggeveegd wordt, het boek toont op welk sociaal kerkhof Daniel Bells postindustriële maatschappij berust.

Elf jaar na *Sortie d'usine* is Bons kijk op de industriële wereld veranderd. De toon blijft even kritisch als vroeger: als aandachtig lezer van Adorno klaagt ook Bon de destructieve gevolgen aan van het afstompende fabrieksleven. Hij veroordeelt nog steeds de fabriek als een wereld vol verminking, zonder veel uitwegen, met slechte en gevaarlijke werkomstandigheden. En toch is er iets veranderd. Wat in *Limite* reeds onderhuids voelbaar was, komt nu heel duidelijk naar voor: het positievere thema van de arbeider die trots is op zijn werk. De aanklacht wordt nu afgewisseld met vele passages waarin de auteur de schoonheid van de industrie en de waardigheid van handenarbeid in de verf zet:

> Er steekt schoonheid in die vreemde en toch zo herkenbare situaties, zeker wanneer de lichamelijke inspanning doorgaat tot het uiterste, tot de totale afmatting erop volgt, daarboven, op vijftien meter hoogte, in een tunnel van ondoordringbaar en oververhit plaatstaal waar onze pneumatische slijpschijven geweldige vonken, heuse stralenbundels veroorzaken.
> (*Temps machine*, p. 44.)

De uitdrukking van het geloof in de menselijke mogelijkheden mondt meer dan eens uit in een ode aan de arbeid: "Het was een groot lyrisch gedicht, een gedicht in actie met alle beelden die erbij horen" (*Ibid.*, p. 78). Bon aarzelt niet om dit neer te schrijven. Hij eert op die manier de literatuur die de arbeid bezong, maar die velen nooit ernstig hebben genomen omwille van haar hyperbolische en leugenachtige karakter.

Het postindustriële tijdperk introduceert nieuwe vormen van uitbuiting en impliceert een massaal verlies: van overbodig geworden vaardigheden, van de kennis en expertise van de arbeider, van sociale erkenning door arbeid, van trots op het eigen werk. De humanistische idee van industriële beheersing en verandering van de natuur sukkelt stilaan in de vergetelheid:

> Wie zal zich nog herinneren hoe waardevol dat alles was, die projecten, die berekeningen, die onvoorstelbare verwezenlijkingen van de mens, als de mens ze zelf de rug toe keert? Wie zal zich ooit herinneren dat dit het einde was van een wereld?

Tot voor kort ging kennis over van de ene generatie op de andere. Toen dwongen kennis en de ouderen nog bewondering af. Vandaag moet elke generatie van nul af aan beginnen, volledig nieuwe kennis verwerven, altijd weer, want kennis veroudert nu even snel als ze ontstaat. De ouderen zijn overbodig, ze zijn niet langer wijs of bewonderenswaardig, voor hen is er geen plaats wegens nutteloos. Het wegdeemsteren van een tijdperk tast dus ook de relaties tussen de generaties onderling aan.

Het tijdperk van de fabriek was verre van idyllisch. Toch had de mens toen nog een kans om zich te verzetten en waardigheid te putten uit die weerstand. Ondanks alle uitbuiting en vernedering verleende de strijd tegen verknechting de arbeider een zekere identiteit. Wat het verdwijnen van de fabriek op dit punt betekent, wordt goed weergegeven door het volgende citaat van Rilke: "elke verandering van de wereld stort de mens in het ongeluk: wat bestond, heeft hij verloren en wat komt, bezit hij niet." De onterfden van nu moeten het niet alleen zonder nalatenschap stellen, er is bovendien niets meer – ook niet hun lijden – dat hen een vorm van eigenwaarde kan verschaffen. Met de fabriek verdwijnt ook de tastbare mogelijkheid tot verzet, de mogelijkheid om te tonen waartoe men in staat is en wat men resoluut weigert. Wat overblijft, is een ruïne. En wollige, nietszeggende ideologieën die Bon in de felste bewoordingen hekelt. Het verlies van de mogelijkheid en de wil tot verzet impliceert een fundamenteel, onherstelbaar identiteitsverlies. De samenleving verbrokkelt, de relaties tussen de "overlevenden van een immense sociale ramp" worden moeilijk, zoniet onmogelijk. Isolement heerst alom. Dat is tenminste het grauwe beeld dat naar voor komt in *La Misère du monde* (1993), een onderzoek van Pierre Bourdieu en zijn medewerkers over werkloosheid, armoede, eenzaamheid en uitsluiting. De "sociale woestijn" waarover de sociologen spreken, wordt bijzonder treffend verwoord in de voorlaatste paragraaf van *Temps machine*. Bon heeft het over de nutteloos geworden arbeiders en hij vergelijkt

> (...) de verkavelde percelen waarop ze wegkwijnen met dode stukken grond, de voorsteden met verdroogde plekken op de zachte korst van de wereld. Zij die de hele dag ronddolen op de trappen van de betonblokken

> in de voorsteden en in de absolute leegte van hun dagen, wat zijn ze anders dan de lege verzameling van ambities die niet verder reiken dan wat er zich mogelijks kan afspelen in de duisternis van een loods of niet verder dan de loketten waar men ze tegen de muur spijkert als knechten uit de tijd van de laatste absolute vorsten, met het uniform aan van het keizerrijk dat hen geld toestopt?
> (*Temps machine*)

ZWIJGEN

De romans van Bon handelen over berooide mensen die geen coherente betogen afsteken. Ze spreken amper, niet omdat ze het niet willen, maar omdat ze het niet kunnen. Taal is ofwel afwezig, ofwel laat ze het afweten, ofwel beide. Dit gebrek aan/van (de) taal is geen bijkomstigheid. Het wijst voortdurend op de verborgen zijde van elk spreken, op alles wat zich niet voegt naar de vereisten van het grote discours, op uitsluiting in een wereld waarin de taal de dingen trouwens eerder buitensluit dan ontsluit. Bons visie op de taal is duidelijk politiek gekleurd, hij klaagt het officiële spreken aan en ondergraaft het. Er is bij hem geen plaats meer voor Grote Verhalen, enkel nog voor kleine, verbrokkelde en lokale waarheidjes die het voortaan zonder een klare scheidingslijn tussen leugen en waarheid moeten stellen. De kleine mens is zijn ideologieën kwijt. Nog een vorm van onteigening. *Décor ciment*, een boek over een simpele ziel, schetst met veel zwarte humor wat dit verliest betekent:

> We noemen hem zo, want het enige wat hij kan zeggen is: 'Karl Marx.' Hij bedoelt de Karl-Marx-cité, een copie van de onze, maar met een autosnelweg en een spoorweg ertussen, en elk met een eigen café, supermarktje, kapper en apotheek. We hebben geen uitstaans met elkaar, behalve wanneer de anderen onze auto's in onze parkings in de fik komen steken. En hij, de zot, wat men hem ook vraagt, hij wijst naar iets ver achter zich en dat om het even waar kan liggen. Het is precies alsof dat voor hem voldoende is om iemand te zijn, alsof hij denkt dat hij daarmee blijk geeft van verstand: 'Karelmasker, Karelmasker!'
> (*Décor ciment*, p. 41.)

Tussen de lijnen van dit ogenschijnlijk banaal grappig fragment zit de diepere waarheid van deze waanzin verborgen. Karl Marx was tot voor kort voor velen de naam van het antwoord op vraag naar de eigen identiteit. Nu is de naam naar de prullenmand van de geschiedenis verwezen. Hij overleeft enkel nog onder de vorm van een bijnaam van een arme van geest, de enige die blijkbaar nog de naam van het superantwoord op alle mogelijke vragen durft uit te spreken. Verbasterd tot "Karelmasker" is Karl Marx het bedrieglijke en reeds versleten masker geworden van elke ideologische verzuchting.

De kritiek op de Grote Verhalen heeft de realiteit niet uitgewist. De centrale vraag is alleen deze: hoe kan je vandaag over de realiteit spreken zonder in ideologie te vervallen? Bon gaat deze moeilijke vraag niet uit de weg. Hij werd opgevoed in een klimaat dat nog gevoed werd door de illusie op een betere toekomst. Nu spreekt Bon in termen van rouw over een wereld die verdwenen is. *Temps machine* is een eerbetoon aan al diegenen die geleden hebben in de vervreemdende wereld van de fabriek. Maar achter elk gebroken wezen ontwaart hij ook een zelfbewust gevoel van eigenwaarde en fierheid over de geleverde arbeid, hoe nietig en repetitief die ook moge wezen, want alles draagt bij tot een immens raderwerk. De Geschiedenis is de mens van zijn arbeid aan het beroven. Ook het vertoog over de cultuur van de arbeid boet aan betekenis in, het is leugenachtig geworden en kan de confrontatie met de werkloosheid en de crisis in weggemoffelde probleemwijken niet doorstaan. Het bewustzijn is losgeslagen, gedesoriënteerd. In de mens doemen duistere beelden op, oncontroleerbare verlangens en miskende frustraties die Bon wil verwoorden. De vraag is alleen hoe.

De moderniteit heeft alle vormen van kunst aan een fundamentele kritiek onderworpen. Elke vorm van onproblematisch realisme – welke het etiket ook weze: 'realisme', 'proletarische kunst', 'socialistisch realisme' – heeft zijn geloofwaardigheid verloren: veel van die stromingen hebben de werkelijkheid zo 'waarheidsgetrouw' weergegeven dat het begrip 'realiteit' haast zinloos geworden is. Het structuralisme weigerde om de literatuur nog langer met de realiteit te associëren. Voortaan zou men over de referent spreken en eigenlijk, op de keper beschouwd, uitsluitend nog over de tekst als tekst. Na een periode van wantrouwen werd de realiteit ten slotte helemaal overboord gegooid. De tekst stond voortaan volledig op zichzelf. Halfweg de jaren '80 constateren we een nieuwe kentering: het personage en het verhaal maken een opmerkelijke rentree. Maar wie goed toekijkt, ziet al gauw dat die heropstanding ofwel bijzonder naïef was (denk aan de grote bestsellers uit die jaren), ofwel hoogst parodiërend (zoals bij Echenoz, Toussaint of Camus).

Bon volgt in deze problematiek een andere piste. Wat primeert, is de vormgeving van de realiteit in het volle besef dat die realiteit nooit ofte nimmer volledig aanwezig kan gesteld worden. Daarom ook hanteert hij, in het schrijven over mens en wereld, een taal die nooit betoog wordt, die nooit vastroest in sjablonen en vertogen die hoe dan ook hopeloos voorbijgehold zouden worden door de onvermijdelijke historiciteit van het schrijven. Schrijven is leren leven met de afwezigheid van de werkelijkheid, het is een proces van rouw en verlies. Maar schrijven is eveneens een pure noodzaak, de auteur wordt steeds weer naar de werkelijkheid teruggedreven van zodra ze in het gezicht van de mens ontploft en de donkere gestalte aanneemt van voortwoekerende kankerplekken in de stad, bedelaars in de straten, de banaal geworden waanzin van marginalen, steden die angst inboezemen, niets ontziende verkavelingen, enzovoort. Tijdens die zoektocht naar een andere voorstellingswijze grijpt Bon ook terug naar oudere auteurs: in hun soms erg extreme werken kunnen we misschien iets te weten komen over onze eigen waanzin.

Op die manier maakt Bon de inventaris op van alles wat de mens vergeten is, van alles wat hij achtergelaten of weggegooid heeft. De balans is weinig verheffend: de mechanisering heeft de menselijke zintuigen verdoofd en overal heerst er onverschilligheid voor wat er gebeurt. Bon raapt onooglijke restjes taal op en probeert te tonen hoe ze stamelend en onzuiver verwijzen naar alles wat ze onderweg verloren hebben. Hij vernieuwt de taal ook door de verstrengeling van het meest primitieve en het meest literaire. De beelden die hieruit resulteren drukken in hun afgrondelijke banaliteit zowel de belachelijkheid als de tragiek van het bestaan uit. Bon betrapt de realiteit op het ogenblik waarop ze verschijnt en hij assumeert volledig de paradox van een schriftuur die resoluut voor de literatuur kiest om de werkelijkheid dichter op de huid te kunnen zitten. In zijn werken ontmoeten twee dingen elkaar: datgene wat de literatuur het best kan uitdrukken en alles wat diezelfde literatuur nooit ernstig heeft genomen. Zulke teksten hebben iets ongemakkelijks, ze verwarren, ze dwingen de lezer om de werkelijkheid recht in de ogen te kijken, zonder ideologische of esthetische bril. Daarvoor heeft Bon geen grootsprakerige lyriek of proces-verbaal nodig. Een boek spreekt hier voor zich, het "moet ... zijn eigen afgrondelijkheid opleggen" (interview met Sonia Nowoselsky-Müller, zie bibliografie).

Uit het Frans vertaald
door Jan Baetens &
Koenraad Geldof

BEKNOPTE BIBLIOGRAFIE

Werken van François Bon

Sortie d'usine, Paris, Minuit, 1982.
Limite, Paris, Minuit, 1985.
Le Crime de Buzon, Paris, Minuit, 1986.
Décor ciment, Paris, Minuit, 1988.
Calvaire des chiens, Paris, Minuit, 1990.
La Folie Rabelais, Paris, Minuit, 1990.
L'Enterrement, Lagrasse, Verdier, 1992. (*De Begrafenis*, Van Oorschot.)
Temps machine, Lagrasse, Verdier, 1992.
Un Fait divers, Paris, Minuit, 1994. (*Gemengde berichten*, Van Oorschot.)
C'était toute une vie, Lagrasse, Verdier, 1995.
Dans la ville invisible, Paris, Gallimard, 1995.
Parking, Paris, Minuit, 1996.
30, rue de la Poste, Paris, Seuil, 1996.
Impatience, Paris, Minuit, 1998.
Prison, Lagrasse, Verdier, 1998.

Teksten over François Bon

BAETENS, Jan, "Mot: travail, adjectif: bon (notes sur le style de *Temps machine*)", in *Esperienze letterarie*, 26:1 (1996), pp. 27-36.

BON, François, "Côté cuisines (entretien avec Sonia NOWOSELSKY-MUELLER)", in *L'Infini*, n° 19 (1987), pp. 55-62.

HUGOTTE, Valérie, "Ecritures du tombeau: François Bon, *C'était toute une vie*", in Dominique VIART (éd.), *Ecritures contemporaines 1. Mémoire du récit*, Paris, Lettres Modernes Minard, 1998, pp. 137-155.

LEBRUN, Jean-Claude & PREVOST, Claude, "Bon: paroles d'exclus", in idem, *Nouveaux territoires romanesques*, Paris, Messidor – Ed. Sociales, 1990, pp. 171-186.

LECLERC, Yvan, "Voir le vrai, tomber juste", in *Critique*, n° 503 (1989), pp. 247-258.

SMITH, Paul J., "François Bon: Rabelaisien", in *CRIN*, n° 27 (1994), pp. 103-116.

VIART, "Parole folle et sagesse paradoxale dans l'oeuvre de Bon", in *Uranie*, n° 5 (1995), pp. 139-152.

DIDIER DAENINCKX
(°1949)

Koenraad GELDOF

EEN PARADOX

> Ik herinner me niet precies hoe ik schrijver ben geworden. Wat ik wel weet, is dat ik tijdens mijn laatste jaar als arbeider in een drukkerij, een jaar lang dezelfde formulieren heb gedrukt. Ik weet het nog goed: een jaar lang heb ik boorddocumenten voor Renault gedrukt: drie maanden op blauw papier, drie maanden op roze papier en drie maanden op geel papier. (...) Ik kwam naar het werk in een staat van waanzin, met een gevoel van mislukking. (...) Ik ben het daar ten slotte afgetrapt. (*Ecrire en contre*, p. 47.)

We schrijven 1977. Daeninckx (geboren in Saint-Denis, een Parijse voorstad) is werkloos, hij heeft geen diploma – hij werd in het voorlaatste jaar van de humaniora aan de deur gezet – en moet het voor een tijdje rooien met een magere uitkering. Maar de keuze tegen de fabriek is ook een keuze voor de literatuur, want Daeninckx begint na zijn ontslag onmiddellijk te schrijven, maandenlang en als een volslagen leek. Het resultaat is *Mort au premier tour*, het eerste deel van de Cadin-cyclus. Daeninckx klopt aan bij veel uitgevers, maar zonder resultaat. Het boek verschijnt uiteindelijk vijf jaar later, in 1982, bij Le Masque. Daeninckx zal achteraf elke heruitgave van zijn debuut verbieden, omdat hij het een literair misbaksel vindt. Het boek blijft inderdaad jarenlang onvindbaar, wat voor de lezer een jammerlijke leemte betekende in de Cadin-cyclus. Ook Daeninckx begrijpt dit en in 1997 stemt hij eindelijk in met een heruitgave (bij Denoël) van *Mort au premier tour* die bij nader toezien een integrale bewerking blijkt te zijn: van de oorspronkelijke tekst blijven alleen de eerste drie regels over. Hoe dan ook, tussen 1977 en 1984 is Daeninckx misschien wel schrijver, maar geen beroepsauteur: hij combineert het schrijven achtereenvolgens met de baan van cultuuranimator en journalist bij verschillende lokale en regionale bladen. Dankzij de journalistiek scherpt hij zijn schrijftechniek verder aan. De eigenlijke start van Daeninckx' literaire carrière volgt in 1984, wanneer Robert Soulat en Christian Mounier, de directeuren van Gallimards "Série noire", in een klap drie manuscripten aanvaarden (*Le Géant inachevé*, *Le Bourreau et son double* en *Meurtres pour mémoire*). Het is het begin van een productie die in de loop van de jaren '80 en '90 indrukwekkende proporties aanneemt. Inmiddels heeft Daeninckx meer dan dertig boeken op zijn naam die de meest uiteenlopende genres bestrijken. Het omvangrijke oeuvre kan als volgt gestructureerd worden:

- misdaadverhalen met inspecteur Cadin in de hoofdrol: *Mort au premier tour* (1982, 1997), *Le Géant inachevé* (1984), *Meurtres pour mémoire* (1984), *Le Bourreau et son double* (1986) en *Le Facteur fatal* (1990);
- andere misdaadverhalen: *Le Der des ders* (1984), *Métropolice* (1985), *Play-back* (1986), *Lumière noire* (1987), *La Mort n'oublie personne* (1989), *Un Château en Bohême* (1994), *Nazis dans le métro* (1996);
- bundels met kortverhalen: *Hors-limites* (1992), *Zapping* (1992), *Autres lieux* (1993), *Main courante* (1994), *En marge* (1994), *Les Figurants* (1995), *Histoires d'Histoire* (1998);
- jeugd- en kinderliteratuur: *La Fête des mères* (1986), *Le Chat de Tigali* (1988), *A louer sans commission* (1991);
- stripverhalen: *Arcadius Cadin* (1990, met tekeningen van Jean-Pierre Coureuil), *Meurtres pour mémoire* (1991, met tekeningen van Jeanne Puchol), *La Page cornée* (met tekeningen van Mako) en *Le Der des ders* (eind 1998, met tekeningen van Jacques Tardi; dit is het enige werk van Daeninckx dat integraal in het Nederlands werd vertaald: zie bibliografie);
- politieke en andere non-fictie: *Jirinovski, le Russe qui fait trembler le monde* (1994), *A nous la vie* (1996, commentaren bij foto's van Willy Ronis); *Le Goût de la vérité. Réponse à Gilles Perrault* (1997; over het negationisme in linkse kringen).

Daeninckx is niet alleen een veelschrijver, hij stapelt ook de literaire prijzen op: de Prix Paul-Vaillant-Couturier, de Grand Prix de la littérature policière, de Prix du Roman noir, de Prix Mystère de la critique, de Prix populiste, de Prix Louis-Guilloux, de Prix Polar Jeunes. Het zijn niet de echt grote prijzen, maar alles wijst toch in de richting van een groeiende erkenning van een oeuvre dat bij erg veel uitgevers onderdak vindt, bij de groten zoals Gallimard, Denoël of Julliard, en bij kleinere zoals het literair prestigieuze Verdier of andere, minder bekende uitgevers zoals Baleine, Paroles d'Aube, Hoëbeke of le Cherche-Midi. Deze editoriale versnippering is niet echt problematisch, omdat Daeninckx er contractueel over waakt dat zijn werk snel in de Folio-pocketreeks van Gallimard opgenomen wordt.

Ik verwees zonet naar de groeiende erkenning van Daeninckx als schrijver. Een nuance is wenselijk: groeiende erkenning vooral door het grote publiek. Op het vlak van de literaire kritiek liggen de zaken anders. Op enkele recensies, interviews en een tweetal grotere artikels na is er tot op heden weinig of niets geschreven over Daeninckx. Gezien de omvang van het werk en de soms prestigieuze uitgevers, een merkwaardige stilte. Of misschien toch ook niet zo merkwaardig. Velen blijven inderdaad Daeninckx identificeren met een "Série noire"-auteur, met een broodschrijver dus wiens teksten niet zelden drijven op een steeds herhaald *format*. De overstap van het misdaadverhaal naar de novelle is daarenboven een risicovolle onderneming, zeker in een literaire context – de Franse – waar het kortverhaal nog steeds een vrij marginaal bestaan leidt. De derde factor die de relatieve stilte van de kritiek kan verklaren, heeft wellicht te maken met het feit dat Daeninckx zich zeer expliciet aandient als een links schrijver (hij was lid van de communistische partij tot het begin van de jaren '80, maar nooit een man van de orthodoxie): de thematiek van zijn werk, het intertekstuele referentiekader, het soort literaire prijzen (Vaillant-Couturier, Guilloux, het populisme verwijzen allen naar de sociaal geëngageerde literatuur van het interbellum), het openlijke engagement in sociale en politieke debatten, uit alles spreekt verzet tegen uitsluiting en uitbuiting, tegen de elitaire cultuur. Daeninckx laat zich bijgevolg maar moeilijk herleiden tot een louter *literair* object en dat geldt ook voor zijn boeken.

Dupin, Holmes, Poirot, Maigret et les autres

Kan U me vertellen wat u zich herinnert van oktober 1961? Ik zou het erg op prijs stellen, zeker als u in de buurt bent geweest van de Faubourg Poissonnière. Ik zal uw naam niet in mijn rapport vermelden, u heeft mijn woord. Ik wil alleen te weten komen wat er die nacht precies

> gebeurd is. Iedereen houdt de lippen stijf en er zijn bijna geen sporen meer... Zonder Bernard Thirauds dood in Toulouse, zou ik wellicht nooit iets geweten hebben.
> (*Meurtres pour mémoire*, p. 92.)

In het klassieke misdaadverhaal is de speurder een *held*, een soort *Übermensch*, en alle componenten van het verhaal hebben in wezen slechts een doel: ze zetten elk op hun manier de grootsheid van de detective in de verf. De geniale snoodaard, de hypercomplexe moord, het onwaarschijnlijke aantal verdachten, en de dwaze helper – type Watson of Hastings – die er steevast naast zit, niets belet dat de waarheid uiteindelijk aan het licht komt. Integendeel, hoe groter de obstakels, hoe beter voor de speurder. In zijn mooie maar uiterst moeilijke essay over de misdaadroman, *Der Detektiv-Roman* (1922-1925), formuleert Siegfried Kracauer een interessante hypothese: de detective is in feite een bloedloos, geslachtsloos wezen dat het principe van een absoluut instrumenteel geworden rationaliteit belichaamt: alles – de ander, de dood, de objecten – wordt van zijn specifieke substantie ontdaan en in het grote, onfeilbare raderwerk van de grijze cellen gewrongen. Hiermee verraadt de detective meteen ook de essentie van zijn wereld – hoe weinig er trouwens ook van die werkelijkheid in de klassieke misdaadroman aan bod komt: de wereld is in een toestand van totale instrumentalisering vervallen. Ik ga nog een stap verder dan Kracauer. Nooit draaide Kants esthetische rede op vollere toeren, nooit was ze perfecter. De essentie van het verhaal schuilt eigenlijk niet in de opheldering van een mysterie: alles is slechts voorwendsel voor het puur autotelische spel van de rationaliteit met haar eigen categorieën. Kortom, de detective als 'vlees geworden' *Zweckmäßigkeit ohne Zweck* ("doelmatigheid zonder doel"). Dit is van toepassing op Dupin, Holmes, Poirot of Miss Marple en ook op Maigret. Deze laatste is wat concreter, 'menselijker' dan zijn voorgangers – denk aan Maigrets fameuze psychologische intuïtie – en op sommige ogenblikken is de grens tussen misdaad en gerechtigheid, tussen misdadiger en detective gevaarlijk vaag, zoals in *La Nuit du carrefour* (1931) waar Maigret net niet bezwijkt voor de lichamelijke charmes van een van de hoofdverdachten (bijna twee decennia voor Adorno's en Horkheimers Odysseus (on-)gewillig een analoge beproeving trotseert in hun *Dialektik der Aufklärung*). Fundamenteel beantwoorden de Maigretverhalen echter aan de klassieke heroïsch-epifanische plotstructuur:

aan het eind van de rit zal de speurder onverbiddelijk en onvermijdelijk de waarheid onthullen.

Daeninckx' protagonisten zijn geen helden, maar veeleer *getuigen*. Inspecteur Cadin is een al bij al doordeweekse figuur die met gevallen opgezadeld wordt die hem niet zelden boven het hoofd groeien. Geen vlijmscherpe deducties hier, maar een moeizaam zoeken en tasten naar waarheid in een wereld die van geen waarheid wil weten. De slachtoffers zijn al even banaal: bij Daeninckx zoek je tevergeefs naar notabelen, rijkelui of hooggeplaatsen: als ze al op scène komen, dan steevast als slachtoffers van hen die zich wreken, voor de dood van een naaste of voor moordend onrecht en verraad. Cadins wereld is vrij somber en de inspecteur zelf onbestemd melancholisch en steeds depressiever wanneer hij nog maar eens weggepromoveerd wordt, ver weg in 'la France profonde.' In Cadins odyssee tellen niet de politionele exploten, maar de grauwe werkelijkheid die zich voor de ogen van de protagonist afspeelt. Dat Daeninckx op dit punt beïnvloed is door de Amerikaanse *roman noir* van Dashiell Hammett of Raymond Chandler ligt voor de hand. Toch gaat de vergelijking niet volledig op. De *roman noir* uit de jaren '30 keert in feite de waardenschaal van de klassieke misdaadroman om: van een absolute en onkreukbare held wordt de detective een *looser* die zelf door de misdaad meegesleept wordt en van de triomfantelijke epifanie van de waarheid blijft weinig of niets over. De geruststellende, zelfverzekerde *ratio* moet plaats ruimen voor geweld, bedrog en dood. Daeninckx gaat mijns inziens verder dan de *roman noir*, verder ook dan de *hard-boiled* detectiveroman: de louter morele en narratieve antithese volstaat niet. Ook Cadin botst voortdurend op engelen die duivels blijken te zijn of op duivels die iets engelachtigs hebben, maar wat hij beleeft, overstijgt de klassieke misdaadplot zelf (op dat punt blijft de Amerikaanse *roman noir* dus eerder klassiek): de moordintrige zit in de geschiedenis verstrengeld, in een gewelddadig, tragisch, onverwerkt verleden dat het heden – dat van Cadin en van de lezer – parten blijft spelen. Alles begint met een moord en eindigt met het eindeloze geweld dat onze eeuw gemaakt heeft tot wat hij is. Cadin kan misschien enkele moorden oplossen, maar van de essentie kan hij slechts getuigenis afleggen. Het hoeft dan ook niet te verwonderen dat Daeninckx na de Cadin-cyclus – in *Le Facteur fatal* pleegt een compleet aan lager wal gesukkelde Cadin zelfmoord –, vaak naar hoofdpersonages grijpt die beroepshalve getuigenis afleggen, zoals onderzoeksjournalisten en schrijvers: Marc Blingel in *La Mort n'oublie personne*, Patrick Farrel in *Play-back*, Novacek in *Un Château en Bohême* en Gabriel Lecouvreur (een ironische naam voor iemand die ontdekt) in *Nazis dans le métro*.

> *Zonder Bernard Thirauds dood had Cadin wellicht nooit iets geweten over de gebeurtenissen van oktober 1961. Via de moordzaak Thiraud ontdekt de inspecteur dat er in oktober 1961 een omvangrijke betoging van Algerijnen in Parijs heeft plaatsgevonden. De manifestatie werd extreem gewelddadig neergeslagen door de ordediensten. Er is sprake van enkele honderden doden. Ze werden neergeschoten – op de straat of in kazernes –, doodgeslagen of in de Seine gegooid. De doden haalden nooit de nieuwsbulletins, laat staan de annalen van de Geschiedenis. De naam van de hoofdverantwoordelijke van de ordediensten is Maurice Papon ... Van Parijs 1961 belanden we zo in Drancy, het zenuwcentrum van de Franse jodentransporten.*

Genealogie versus deconstructie

> Ik hoorde toen voor het eerst iets over een Frans-Russisch conflict dat zich in 1917 in het departement van de Creuse zou afgespeeld hebben. Ondenkbaar. Men kan net zo goed beweren dat Maarschalk Foch voor een titelgevecht in de ring zal stappen tegen de koning der Pygmeeën. (*Le Der des ders*, p. 81.)

De evolutie van de naoorlogse misdaadroman lijkt onderhevig aan een viertal uiteenlopende tendensen. Aan de uitersten van het generische spectrum vinden we twee tegengestelde dynamieken, namelijk die van de intellectualisering van het genre en die van zijn trivialisering. In het eerste geval worden structuren, plots en actantiële stereotypen uit de misdaadroman op een ludieke, soms zelfs metafysische manier hergebruikt in expliciet niet-paraliteraire teksten: voorbeelden van de intellectualisering zijn sommige van Borges' verhalen, Robbe-Grillets *Les Gommes*, Eco's *Naam van de roos*, Benoît Peeters' *La Bibliothèque de Villers* of Richard Powers' *De dubbele helix van het verlangen*. Op bepaalde ogenblikken verwijst Daeninckx op een carnavaleske manier naar deze intellectualiseringstendens:

> 'Dat zou een overhaaste conclusie zijn', zei Gabriël, 'die tekst is per slot van rekening geen Robbe-Grillet.' 'Niet lachen met de *polar*, Gabriël, ik heb zijn *Mystère et boules de gomme* graag gelezen…'
> (*Nazis dans le métro*, p. 58.)

Door de trivialisering verwordt de misdaadroman tot een vastgeroest sjabloon waarin keer op keer dezelfde narratieve stramienen worden uitgemolken: de misdaadroman als cultuurindustrieel bandwerk.

De vernieuwing *binnen* het genre is op rekening te schrijven van twee andere tendensen, de ene al conventioneler dan de ander. Enerzijds heb je auteurs die vooral experimenteren met de protagonist en tot op zekere hoogte met de plot (denk aan het zogenaamde *multiple plot*-misdaadverhaal waarin verschillende verhaallijnen ontwikkeld worden die elkaar al dan niet doorkruisen), maar die voor het overige niet aan de fundamentele wetmatigheden van de klassieke *whodunit* raken: hier springen vooral Engelstalige schrijvers in het oog zoals P.D. James, Ruth Rendell, Ellis Peters, Reginald Hill, Colin Dexter, enzovoort. Anderzijds kunnen Sébastien Japrisot en Didier Daeninckx gelden als voorbeelden van vernieuwers die verdergaan dan hun Angelsaksische collega's en elk op hun eigen manier het genre dermate van binnenuit subverteren dat de narratieve mogelijkheid van het misdaadverhaal geproblematiseerd wordt.

De basisoperatie van het conventionele misdaadverhaal is die van de anamnese: op grond van sporen en getuigenissen reconstrueert de speurder wat er precies gebeurd is. Eigenlijk is deze vertelstructuur tautologisch: de vertelling *herhaalt* wat er vooraf is geschied en het geloof in de *restloze* reconstrueerbaarheid van dat verleden, in het anamnetische vermogen van de speurder is al bij al onwankelbaar. Welnu, zowel Japrisot als Daeninckx stellen die triomfantelijke anamnese ter discussie. Japrisot deconstrueert, van binnenuit, de plot als lineaire reconstructie van een verleden (d.i. een misdaad). In *Piège pour Cendrillon* (1965) is het hoofdpersonage niet de detective maar het slachtoffer van een moordaanslag dat op zoek gaat naar de ware toedracht van haar penibele toestand. Er stelt zich voor de lezer een klein probleempje: de ik-figuur lijdt aan amnesie en aan gedeeltelijke afasie: haar geheugen is dus structureel deficiënt en in de mate waarin ze *überhaupt* spreekt, imiteert ze het discours van de anderen (de dokter, een vriendin). *Je est un autre*. Wie het verleden van de ikfiguur wil ontraadselen, moet diens ware identiteit zien te achterhalen en dat is precies wat de structuur van de tekst onmogelijk maakt. De anamnese is onherroepelijk problematisch en het einde dus onbeslisbaar. *Piège pour Cendrillon* wordt op die manier een tekstuele machine die verschillende interpretaties mogelijk maakt en die de afloop verdaagt, eindeloos.

Daeninckx gaat helemaal anders te werk: zijn schriftuur is genealogisch, ze breekt de conventionele anamnetische reconstructie open. De klassieke *whodunit* is monochroon en monotopisch. Het verhaal is obsessioneel gefocaliseerd op de opheldering van een punctueel feit: er werd een misdaad gepleegd. En de blik van de speurder reikt doorgaans niet verder dan die misdaad. Bovendien speelt alles zich meestal af in een zeer beperkte, welomschreven ruimte. Een paroxistisch voorbeeld hiervan zijn die verhalen waarin de speurder moet uitzoeken hoe iemand een moord heeft kunnen plegen in een totaal afgesloten kamer (Poe's *Double Assassinat dans la rue Morgue* of Gaston Leroux' *Mystère de la chambre jaune*). Deze topos leidt tot een ware concurrentieslag tussen misdaadauteurs waarbij de ene speurder niet zelden zijn fictionele collega's belachelijk maakt. Hoe dan ook, tekenend voor deze structurele monochronie en –topie is het feit dat de sociale en historische werkelijkheid in dit soort romans tot een uiterst vaag en minimaal decor gestileerd wordt. Zo laat niets vermoeden dat veel van Christie's of Simenons teksten in het bewogen interbellum geschreven werden: ze hebben iets on- of boventijdelijks, iets archetypisch.

Niet zo bij Daeninckx. Hier zijn de verhalen – *polars* en novellen – resoluut en systematisch polychroon en polytopisch. Het begin oogt meestal klassiek – er is een moord gepleegd –, maar in tegenstelling tot de traditionele *whodunit* die een trechterstructuur heeft (alles wordt er functioneel herleid tot de moordzaak en haar ontknoping) is de temporele structuur van Daeninckx' verhalen dilaterend, uitdijend. In de zoektocht naar de ware toedracht van de feiten stuit de speurder voortdurend op andere geschiedenissen – de Algerijnse onafhankelijkheid, beide wereldoorlogen, de woelige geschiedenis van de arbeidersbeweging, de Commune, Verdun, Oradour, Vel d'Hiv, Drancy en de jodenvervolging, het Franse koloniale verleden, Madagascar, mei '68, enzovoort – die de conventionele anamnese doen uiteenspatten. Het heden wordt overwoekerd door een bloedig en verdrongen verleden. Zo krijgt de *polar* de dimensies van een kritische genealogie van de moderniteit die de beelden en mythen van de Grote en officiële Geschiedenis onderuit haalt: Daeninckx' speurders zijn getuigen van de massale keerzijde (en zelfkant) van de Geschiedenis. De *grands récits* waartoe ook het klassieke misdaadverhaal, dat onverstoorde epos van de Rede, behoort, maken plaats voor de kleine lotgevallen van kleine mensen die de geschiedenis uiteindelijk maken tot wat ze geworden is. Die polychrone anamnese dient zich aan als een kritiek van een algemene amnesie die de macht, de media en een zekere literatuur en cultuur in stand houden. Daeninckx deconstrueert dus de structuur van de *polar* niet tot een onbeslisbaar talig construct; hij carnavaliseert het genre en maakt van de onschuldige, monomane anamnese een kritisch wapen. Ook de ruimtelijke structuur wordt radicaal opengebroken. De auteur sluit zijn personages niet langer op in salons, kamers, landhuizen, boten of treinen. Er wordt in Daeninckx' werken veel gewandeld, gereden en gevlogen, en de ruimte is bij voorkeur perifeer, marginaal: migrantenwijken, vervallen en verlaten fabrieksterreinen, zijstraten eerder dan grote lanen, de Province eerder dan Parijs, Brixton eerder dan London, het Afrikaanse binnenland, het voormalige en sterk verkommerde Oostblok. De protagonisten verzeilen keer op keer in de ontelbare onderbuiken van de moderne wereld. De polychronie en -topie versterken elkaar trouwens: het volstaat dat een personage een zijstraat inslaat om in aanraking met een al dan niet ver verleden te komen. De stad ligt bezaaid met tekens en sporen die van de ruimte een heterocliet sediment van de tijd maken: graffiti, herdenkingsplaten, straatnamen, opeengeplakte en nu afbladerende affiches allerhande. Met andere woorden, voor Daeninckx vervult de polytopische ruimte een dubbele functie: ze breekt het verhaal en de anamnetische operatie zowel sociaal als historisch open. Samen met de tijd is de ruimte wellicht de belangrijkste actant van Daeninckx' narratieve universum, belangrijker wellicht dan de eigenlijke personages, belangrijker ook dan het misdaadverhaal op zich.

In 1917 maakt de Oktoberrevolutie een eind aan de Frans-Russische alliantie tegen Duitsland. Een Russisch garnizoen dat in Frankrijk (in het departement van de Creuse) gestationeerd is, slaat aan het muiten. De opstand wordt bloedig neergeslagen. De gebeurtenis is tussen de plooien van de Geschiedenis en die van het collectieve geheugen gevallen. Misschien geloven we toch liever dat Foch in de ring is gestapt tegen de Pygmeeënkoning…

De detective als voddenraper: het hergebruik van het *fait divers*

> Cadin verzamelde die kleine, soms grappige berichtjes (...). Als hij tijd en zin had, klasseerde hij ze per thema en kleefde ze in een schoolschrift. Misschien zou hij ze ooit wel aan een uitgever voorleggen. Het was allemaal begonnen toen hij op een vlooienmarkt toevallig een verzameling van graffiti uit mei '68 in handen kreeg.
> (*Le Géant inachevé*, p. 120.)

Walter Benjamin schreef ooit over Siegfried Kracauer dat die een soort voddenraper van de geschiedenis was: als geen ander heeft Kracauer inderdaad een neus voor alles waaraan de meesten onder ons achteloos voorbijgaan. Wie niet bij voorbaat haar of zijn neus ophaalt voor het *fait divers*, is geknipt voor de rol van voddenraper van de geschiedenis. In de ontwikkeling van de moderne misdaadroman speelt het *fait divers* een cruciale rol. De voorloper van de *whodunit*, het dagbladfeuilleton, was niet zelden op waar gebeurde, gruwelijke en hoogst bizarre gebeurtenissen gebaseerd die soms in heuse kronieken werden verzameld. Wat is het *fait divers*? Historisch bekeken wellicht een vorm van populair geheugen waarin al het afwijkende en schokkende werd opgeslagen. *Faits divers* zijn in hun oorspronkelijke vorm dan ook vaak erg wreed en liggen dikwijls direct of indirect aan de basis van klassieke werken van het misdaadgenre. Na de surrealisten en André Gide (*Ne jugez pas*, 1930) hebben vooral Michel Foucault en Arlette Farge geprobeerd om dit populaire geheugen in ere te herstellen. Ik denk hierbij op de eerste plaats aan Foucaults dossiers over Pierre Rivière (*Moi, Pierre Rivière ayant égorgé ma mère, ma soeur et mon frère ... Un cas de parricide au XIXe siècle*, 1973) en Herculine Barbin, een geval van hermafroditisme (*Herculine Barbin dite Alexina B.*, 1978). Dit laatste boek verscheen in de reeks "Vies parallèles", parallelle levens, niet van beroemdheden, zoals bij Plutarchus, maar van merkwaardige marginalen. Foucault en Farge willen er zo voor zorgen dat de ontelbare en anonieme kleine geschiedenissen niet door de grote Geschiedenis worden opgeslokt of verpletterd. Foucault begrijpt zijn invalshoek expliciet als een kritisch reddingsgebaar. In *Surveiller et punir* (1975), bijvoorbeeld, zet hij zich nadrukkelijk af tegen een soort van burgerlijke literatuur die op alle mogelijke manieren geprobeerd heeft om het brutale en onherleidbare *fait divers* vooralsnog te recupereren en te banaliseren en Foucault refereert hier heel in het bijzonder aan de normaliserende rol van de opkomende misdaadliteratuur.

Daeninckx bewijst dat Foucault niet helemaal gelijk heeft. In al zijn teksten – misdaadverhalen en novellen – spelen *faits divers* een belangrijke rol. *Main courante*, de titel van een novellenbundel, verwijst naar het register in Franse politiekantoren waarin alle mogelijke en onmogelijke aangiften worden opgetekend. (De historicus Pierre Miquel publiceerde in 1997 bij Albin Michel *La Main courante. Les Archives indiscrètes de la police parisienne.*) Cadin is eveneens een verwoed verzamelaar van de kleine berichtjes. De volumes uit de cyclus zijn gelardeerd met *faits divers* die ook typografisch in reliëf geplaatst worden: ze zijn schuin gedrukt en van de rest van de tekst gescheiden door kadertjes. Er staan overigens nog meer kadertjes en cursiveringen in Daeninckx' teksten: naamborden, computerschermen, steekkaarten, archiefstukken, statistieken, liedjesteksten, affiches, advertenties, krantenartikels, pagina's uit treingidsen, enzovoort. Hun functie is poëticaal en ludiek (ze maken duidelijk dat de tekst een construct is, een collage in de stijl van Aragons *Le Paysan de Paris*) en terzelfder tijd mimetisch (want ze creëren bepaalde werkelijkheidseffecten). De verhouding tussen de *faits divers* en de centrale verhaallijn is niet eenduidig. Soms overstijgt het *fait divers* de onmiddellijke context van het misdaadverhaal en heeft het een relativerend effect: er bestaan blijkbaar absurdere dingen in het leven dan Cadins avonturen. Elders versterkt het *fait divers* de wat tragische dimensie van het misdaadverhaal: in beide gevallen verzeilen kleine, anonieme mensen in letterlijk moordende en tragische situaties zonder uitwegen. Zo bekeken is Cadin zelf van de orde van het *fait divers*, iemand die zonder een toevallig relaas geen sporen zou achtergelaten hebben.

DE AMBIGUÏTEIT VAN DE LITERAIRE MARGE: VAN *POLAR* NAAR KORTVERHAAL

Hij heeft nog nooit horen praten over het boek van Fogelström dat aan de basis ligt van Bergmans *Zomer met Monika*. Hij heeft geen oog voor de sociale ellende in Stockholm, voor de vrouw die over de was gebogen staat of voor de vader die stomdronken zijn hoofd tegen de muur

> slaat. Hij onthoudt alleen de beelden die hij in de Midi-Minuit is komen zoeken: de hand die onder de jurk omhoog kruipt, de gelaten blik van Monika, het baden in de zomerzon, de natte en golvende borsten, de ultieme naaktheid van Harriet Anderson.
> ("Les allumeuses suédoises", in *Zapping*, p. 116.)

Wat is een *fait divers*? Een flard absolute informatie, schrijft Roland Barthes ergens, informatie zonder context die bovendien onze perceptie van de werkelijkheid danig verstoort: schapen met vijf poten, babies met twee gezichten, dat soort dingen. In die zin heeft het *fait divers* ondanks zijn broosheid – het gaat per slot van rekening altijd om gebeurtenissen in de marge – iets monumentaals, iets onherleidbaars, iets wat de korst van de normaliteit openrijt. Maar die monumentaliteit is fragiel: schuif het *fait divers* in een mooi, afgerond verhaal en het verliest onmiddellijk zijn bevreemdende *aura*. Een sprekend voorbeeld hiervan is Poe's *Mysterie van Marie Roget*, waarin een echt gebeurd *fait divers* van zijn absoluutheid wordt ontdaan en gedegradeerd tot dienstmaagd van Dupins deductieve stuntwerk: de narrativisering normaliseert. Daarom laat Foucault Pierre Rivière en Herculine Barbin zelf aan het woord; daarom zou Arlette Farge het liefst van al de Parijse misdaadarchieven uit de achttiende eeuw als dusdanig willen presenteren, zonder de bemoeienissen van een onhandige buikspreker; daarom wantrouwt Daeninckx het geschreven woord, het verhaal. *La Mort n'oublie personne* is geen verhaal meer in de klassieke zin van het woord, maar een interview, een brok mondeling geheugen. Voor de voddenraper is het genre van het misdaadverhaal dus niet zonder risico's. Misschien vindt de lezer andere zaken belangrijker, interessanter, spannender dan de auteur en heeft zij of hij meer oog voor de avonturen van Cadin dan voor de kritische genealogie en alles wat ze impliceert. Alleen, narrativisering zit nu eenmaal in de structuur van het misdaadverhaal ingebakken; ondanks alle stroperij blijft Daeninckx, met de *polar*, gekluisterd aan een genre dat hoe dan ook aan bepaalde wetmatigheden moet beantwoorden. De grenzen van het genre zijn niet oneindig elastisch.

Dit intrinsieke, structurele probleem wordt nog versterkt door het feit dat Daeninckx een vrij dubbelzinnige houding aanneemt ten opzichte van de "Série noire." Enerzijds onderstreept hij voortdurend het belang van de misdaadroman in de recente geschiedenis van de Franse literatuur. Vele auteurs uit de avant-garde hebben misdaadromans in het Frans vertaald – zij het bijna steeds onder pseudoniem – en in de jaren '70, zo zegt Daeninckx ergens in *Ecrire en contre*, was de "Série noire" eigenlijk een soort van vrijplaats waar men aan de esthetische en theoretische diktaten van *Tel Quel* & Cie. kon ontsnappen en naar hartelust met het vertellen kon experimenteren. Niettemin is de "Série noire" vanuit literair oogpunt bekeken ook een getto, een wat smeuïg etiket dat een auteur maar moeilijk van zich af kan schudden. Halve maatregelen bieden op dit punt geen soelaas.

Er zullen vroeg of laat slachtoffers vallen. De slotscène van *Lumière noire* (1987), Daeninckx' laatste boek in de "Série noire", is een regelrecht bloedbad; Cadin pleegt zelfmoord in *Le Facteur fatal* (1990) en in "La Carte imaginaire" uit 1989 (*Main courante*, pp. 99-105) probeert een auteur verwoed zijn James Bond-achtige held om zeep te schrijven. Alsof de auteur zich 'met alle geweld' van een genre wil ontdoen. Gaandeweg treedt het kortverhaal nadrukkelijker op de voorgrond. Als genre kan de novelle zich zonder problemen bevrijden van de narratieve ballast – lineariteit, teleologie, epifanie – van het misdaadverhaal: net als het *fait divers* biedt ze een soort van absolute informatie die ongewone zaken en mensen kan opvoeren zonder hun vreemdheid narratief en moreel te trivialiseren en te normaliseren. Met de novelle kan de auteur meteen ook een veel kleurrijker palet van perspectieven hanteren: naast de reeds vertrouwde thema's zoals de geschiedenis of de sociale conflicten is er bij de novellist Daeninckx nu ook ruimte voor autobiografische momentopnames zoals het mooie en suggestieve "Quartier du Globe" (in *Autres lieux*, pp. 9-17) of "Les Gestes perdus" (in *En Marge*, pp. 151-155), voor loutere stadsimpressies, voor portretten van *outcasts* allerhande, enzovoort. Ook de toon van de kortverhalen is gevarieerder dan die van de *polars*. Het sombere van de Cadin-cyclus en van andere misdaadverhalen uit de jaren '80 verdwijnt nooit helemaal, maar wordt nu afgewisseld met speelse ironie en zelfspot (zoals het begin van *Play-Back*), zwarte humor en soms ronduit burleske en absurde miniaturen van het moderne, alledaagse leven in al zijn aspecten, met een warme melancholie die op sommige momenten flirt met de vroegere populistische sympathie voor het arbeidersmilieu à la Eugène Dabit (*Hôtel du Nord*). De duidelijke evolutie van *polar* naar novelle neemt echter niet weg dat talrijke kortverhalen geënt blijven op het stramien van Daeninckx' versie van het misdaadverhaal.

AFVAL EN VERLOREN VOORWERPEN

> Hij stoorde zich aan dat soort spullenverkopers die teren op de lukrake verkoop van de materiële getuigen van andere levens en die in elke vorm van ontroering of gevoel een gebrek aan professionalisme ontwaren. (*Les Figurants*, p. 55.)

Tijdens de negentiende eeuw nemen drie nieuwe hermeneutieken van het object een hoge vlucht: de positieve wetenschap doorgrondt de geheimen van de materie, de publiciteit bezingt in alle toonaarden de kwaliteiten van de koopwaar en Marx vindt de fetisj uit, het misleidende object dat de wereld op zijn kop zet en waarvan de waarheid – de economische waarheid – moet ontraadseld worden. Marx is daarmee een van de eerste detectives van de Europese moderniteit. Zijn fictionele opvolgers – Dupin, Holmes, Poirot, Maigret – begrijpen de wereld essentieel als een verzameling van potentiële sporen, *clues* of *indices*. Objecten worden zo van hun specificiteit ontdaan en ingeschreven in een proces van rationele deducties: *res cogitatur, ergo est*. De klassieke speurder-held is letterlijk wereld-vreemd. Daeninckx, daarentegen, keert terug naar de dingen zelf; het object emancipeert zich. Het wordt het kristallisatiepunt bij uitstek voor een rijk geschakeerde fenomenologie van het alledaagse, van het geheugen en van de geschiedenis. De objecten vormen de echte ruggengraat van een schrijfproces dat het misdaadverhaal in een kritische genealogie omzet, ze zijn het kruispunt van verschillende ruimtes en historische strata, ook in de kortverhalen. Het belang van het object wordt veruitwendigd op het niveau van de taal. Daeninckx' taal bulkt van voorwerpen en merknamen, oude en nieuwe, ze herstelt vergeten woorden in ere die verwijzen naar een industriële en sociale wereld die sinds lang verdwenen en vergeten is. Er lopen in zijn verhalen veel verzamelaars rond waarvan de enen de objecten met omzichtigheid en respect behandelen, terwijl anderen ze achteloos wegwerpen of verkopen. Het object blijft misschien wel een spoor, maar dan wel een spoor dat niet langer ondergeschikt is aan iets anders: objecten fungeren hier als metonymieën van vergeten, verdrongen of vernietigde werelden.

Namen als gezichten

> Ik heet Sarner, James Sarner. Niet dat dit je veel zal helpen. In deze wijk leven er evenveel Sarners als er Smiths in de City van London wonen. Het was de naam van de eigenaar van de plantage, op Jamaïca. Als teken van hun onderwerping droegen al zijn slaven dezelfde naam. Na drie generaties wist geen enkele zwarte nog hoe het precies zat met zijn eigen stamboom. Als je mij nodig hebt, vraag dan naar de 'Genealoog', dat zal eenvoudiger zijn.
> ("Back Street", in *Hors-limites*, p. 75.)

Japrisot ontregelt het misdaadverhaal tot een onbeslisbaar talig construct dat alle conventies van het genre – de sluitende epifanie van de waarheid op kop – op losse schroeven zet. De taal neemt een loopje met het verwachtingspatroon van de lezer. En toeval of niet, Japrisots naam kan gelezen worden als een prospectieve en structurele *mise en abyme* van de tekst die volgt: Sébastien Japrisot is namelijk een pseudoniem, of preciezer de anagrammatische ver-vorming van Jean-Baptiste Rossi. Nog voor de eigenlijke tekst begonnen is, is de werkelijke protagonist van het boek, de taal, al aan het werk. Voor Daeninckx is de eigennaam – de zijne incluis – een collectief enkelvoud, geen anagram maar een metonymie die verwijst naar plaatsen, gebeurtenissen en voorouders. De naam is een stuk autobiografisch erfgoed dat Daeninckx in de kortverhalen expliciet en impliciet thematiseert (zie het reeds geciteerde "Le Quartier du Globe", in *Autres lieux*). De eigennaam als een stuk gestolde geschiedenis die niet onder het heden mag begraven worden:

> Mijn familie stamt uit de Gentse achterbuurten en uit de vlakten van Fléac-sur-Seugne, uit Spanje en Italië. Deze eeuw greep hen bij de keel. Hun dromen en verlangens werden geplunderd en alleen dankzij hun energie zijn ze overeind gebleven. Ze zijn niet gemaakt van het zeldzame materiaal waarmee men standbeelden giet, en normaal gezien zouden de boeken ook niets over hun geschiedenis verteld hebben.
> (*Ecrire en* contre, p. 10.)

Naast de tijd, de ruimte en de objecten vormen namen het vierde fundamentele bestanddeel van dit literaire universum. Er staan erg veel eigennamen in Daeninckx' teksten: personages worden meestal vanaf de eerste regels direct bij naam genoemd – doodgewone namen van doorsnee-mensen, maar ook namen van zangers, schrijvers, politici, filosofen, industriëlen, generaals, bankiers.

Het spel met de eigennaam vervult verschillende functies. Door verhalen op te hangen aan gewone mensen kleeft Daeninckx een gezicht op gebeurtenissen die in de officiële kronieken of statistieken doorgaans anoniem blijven. Met zijn novellen doet Daeninckx wat bijvoorbeeld Carlo Ginzburg in de historiografie deed, toen hij in de archieven van de Inquisitie voor even de stemmen liet weerklinken van enkele *benandanti* en van Menocchio, de ontroerend eigenzinnige molenaar uit *De Kaas en de wormen*. Jean-François Laé en Numa Murard zitten op dezelfde golflengte, wanneer ze hun sociologisch onderzoek naar de sociale ongelijkheid in Frankrijk vervolledigen met een novellenbundel over marginalen (*Les Récits du malheur*, Descartes & Cie, 1995): de kortverhalen redden in zekere zin de 'onbruikbare' resten die het sociologisch discours naar de prullenmand verwijst, resten met een naam en een geschiedenis. Op andere momenten desautomatiseert Daeninckx de perceptie van bekende namen door ze te associëren met gebeurtenissen die de Grote Geschiedenis zorgvuldig heeft uitgegomd. Dit is wat ik, naast de autobiografische en individualiserende functie, de kritische functie van de eigennaam noem. Op de vierde plaats genereren de eigennamen een heel eigen intertekstuele ruimte die uit verschillende, elkaar overlappende lagen bestaat. Die complexe, nu eens ernstige, dan weer ironisch-pasticherende intertekstualiteit op basis van zinspelingen op namen en titels, van quasi-citaten of citaten en van formele procédés (zoals de collage-techniek) kan als volgt in kaart worden gebracht:

- de positief geconnoteerde intertekst van het misdaadverhaal (Jean Meckert, Léo Malet, Georges Simenon) en van de Amerikaanse *roman noir* (Dashiell Hammett);
- de positief geconnoteerde intertekst van de sociaal geörienteerde literatuur uit het interbellum: Eugène Dabit (men vergelijke, alleen al qua vormgeving en illustraties, *Les Figurants* met Dabits *Hôtel du Nord*), Louis Guilloux, Paul Nizan, André Malraux (niet evenwel de communistische Aragon);
- de positief geconnoteerde intertekst van de avant-gardeliteratuur: Aragon, Artaud en John Dos Passos;

- de negatief geconnoteerde intertekst van fascistoïde of fascistische auteurs uit het interbellum of van vandaag (zie vooral *Nazis dans le métro*): Céline, Lucien Rebatet, Pierre Drieu la Rochelle, Le Pen, Faurisson;
- de ludieke intertekst: personages verwijzen naar schrijvers (François Buzon in *Lumière noire* is een cameorolletje voor François Bon), persiflage van of dramatiserende allusie op titels van andere werken (*Nazis dans le métro* – *Zazie dans le métro* van Raymond Queneau; "Les versets étatiques" in *Main courante* – *Satanic Verses* van Salman Rushdie; *Histoires d'histoire* – *Espèces d'espace* van Perec) of stromingen (zoals de *Nouveau Roman* in *Les Figurants*);
- de variabel geconnoteerde contemporaine intertekst van de media (kranten, televisieprogramma's, journalisten en sterren van het kleine scherm);
- de zeer sterk aanwezige intertekst van de film (vooral in *Les Figurants*) en de fotografie, met, zo lijkt het, een uitgesproken voorliefde voor de eerder marginale film en het sociale portret in de stijl van Willy Ronis, Joris Ivens of Henri Storck.

Deze intertekstuele inventaris is zeker niet exhaustief, maar het overzicht geeft voldoende aan hoe Daeninckx via eigennamen een referentiekader opbouwt waarvan de expanderende dynamiek de reeds beschreven effecten van de tijd, de ruimte en de wereld der objecten versterkt. De functie van de intertekst is dubbel: hij kleurt Daeninckx' eigen schriftuur en is een soort geheugen die minder bekende of vergeten auteurs, fotografen en kineasten terug in herinnering brengt. Op die manier zet Daeninckx zich af tegen een cultuur die alleen zweert bij de Grote Namen en de Grote Kunst en, op het vlak van het misdaadverhaal, doorbreekt hij het wat steriele spel met de interne intertekst van genre (speurders die elkaar citeren en bespotten). Zijn teksten zijn op alle niveaus *des lieux de mémoire*. Een laatste soort eigennamen – zangers, titels van liedjes, namen van winkels of bioscopen, straatnamen en namen van wijken of pleinen – hebben een eerder sfeerscheppende functie: net zoals Simenon weet Daeninckx als geen ander een welbepaalde sfeer op te roepen met enkele rudimentaire bouwstenen die niettemin narratief perfect functioneren, omdat ze juist zo diep in het collectieve geheugen gegrift staan. Op die manier vormen de teksten ook een beetje het bonte archief van de alledaagse cultuur van de twintigste eeuw.

VORM ALS VERLEIDING

> De beelden zijn werkelijk schitterend ... De kadrering, de belichting, het spel met de schaduw, de acteurs ... En dan heb ik nog niets over het decor gezegd. (...) Het zou me geenszins verbaasd hebben, indien de naam van Fritz Lang in de aftiteling had gestaan.
> (*Les Figurants*, p. 49.)

In tegenstelling tot wat een vluchtige lectuur laat vermoeden, schuwt Daeninckx het spel met de literaire vorm niet: hij maakt vaak gebruik van soms complexe analepsen (het spel met *flashbacks*), hij vermengt elders de stemmen van verschillende vertellers, hij experimenteert met de techniek van het simultaneïsme (d.i. het neerschrijven van gebeurtenissen die zich gelijktijdig afspelen), hij hanteert in de kortverhalen dikwijls een erg gefragmenteerde, elliptische en suggestieve schriftuur; niet zelden hebben namen, objecten, data of titels de waarde van een *mise en abyme*. Daeninckx exploiteert, met andere woorden, alle mogelijkheden van de narratieve syntaxis en hij kan zeker niet beschouwd worden als een naïef, laat staan doctrinair ('links') realist. Anderzijds staat het ook buiten kijf dat zijn schriftuur essentieel semantisch en pragmatisch georiënteerd is: wat er gezegd wordt, primeert op het hoe, en als de lezer in de voetsporen treedt van de kritische genealoog, van de stroper van zogezegd onschuldige genres met louter amusementswaarde, dan is dat meegenomen. De formele structuur heeft dus geen waarde op zich, ze is functioneel, ze versterkt en moduleert de semantische effecten.

Uit twee kortverhalen blijkt dat Daeninckx een vrij dubbelzinnige houding aanneemt tegenover de artistieke vorm en de artistiek uitgepuurde schoonheid. Als motto zou hier Walter Benjamins uitspraak kunnen dienen dat aan elke uiting van cultuur een stuk barbarij kleeft. Kunst bekijken en smaken doe je altijd *im Hotel Abgrund*. Wie de vorm verabsoluteert, zet deze schizofrene, maar onherroepelijke realiteit tussen haakjes. En vroeg of laat, zo suggereert Daeninckx, neemt het weggemoffelde, het uitgeslotene, het wanstaltige weerwraak. Het hoofdpersonage van *Les Figurants* wordt haast uit verveling cinefiel. De film wordt een echte passie en de protagonist schuimt regionale cultuurcentra af om speciale festivals rond minder bekende regisseurs bij te wonen. Toevallig stoten hij en een vriend op een oud, anoniem stuk pellicule dat van een ontstellende en onthutsende schoonheid is. Het fragment is de technisch uiterst gave enscenering van een bloedige seriemoord, met griezelige *close-ups* van de slachtoffers. De cinefielen hebben enkel oog voor de esthetische dimensie: zou de regisseur iemand uit het Duitse expressionisme zijn? Fritz Lang misschien? Dit is het vertrekpunt van een zoektocht die de protagonist ontredderd en ontnuchterd zal achterlaten. De film is wel degelijk van Duitse makelij, maar niet van Fritz Lang: in werkelijkheid, zo ontdekt de filmfreak, toont het fragment met een pervers realisme de marteling en de executie van enkele leden van een communistische verzetsgroep, ergens in Noord-Frankrijk tijdens de Tweede Wereldoorlog. Omwille van zijn zwak voor filmische schoonheid heeft de protagonist niet kunnen bevroeden dat wat hij bewonderde, geen kunst is, maar de koele weergave van afgrondelijk lijden. *Fiat ars, pereat mundus.* Op het eind van dit typografisch nogal breed uitgesmeerde kortverhaal vernietigt de protagonist het filmfragment.

Bertrand Lemoens, het hoofdpersonage van "La Traverse n° 28" (in *En marge*, pp. 83-120) komt wellicht dichter in de buurt van Daeninckx' eigen esthetica. Lemoens is een kunstenaar die een installatie creëert voor een tentoonstelling van *art éphémère*, "kunst van een dag." Anders dan zijn collega's-kunstenaars is Lemoens niet bezig met conceptuele of abstracte kunst. Om de installatie af te werken, rijdt hij naar een verlaten en bouwvallig fabrieksterrein, op zoek naar een dwarsligger (*what's in the name?*). Hij merkt er twee mannen op die buizen in stukken aan het zagen zijn. De mannen doen een macabere ontdekking: ze vinden in een van de stukken een skelet. Na wat onenigheid dumpen ze het anonieme lijk in de rivier en gaan ervandoor. Lemoens inspecteert op zijn beurt de buis en vindt er alleen nog een kleine amulet en een inscriptie: BLECKMAN. Via het lokale krantenarchief kan Lemoens achterhalen wanneer de buizen op het terrein terecht gekomen zijn en wie er allemaal op dat moment spoorloos verdwenen is. Zo komt hij gaandeweg achter de gruwelijke waarheid: een jonge liftster werd door een trucker verkracht en in de pijp voor dood achtergelaten. Het meisje kon niet meer ontsnappen, maar dankzij haar amulet kon ze wel nog de naam van de vrachtwagen op de wand van de buis krassen. Lemoens is dus een kunstenaar die door zijn artistieke activiteit een vergeten *fait divers* uit de archieven opvist en in zijn kunstwerk integreert: naast de dwarsligger bestaat zijn installatie ook uit dia's van vergeten vermisten. De vorm of de constructie is belangrijk, zinvol in de mate waarin ze naar iets anders verwijst, naar die eeuwige, verstomde rest. Efemere kunst redt zo mensen die voor de Geschiedenis al even efemeer zijn. Dat is wellicht de maxime die Daeninckx' opvatting omtrent het schrijverschap het best samenvat.

Macht en tegenmacht

De genealoog weet het als geen ander: geschiedenis is doortrokken van macht, onderdrukking en geweld. Dat geweld is niet de schuld van kleine marginalen of een louche onderwereld: bij Daeninkcx vallen vooral allerlei vormen van institutioneel geweld op, die zich voor of achter de coulissen voltrekken. Oorlog, genocide, industriële kaalslag, politieke moorden: dat zijn de hoofdrolspelers van de Geschiedenis. En van de officiële Waarheid natuurlijk die *post factum* alle plooien gladstrijkt met behulp van het vergeten, het eufemisme en ideologieën allerhande zoals het nationalisme of patriottisme. Maar het institutionele geweld heeft bij Daeninckx niet het monopolie. Overal in zijn werk duikt het kleine, anonieme maar daarom niet minder moorddadige geweld op, in de straat, in de stad, op het platteland: uitsluiting, verklikking en verraad van de andere. Zo vestigt Daeninckx meermaals de aandacht op het feit dat de collaboratie met de Duitse bezetter tijdens de Tweede Wereldoorlog niet alleen een zaak was van enkele demonische figuren. Veel doodgewone Fransen hebben doelbewust in de kaarten van de vijand gespeeld: Frankrijk is nooit een collectief toonbeeld van *Résistance* geweest. Daeninckx schrijft dus ook tegen die individuele wil tot vergeten en goedpraten in. Toch resulteert dit alles geenszins in een fatalistisch universum waar de zwakken de macht van de sterkste lijdzaam ondergaan. Daeninckx' werken zijn een soort van verzetsliteratuur, waarin doodgewone mensen de macht trotseren door daden en woorden die de Geschiedenis zorgvuldig heeft uitgewist. Overal stoot macht op tegenmacht en list. Voor Daeninckx is ook het schrijven zelf een gebaar van verzet: verzet tegen het vergeten en de leugen, tegen hedendaags onrecht en geweld. Zijn devies luidt niet voor niets *écrire en contre*, "tegendraads schrijven." In novellen – en ook, zoals het een volbloed Gramsciaan betaamt, langs de omweg van ogenschijnlijk onschuldige, conformistische en populaire vertelvormen, dit wil zeggen met behulp van misdaadverhalen.

Beknopte bibliografie

Werken van Didier Daeninckx

Meurtres pour mémoire, Paris, Gallimard, 1984.
Le Géant inachevé, Paris, Gallimard, 1984.
Le Der des ders, Paris, Gallimard, 1985. (*De laatste der laatsten*, Casterman.)
Métropolice, Paris, Gallimard, 1985.
Play-back, Paris, Gallimard, 1986.
Le Bourreau et son double, Paris, Gallimard, 1986.
Lumière noire, Paris, Gallimard, 1987.
La Mort n'oublie personne, Paris, Gallimard, 1989.
Le Facteur fatal, Paris, Gallimard, 1990.
A louer sans commission, Paris, Gallimard, 1991.
Hors-limites, Paris, Julliard, 1992.
Zapping, Paris, Gallimard, 1994 (1992).
Autres lieux, Lagrasse, Verdier, 1993.
Main courante, Lagrasse, Verdier, 1994.
En marge, Paris, Denoël, 1994.
Un Château en Bohême, Paris, Denoël, 1994.
Les Figurants, Lagrasse, Verdier, 1995.
Nazis dans le métro, Paris, Baleine, 1996.
Mort au premier tour, Paris, Denoël, 1997 (1982).
Le Goût de la vérité. Réponse à Gilles Perrault, Lagrasse, Verdier, 1997.
Histoires d'histoire, Paris, Denoël, 1998.

Teksten over Didier Daeninckx

DAENINCKX, Didier, *Ecrire en contre. Entretiens avec Robert Deleuse, Christiane Cadet, Philippe Videlier* suivis de *L'Ecriture des abattoirs*, Vénisseux, Eds. Paroles d'Aube, 1997.

DELEUSE, Robert, "Petite histoire du roman noir français", in *Les Temps modernes*, n° 595 (1997), pp. 53-87.

DELOUCHE, Hervé, "Postface. Tragic City Blues", in Didier DAENINCKX, *Play-back*, Paris, Gallimard, 1994 (1986), pp. 225-230.

MARICOURT, Thierry, "Didier Daeninckx (1949)", in Idem, *Dictionnaire des auteurs prolétariens de langue française, de la Révolution à nos jours*, Amiens, Encrage, 1994, pp. 65-66.

PREVOST, Claude & LEBRUN, Jean-Claude, "Profil: Didier Daeninckx", Idem, *Nouveaux Territoires romanesques*, Paris, Messidor – Ed. Sociales, 1990, pp. 83-93.

ROSIER, Jean-Marie, "Le roman policier: une littérature en contrebande. A propos de Didier Daeninckx", in *Revue de l'Institut de Sociologie* [U.L.B.], n° 3/4 (1989), pp. 91-98.

RÉGINE DETAMBEL
(°1963)

Els JONGENEEL

SCHRIJVEN EN VERHULLEN

> Het avontuur van de veelschrijver bestaat hierin dat hij heen en weer wordt geslingerd tussen zijn onverzadigbare wil om te bestaan in de zwarte vorm, en zijn instinctieve drang om een eeuwige beginneling te blijven, tussen zijn hartstochtelijk verlangen om zijn gezicht te laten zien en de macht die hij heeft om zich niet bekend te maken.

Met deze uitspraak uit het slothoofdstuk van haar recentelijk verschenen autobiografische tekst *L'Écrivaillon ou l'enfance de l'écriture* (1998) verwoordt Régine Detambel op bondige wijze de kern van haar schrijverschap. In haar oeuvre, nu al verbluffend door zijn omvang, verscheidenheid en explosieve groei (eenentwintig titels verschenen in een tijdsbestek van nauwelijks twaalf jaar), komt de niet aflatende hunkering tot uitdrukking om in zwart op wit betekenis te geven aan de wereld. Voor de auteur is het talige betekenisproces de ademtocht van het bestaan. *Nulla dies sine linea*: deze bekende uitspraak waarmee Sartre zijn autobiografie *Les Mots* beëindigt, is ook de lijfspreuk van Detambel, zoals blijkt uit een enquête in *La Quinzaine littéraire* (n° 117, 1997). Bovendien heeft Detambel een passie voor alles wat met de "zwarte vorm" te maken heeft en wil zij deze het liefste koesteren ten koste van toetsenbord en computerscherm: de schrijfwaren, de inkt, het papier, het contact met de bladzijde. In *Graveurs d'enfance* (1993) schetst ze een prachtig portret van (een deel van) de kindertijd uitsluitend aan de hand van dit schrijfgerei. Maar in weerwil van de drang tot schrijven kenmerkt Detambel zich ook door terughoudendheid en schroom. Dit geeft haar werk, hoe volgroeid het intussen ook moge zijn, de frisheid en elasticiteit van de beginneling. Betekenisproblemen die worden opgeroepen vanuit de banale oppervlakte van het alledaagse die in Detambels proza hoogtij viert, blijven vaak onopgelost. Haar personages ondervragen de werkelijkheid en ervaren die aan den lijve, maar onthouden zich van eensluidend commentaar, zo ze al spreken. Meestal zijn het zwijgende voyeurs die de gebeurtenissen registreren. Een duidelijke reflectie op de vertelde gebeurtenissen ontbreekt. De verwerking van de problematiek wordt aan de lezer gelaten. Dit contrast tussen maatschappelijke geladenheid en narratieve terughoudendheid doet denken aan de teksten van Nathalie Sarraute.

Ook de vele experimenten met de taal, te verklaren vanuit Detambels belangstelling voor OuLiPo, dragen bij aan het ogenschijnlijke debutant-karakter van haar werk. Via het spel met woorden en taalstructuren, gebaseerd op de zogenaamde oulipiaanse "wetmatigheden" of "schrijfregels" (*contraintes*), lijkt de auteur het talige betekenisproces af te tasten. In zulke teksten die gestroomlijnd zijn door vormexperimenten, "verplettert de betekenis niet de letter", aldus Detambel in *L'Écrivaillon*. Ze verwijst daarbij naar haar boek *La Modéliste* (1990), het verhaal van een vereenzaamde modeontwerpster die een jurk ontwerpt voor de vrouw van haar dromen. Om de thematiek van de vrouw en van de vrouwelijkheid duidelijker naar voren te brengen, heeft Detambel in deze tekst uitsluitend vrouwelijke zelfstandige naamwoorden gebruikt. Door deze *contrainte* heeft ze het verhaal willen seksualiseren, de woorden zo dicht mogelijk bij de dingen willen brengen.

Taalstructuren zijn overigens in het hele oeuvre van Detambel van belang. De numerieke indeling van haar teksten in secties en hoofdstukken is zorgvuldig gekozen en onderstreept gewoonlijk het dramatische handelingsverloop. Het ontbreken van nummering en titels is niet minder betekenisgevend, zoals in *Le Ventilateur* (1995) en in *La Verrière* (1996) waar een onduidelijke maar op handen zijnde crisis centraal staat (een relatie die stuk loopt, een puber die in opstand komt tegen het ouderlijk milieu).

Bij Detambel is eveneens sprake van het spel om het spel. Niet alleen als auteur en als bewonderaarster van OuLiPo, maar ook als animatrice van een schrijfatelier in haar woonplaats Montpellier is Régine Detambel meer dan vertrouwd met de wonderbaarlijke elasticiteit van de taal. In *Les Écarts majeurs* (1993, een gedeeltelijke bewerking van haar debuut *Métamorphoses autour d'un barda*, 1986), bijvoorbeeld, gebruikt ze de afbeeldingen op tarot-kaarten, coupletten uit de Marseillaise en de tekens van de dierenriem, om allerlei oulipiaanse taalbouwsels te construeren; ze experimenteert met anagrammen, lipogrammen, tautogrammen, het acrostichon en de pastiche. In het tweede deel van *L'Orchestre et la semeuse* (1990) wordt een serie postzegels als beeldgenerator gebruikt voor de brieven van een *ik* aan een verloren geliefde. Een andersoortige tekst waaruit eveneens Detambels passie voor de taal en haar kameleontische mogelijkheden blijkt, is *Colette. Comme une Flore, comme un Zoo* (1997), een alfabetisch gerangschikte bloemlezing van flora- en fauna-beschrijvingen (vooral gebruikt om personages te portretteren) uit het oeuvre van Colette. Ook haar jeugdliteratuur (*Solos*, 1996, *La Comédie des mots,* 1997, *Les Massachusetts prennent la plume,* 1997) wordt gekenmerkt door de betrokkenheid op de stoffelijkheid van het woord.

Het verkennen van de mogelijkheden die de taal biedt, gaat soms gepaard met reflectie op het schrijven. In de teksten waarin het kunstenaarschap centraal staat, zoals in *L'Amputation* (1990) en in *L'Écrivaillon*, komen we nogal wat van deze metafictie tegen. Laatstgenoemde tekst zouden we zelfs kunnen karakteriseren als een 'autofictiografie', een term waarmee wel eens het latere autobiografische werk van de *Nouveau Nouveau Romancier* Robert Pinget wordt aangeduid. *L'Écrivaillon* schetst de belangrijkste stadia en componenten van het schrijverschap en verschaft de lezer enkele sleutels tot teksten van de auteur – dit alles in een duidelijk autobiografisch kader (zie bijvoorbeeld de aanwijzingen in het hoofdstukje "Noemen").

Het oeuvre van Detambel, dat tot op heden uitsluitend bestaat uit prozateksten, benadrukt dus metafictionaliteit en tekstualiteit in de traditie van de experimentele literatuur. In weerwil van de gefingeerde afstandelijkheid van vertelinstantie en personages, tonen haar teksten echter tegelijkertijd een intensieve betrokkenheid op de hedendaagse maatschappij die door haar oppervlakkigheid en egoïsme mensen marginaliseert en vermorzelt. De literaire kritiek spreekt in dit verband van de scalpel van Detambel en etiketteert haar als "klinisch auteur." In de hierboven genoemde enquête spreekt Detambel haar scepsis uit over deze reductie van haar werk door de literaire kritiek. Maar het belang, in haar oeuvre, van het ontleden en anatomiseren is onmiskenbaar. Ze ontleedt, soms tot walgens toe, de zintuiglijke en organische functies van het lichaam, om door te kunnen dringen tot de triviale wereld. Doorgaans houdt Detambel de experimentele en de maatschappijkritische teksten wel gescheiden. Zij weigert daarmee de sociale en psychische problematiek die ze in haar teksten oproept ondergeschikt te maken aan de postmodernistische twijfel over de literaire representatie.

De dualiteit van het oeuvre van Detambel is te verklaren vanuit de Franse literatuurgeschiedenis van de uitgaande 20ste eeuw. Het Franse structuralisme van de jaren '70, dat zich vooral manifesteert in de uitlopers van OuLiPo en *Nouveau Nouveau Roman*, maakt in de jaren '80 langzaamaan plaats voor een generatie schrijvers die in hun teksten weer de confrontatie aandurven met de triviale werkelijkheid, ogenschijnlijk zonder dat zij daarbij gehinderd worden door het hekwerk van de tekst(ualiteit). Die auteurs zijn zich wel bewust van de tekst als representatie, van het feit dat ze een retorisch bouwsel construeren dat de werkelijkheid vervormt en verandert, maar ze verkiezen om fictie en metafictionaliteit niet met elkaar te vermengen. Het verhaal laat zich weer gelden. Het personage maakt een aarzelende rentree. De 'nieuwe autobiografie' – dit zijn teksten van *Nouveaux Romanciers* die in de jaren '80 verschijnen – bewijst dat het subject terrein wint. Bij de zogenaamde 'minimalisten', waarvan sommigen (Echenoz, Rouaud) nog nauw verbonden zijn met de oudere generatie van *Nouveaux Nouveaux Romanciers*, constateren we eveneens een *comeback* van het personage, ook al zijn de avonturen die het beleeft 'minimaal', verschraald door ironie, aangezette intertekstualiteit en andere vormen van tekstuele recycling (de variant, collage- en montagetechnieken). De huidige generatie van Franse auteurs bevrijdt zich gaandeweg van het poststructuralistische wantrouwen jegens de mimesis. De ideologie die sinds de teloorgang van het existentialisme de eerste plaats moest afstaan aan de retorica, doet opnieuw voorzichtig haar intrede in de literaire tekst. Wel geven de auteurs in hun teksten een geheel eigen invulling aan het maatschappelijk engagement, uit hoofde van de rijke retorische traditie waardoor de Franse literatuur zich onderscheidt van andere literaturen in Europa. Tot zover een beknopte schetst van de context waarin Detambels oeuvre zich inschrijft.

De schets van de marginalen

De personages in het oeuvre van Detambel zijn zonder uitzondering gekwetste en verwonde mensen, gekneusd door de liefde (de modeontwerpster in *La Modéliste*, de vriend van Elsa in *Le Jardin clos*, de hoofdpersoon in *La Verrière),* door de jaloezie (het echtpaar in *Le Ventilateur,* Nadette in *La Quatrième orange*), door de ouderdom (de bejaarden in *Le long séjour*), door de oorlog (het gezin in *Le Vélin*), door het ouderlijk milieu (het meisje in *La Lune dans le rectangle du patio,* de puber in *La Verrière,* de clochard in *Le Jardin clos,* het blonde meisje in *Elle ferait battre les montagnes*). Alle personages zijn marginalen, soms in letterlijke zin zoals de bedlegerige oude man in *Le long séjour* of de ik-figuur in *Le Jardin clos,* die machteloos moet toezien hoe zijn vriendin in het park wordt verkracht en daarop kiest voor het clochard-bestaan. Meestal echter betreft het marginalen in figuurlijke zin, zoals de vele kinderen en pubers die Detambel gebruikt als oriënteringscentrum op een chaotische en wrede wereld. Soms vallen zij aan de wereld ten prooi, zoals Virginie in *La Lune dans le rectangle du patio* (alhoewel het raadsel van haar verdwijning niet wordt opgelost), Nadette in *La Quatrième orange,* het blonde kind in *Elle fera battre les montagnes,* of Coline in *La Modéliste,* een volwassen vrouw die door haar hartstocht machteloos wordt als een kind. Elders ontsnappen ze ternauwernood, zoals de puber in *La Verrière.*

Detambel lijkt geobsedeerd door de crisis van de adolescentie. Ze walgt van het benauwende en verrotte gezinsmilieu dat het kind kneedt en hersenspoelt, maar het tegelijkertijd door zijn egoïsme buitensluit en het marginaliseert tot een machteloze en monddood gemaakte buitenstaander. De felste aanklacht krijgen we te horen via de jonge clochard uit *Le Jardin clos,* die zijn ouders aansprakelijk stelt voor de ruïne die zijn leven is geworden:

> Jullie waren zo trots op mijn kalme puberteitsjaren. In jouw ogen, moeder, was ik elegant, vrolijk en welgemanierd. Volgens jou, vader, zou ik een man worden die zich door daadkracht zou ontplooien. Jullie hebben mijn hele leven beschouwd als jaren van spelen en gedwee leren. 's Ochtends, als ik de matras van Lepetit optil om hem op te bergen, schieten er kakkerlakken, wandluizen en bakkerstorren onder vandaan en ik weet niet wat voor andere harige en veelpotige beesten die bang zijn dat hun lichaam verdroogt in de zon. Die schurftigen, kankerlijders, die teken en vlooien had ik al in mij. Jullie hebben niet de moeite genomen om mijn hoofd op te richten om in het wit van mijn ogen te kijken, toen ik het in mijn handen liet vallen en huilde, 's zondags, na de lange tochten in de buitenlucht. Jullie schreven dat op rekening

> van de moeheid, de groeistuipen, mijn te lange benen die pijn deden. Natuurlijk heb ik evenmin iets voorvoeld en geloofde ik jullie. Maar ik was al melaats en machteloos, verrot door de wereld en de ellende van de tijd.
> (*Le Jardin clos*)

Ironisch genoeg behoort deze park- en holbewoner, de moderne Robinson Crusoë van de afvalcultuur, tot de meest machteloze maar tegelijkertijd meest lucide personages van Detambel.

Niet minder schrijnend is het ironische portret dat de opstandige puber in *La Verrière* schetst van het milieu waarin zij is opgegroeid (zij staat op het punt om voor de tweede keer naar Rome te vertrekken om daar een nieuw leven te beginnen):

> Ik antwoordde [Clarisse; i.e. vriendin van de ouders die voor geld is ingehuurd om het kind weer in goede banen te leiden, E.J.] dat niemand me kon troosten over het feit dat ik geboren was, maar dat ik in Rome stenen had gevonden die menslievender waren dan moeders, begripvoller dan psychologen, overtuigender en onvermoeibaarder dan de klappen die de politie had uitgedeeld en vooral veel en veel minder zwaar dan de encyclopedie van de muziek en de architectuur die je uit het ronde boekenrek moest halen, naar de salontafel moest sjouwen om iets over de wereld te leren.
> (*La Verrière*)

Badinerend maar ook schokkend is het verslag van het kind in *La Lune dans le rectangle du patio* dat beschrijft hoe het door haar ouders wordt 'gedresseerd':

> Mijn vader gebruikte de zweep. Mijn moeder verzon voortdurend van alles. Ze gaf me klappen met een opgerold tijdschrift als met een knuppel en ik kreeg de volle zwaarte van het harde papier in mijn nek. De teenwilgen mattenklopper maakte zes paarse halve cirkels op mijn dijen. Aan tafel, als ik te hard praatte, gooiden ze glazen water naar mijn hoofd, om me te kalmeren. En zodra we gasten hadden, wanneer er familie was, of vrienden, spanden mijn ouders zich dubbel in. (...) mijn vader schopte verrukt terwijl hij aan zijn broek trok om er geen knieën in te krijgen. Mijn moeder verbrijzelde met één hand mijn neus. Ze straalden. Ze waren trots op hun uitzonderlijke behendigheid. En wanneer men hun zei dat ik goed opgevoed was, antwoordden zij: ze gehoorzaamt op onze wenken.
> (*La Lune dans le rectangle du patio*)

Met uitzondering van de clochard in *Le Jardin clos* die voortdurend piekert over de oorzaak van zijn vervallen bestaan, zijn in het oeuvre van Detambel nauwelijks reflecterende personages te vinden. Meestal zijn het monddood gemaakte eenlingen langs de zijlijn – kinderen, bejaarden, vereenzaamde vrouwen. Zij hebben vaak wat Sartre een "leeg bewustzijn" noemt, het zijn naïeve Candides die de alledaagse werkelijkheid registreren en ondergaan. Door hun zwijgzaamheid (er wordt bij Detambel meer gedacht dan gesproken) vervallen ze vaak in de rol van voyeur die door het raam, vanuit de coulissen, de omgeving bespiedt. Ook de ruimte is nadrukkelijk begrensd – verwijzingen naar ramen, luiken, gordijnen, tussenschotten, afrasteringen, hekken, die de ruimte inkaderen en afschermen zijn legio. Veelzeggend zijn de beschrijvingen van de karakteristieke slaapzaal in de Franse kostschool in *La Quatrième orange* – de slaaphokjes afgeschermd door gordijnen en halve muren die niet tot het plafond reiken. Even opmerkelijk is de eetzaal in *Le long séjour*, onderverdeeld naar rang en stand in twee afdelingen die van elkaar zijn gescheiden door een haag van kunstplanten:

> U eet erg weinig. In uw kamer liggen de Bretoense koekjes op u te wachten. U rekent ook op het mandje fruit dat uw schoondochter voor u zal meenemen. U heeft dus tijd om gade te slaan wat er aan de andere kant van de haag gebeurt. Aan de andere kant, achter de synthetische blaadjes, zijn ze bang iets te kort te komen. Ze zijn wanhopig omdat ze geen honger hebben. Ze hebben een plastic zakje bij zich om iets van de hun toekomende portie mee te kunnen nemen. Ze hebben nooit op het juiste moment honger. Ze maken hun handen vuil. Ze verliezen hun tijd met het gluren naar anderen om er zeker van te zijn dat er niet naar hén gegluurd wordt. Ze nemen botjes mee voor de poezen in het park. Ze vegen broodkruimels bij elkaar voor de vogels op het balkon. Er mag niets verloren gaan. Ze bewaren zelfs, als afbeeldingen die ze leuk vinden, kleine vierkante blokjes boter in gouden papiertjes, die de volgende dag ranzig zullen zijn geworden.
> (*Le long séjour*)

La Lune dans le rectangle du patio bestaat voornamelijk uit afkijk- en afluisterscènes. De hoofdpersoon, het meisje met de dikke brilleglazen, registreert de 'familiekroniek' en het burengerucht vanuit haar kamer of vanop de binnenplaats. Een auditieve impressie:

> Ik zit op de patio en lees een stripverhaal. Wanneer de beelden me ontglippen, hoor ik boven bij mijn grootmoeder, de niet aflatende geluiden van de ochtend. Een lepeltje dat tegen de wanden van het kopje koffie zonder suiker tikt, de fauteuil die zij naar het licht duwt, de deur van de medicijnkast die kraakt en het droge geluid van de magneet. De kraan die op een derde van zijn kracht wordt opengedraaid, de wasbak die leegloopt, het voetpedaal van de afvalemmer, het aandrijfgas uit de bus met haarlak. En gedurende lange tijd het vochtig sissen van een bruistablet, iedere ochtend haar eerste medicijn dat ze van heel hoog in een glas mineraalwater gooit.
> (*La Lune dans le rectangle du patio*)

Een visuele impressie:

> 's Avonds als ik op de patio zat, mijn armen om mijn knieën geslagen, keek ik naar het chinese schimmenspel op het gordijn van ongebleekt katoen dat op de keukendeur hing. Mijn moeder en Carole zaten aan tafel en spraken met elkaar. Ik hoorde hen niet maar hun handen bewogen. Ze zetten die op hun hart, ze omsnoerden hun keel, ze plantten een mes, ze maakten een glijdende knoop, ze wrongen zich, krabden elkaar, ze gingen naar de mond waar de nagels zich lieten bijten. Van tijd tot tijd tilde ik het gordijn op, nam ik een nootje uit de fruitschaal en ging dan weer op de patio zitten.
> (*Ibid.*)

Ondanks hun onmacht slagen enkele marginalen erin om de bestaande orde te verstoren: in *La Verrière* legt de puber met behulp van vrienden het huis van haar ouders in de as; ook Nadette, in *La Quatrième orange*, probeert brand te stichten in de kostschool (opmerkelijk genoeg wordt de brand ontdekt en geblust door haar zwijgende rivale, zuster Jeanne, die een onbeantwoorde liefde voor haar koestert). De flat waarin Coline, de modeontwerpster, woont, gaat eveneens in vlammen op, maar hier is het personage slechts de 'meewerkende' oorzaak – de brand ontstaat door kortsluiting in haar kamer.

Soms compenseert het wisselende vertelperspectief de afwezigheid van duidelijke reflectie op de geobserveerde wereld. Zo wordt in de drie delen van *La Modéliste* de modeontwerpster respectievelijk met "zij", "ik" en "zij" aangeduid. In *Le long séjour* gebruikt de verteller *vous* en *tu* om zijn personages te focaliseren. Door dit ambivalente vertelperspectief, waarmee in de 20ste-eeuwse Franse literatuur vooral

Butor furore maakte met *La Modification* (1957), bevindt de verteller zich zowel binnen als buiten de wereld van de personages; hij kan zichzelf aanspreken of een ander (dit laatste is in het geval van Detambel aannemelijker, gegeven het feit dat de bejaarden in kwestie nauwelijks afstand kunnen nemen tot hun eigen persoon). Over de hoofden van de personages heen wordt bovendien door deze dialogische spreeksituatie ook de lezer aangeklampt. Dit schept een context van (zelf-)onderzoek.

De registratie van de gebeurtenissen en van de ruimte maakt het personage tot een medium zonder duidelijke persoonlijkheid, zonder biografie en vaak zonder naam. Ondanks het belang van de 'familiekroniek' en van het zintuiglijke bij Detambel, ondanks het feit dat het merendeel van de vertellers in haar oeuvre ik-vertellers zijn en dus nauw betrokken bij het verhaal, zijn haar personages slechts "schaduwen", "bewegingen" (*mobiles*) zoals ze zelf zegt in *L'Écrivaillon*. Ze passen in het post-postmoderne tijdperk dat het wantrouwen van de voorgangers jegens het 'personage van vlees en bloed' heeft geërfd. Ze houden de aandacht van de lezer niet op zichzelf gericht, maar dwingen haar of hem mee te kijken naar hun kleurloze omgeving. De vrijwel kritiekloze, filmische beschouwing van de groteske wereld maakt, paradoxaal genoeg, de lezer die de beelden en impressies zelf moet verwerken des te kritischer – een bekend procédé uit de Bildungsliteratuur.

INDIVIDU EN UNIVERSUM

De neutraliteit van de personages die als focalisatiepunt dienen, de camera-achtige beschrijvingen en de stellingname waartoe de lezer wordt gedwongen, breken de verhalen open. Zoals iedere kunstuiting is ook de literaire tekst een vorm van mimesis en daarmee tegelijkertijd vreemd en vertrouwd, gloednieuw maar toch herkenbaar. Detambel gebruikt die dualiteit van de tekst om haar maatschappijkritiek kracht bij te zetten. De bekrompen gezinnen, het bejaardentehuis, de kostschool, de stadswijk in de buurt van het ommuurde park, het mini-appartement, de kamer van de modeontwerpster, verwijzen naar de moderne maatschappij en haar weinig opmerkelijke bewoners. In de inleiding tot *La Quatrième orange*, bijvoorbeeld, verwijdt de auteur panoramisch, als door een groothoeklens, de ruimte waarin het verhaal zich voornamelijk zal afspelen, de bovenverdieping van het Collège des Rameaux, tot de melkweg en het heelal, om vervolgens in close-up terug te keren tot "de sombere welving van het plafond" waaronder "klas vier oranje" wordt "opgeleid en gevormd." De gezonde kostschoolmeisjes die de ziekelijke maar vroegrijpe Nadette marginaliseren en indirect haar dood veroorzaken, vertegenwoordigen de egoïstische buitenwereld. Wie die wereld doorziet en weigert om zich aan te passen, wordt buitengesloten.

De 'algemene strekking' van Detambels teksten wordt zichtbaar in de voorzichtige metaforisering die erin aan de oppervlakte komt. De verhalen zweven voortdurend tussen de concrete en een mogelijke figuurlijke betekenis. In *La Modéliste* – niet voor niets ook een van Detambels meest lyrische teksten –, komt dit duidelijk tot uitdrukking. De "Robe fantaisie" symboliseert het verlangen, de hartstocht voor het leven, de onvoorwaardelijke overgave aan de ander. In het eerste hoofdstuk wordt bovendien een vergelijking getrokken tussen het schrijven en het modeontwerp (mogelijks een impliciete zinspeling op de Proustiaanse metafoor van de jurk als tekst). De jurk waaraan Coline zeven jaar heeft gewerkt en die door brand tot as vergaat, wordt tot metafoor voor een ongelukkige liefde die uitmondt in de verpulvering van de hoofdpersoon. De episodes van de kortstondige 'experimentele' relatie tussen Coline en Frédérique die is uitverkoren om de jurk te dragen, nijgen eveneens naar het sensueel symbolische (de boottocht op zee, de steek van de bij, de scène in de rozentuin). Een verwijzing in het openingshoofdstuk naar *Alice in Wonderland* ("Je zult 'Robe Fantaisie' heten omwille van de schildpad van Alice. Vooral omwille van de tranen van de schildpad.") onderstreept nog eens de symbolische functie van het droomgewaad.

In weerwil van dit lyrische werk, een van de meest geslaagde teksten van Detambel naast *Le Jardin clos*, is Detambel in het merendeel van haar teksten wars van symbolisering. Ze maakt een duidelijk onderscheid tussen concrete en fantastische belevingswereld en benadrukt bij voorkeur de tastbare alledaagse werkelijkheid. Zonodig geeft ze ondubbelzinnig aan wanneer er dagdromerij (*Le long séjour*) of een nog bewuster gecreëerde fantasiewereld (*Le Vélin*) in het spel is. Toch dringt ook in de 'realistische' teksten die hoofdzakelijk bestaan uit de observatie van feiten, een 'algemene' betekenis zich op, aangezien hier, zoals gezegd, de verhaalkernen (het burgergezin, de kostschool, het bejaardentehuis, het clochardbestaan, de huwelijkscrisis) zich gemakkelijk laten metaforiseren tot algemene menselijke situaties. Ook de dingen krijgen in Detambels teksten, die vooral geprojecteerd zijn op de ruimte (hun fragmentarische structuur brengt de tijdsdimensie immers in het gedrang), een geladen betekenis, die doet denken aan de functie die voorwerpen vervullen op het toneel.

De afwezigheid van verklarend commentaar maakt de teksten tot behavioristische raadsels. Dit effect wordt vaak nog versterkt door een detective-achtige atmosfeer. Een onduidelijke crisis barst los en maakt slachtoffers (zoals in *La Quatrième orange*, *La Lune dans le rectangle du patio* en *Elle ferait battre les montagnes*). Soms duiden een of meer opdrachten aan het begin van de tekst op een figuurlijke betekenis van het verhaal. Zo draagt Detambel *Le Vélin* op "aan hen wier boeken men vertrappeld en verbrand heeft", "aan hen van wie men de tong wil uitrukken onder het mom van eensgezindheid", "aan hem die mij leerde dat het velijn een perkament is, gemaakt van de huid van een doodgeboren kalf" en "aan de mijnen die op de grens wonen." *Le Vélin* gaat daarom niet alleen over een Frans gezin in de grensstreek dat tijdens de Duitse bezetting moet vluchten, maar ook over geestelijke onderdrukking en deportatie van 'grensgangers', van hen die het velijn hanteren. De episode van de dood van de dol geworden koe en haar doodgeboren kalf verwijst daarmee naar de monddood gemaakte auteur en naar de vernietiging van haar of zijn geboorte, de tekst. Om haar te troosten voor de dode koe en haar kalf, schenkt de vader zijn dochter een witte duif, die zij Vélin noemt, omdat zijn witte gladde veren haar aan de huid van het gestorven kalf doen denken. Jaren later valt de inmiddels gestorven en opgezette duif, minder levenskrachtig dan de papegaai van Flauberts Félicité, ten prooi aan het ongedierte en verdwijnt op de vuilnisbelt. Beide troeteldieren, zowel kalf als duif, worden door de hoofdpersoon vergeleken met haar gestorven broertje Jochem, gestikt tijdens zijn eerste levensdag in een broche die het had opgezogen aan de borst van de moeder, het broertje dat ze nog steeds koestert en in haar fantasiewereld levend houdt. Het velijnen perkament, dat de dood van de huiddrager impliceert, refereert aan de plaatsvervanging die ten diepste met iedere literaire tekst verweven is. Schrijven kan bloed kosten, is erbarmen met de ander. De opdracht "aan de mijnen die op de grens wonen" verwijst bovendien naar een mogelijke autobiografische betekenis. Detambel is afkomstig uit een grensgebied (Moselle) – zij schetst in *Le Vélin* een zelfportret, hoe voorzichtig ook. De dood van het broertje (op dezelfde dag van het jaar geboren als het tien jaar oudere zusje) en de weigering van het zusje om die te accepteren houdt een mogelijke verstikking in van het creatieve proces, een thema dat meermaals terugkeert in het oeuvre van Detambel. *L'Amputation* gaat helemaal over de opschorting en de mislukking van kunstproductie. Het tweede deel van de tekst, voorafgegaan door een ironische uitspraak van Valéry over de mislukking in de literatuur ("Je moet alleen die recepten wetenschap noemen die altijd slagen. De rest is literatuur"), beschrijft een aantal experimenten *à la Bouvard et Pécuchet* die een auteur onderneemt om 'inspiratie' op te doen. Hij gaat op zoek naar opschriften op kerkhoven, verdiept zich in de muziek, in de erotiek, in de sport, in het ballet, in het havenbedrijf, maar niets helpt. Het losgescheurde tekstfragment dat ogenschijnlijk contrasteert met de zorgvuldig geconstrueerde opbouw van Detambels teksten, is een van de belangrijkste vormkenmerken in dit oeuvre. Conform de postmoderne traditie bevatten haar teksten geen harmonisch aaneengesloten hoofdstukken, maar onderbroken fragmenten. Ieder hoofdstuk is als het ware een wedergeboorte van een gestorven kind, een worsteling om de bedreigde representatie van de werkelijkheid levend te houden.

Het lichaam

"Het innerlijke leed dat poëzie voortbrengt, is zonder pardon en niet verheven." Dit opschrift van *L'Écrivaillon*, ontleend aan de dichter René Char, geldt in feite voor het hele werk van Detambel. Haar teksten stellen zonder pardon de triviale werkelijkheid ten toon, vanuit een ironisch en kritisch lijden aan de wereld. Ze drukt bij voorkeur de banaliteit van het alledaagse uit door zintuiglijke ervaringen weer te geven, waarbij geur, tastzin en vooral de smaak op de voorgrond staan. Detambel beschijft de dingen via de zintuiglijke ervaringen van de personages. Daarbij is het visuele ondergeschikt aan de andere zintuigen. Een voorbeeld is het prachtige *Graveurs d'enfance*, een karakterschets van kindertijd en jeugd aan de hand van de beschrijving van schoolgerei. De bekende voorwerpen die het kind dagelijks vastpakt, worden in eerste instantie beschreven via geur, smaak en tastzin. Door te sabbelen op pen, potlood, viltstift, gum en elastiekjes, neemt het kind de voorwerpen in bezit. Dit orale geheugen probeert Detambel te verwoorden. Ter illustratie het 'portret' van de lijmpot met inhoud:

> Je moet de pasta goed bewerken, er doorheen gaan, haar uitsmeren en weer in de pot doen. Laten staan. Ondertussen, op een vrij ogenblik, voel je eraan, voel je dat ze lauw is en even lekker om aan te raken, bijna even fluweelzacht als verse poep. De Lijm wordt doorzichtig terwijl hij droogt. Op je vingers vormt hij een tweede huid, dik en gevoelloos. Het is een geschilderde want, die je bij stukken eraf trekt, als een verbrande huid die verveld is. De uiteinden van je vingers tegen elkaar plakken, dat is verlamming proberen te ervaren. Je hand heeft geen kracht meer. (...) De geur van de Lijm doet je kwijlen. Als je op hem kauwt, prikkelt hij op je tong, hij wordt hard en droog, hij doet je walgen als iets dat je op je bord vindt en dat geen graat is, geen haar, maar iets vreemds, om uit te kotsen, iets dat je beweeglijke tong niet vermag te herkennen. (*Graveurs d'enfance*)

Orale ervaringen komen eveneens vaak voor in de romans van Detambel, zowel bij volwassenen als bij kinderen. Daarbij wordt vooral de nadruk gelegd op het vuil dat het lichaam afscheidt: snot, speeksel, etter, nagelvuil, oorwas, haren, etensresten achter tanden en kiezen, uitwerpselen, duiken overal op in de teksten. De personages zijn daarbij doorgaans niet grotesk, eerder schrikwekkend gewoon: vrouwen die hun benen epileren en crème en haren wegspoelen in de wasbak, kostschoolmeisjes die hun vriendinnetje helpen bij het uittrekken van een melkkies, een kind dat haar adem in de vorm van vuil water ziet sijpelen in haar mondharmonica, zwervers die de liefde bedrijven op met sperma doorweekt karton temidden van het vuil van mens en dier, een machteloze, half kindse man in een bejaardentehuis die met zijn voedsel morst en zijn lichaam niet meer onder controle heeft. Via de beschrijvingen van het lichaam wil Detambel iets van haar walging over het bestaan aan de lezer overdragen. De mens lijkt soms niet ver af te staan van het dier, van de vervuilde aarde waarop hij leeft.

Weerzinwekkend is vooral de vrouw in *Le Ventilateur*, een en al zintuiglijkheid, slechts geobsedeerd, op de grens van het groteske, door het lichaam van haar man, dat ze vertroetelt, betast, tot in de kleinste details observeert. Zij wil in het lichaam opgaan, het tot haar bezit maken. De relatie loopt ten slotte stuk op deze hyperlichamelijkheid: de man onttrekt zich aan de zintuiglijke tirannie van de vrouw. Sommige passages uit *Le Ventilateur* doen denken aan een persiflage op het Hooglied:

> Zijn tanden waren moordend. Levende dingen werden er door vernietigd. Dode dingen roerden zich daar. Zijn tanden waren niet wit, maar afgesleten, van de gele bleekheid van ivoor en been. Het roze zachte weefsel van zijn tandvlees werd rood als de borstel, een broodkorst of ook de beweging van haar tanden, als ze hem beet tijdens de omhelzing, het deed bloeden. Zijn bovenste hoektanden voelden net zo soepel aan als gepelde amandelen en hadden dezelfde richels aan de oppervlakte, dezelfde kleine beschadiging die in de amandel te zien is op de plaats waar de kiem is doorgekomen als een uitbarsting. Alle gedroogde vruchten waar je de schil vanaf pelt met de nagel van je duim totdat je het kale vruchtvlees overhoudt, leken op zijn tanden. Het verbleekte en verschrompelde geel van gepelde noten, hun koele, vochtige aanraking, de donkere en zachte kleur van oude hazelnoten gaven haar het gevoel dat zijn tanden twee helften van versteende vruchten waren.
> (*Le Ventilateur*)

In deze beschrijving roept de Arcimboldo-achtige combinatie van lichaam en vrucht herinneringen op aan de vruchtmetaforen van Colette waaraan Régine Detambel, zoals gezegd, een boek heeft gewijd.

Toch weerklinkt in deze pessimistische levensvisie – in veel opzichten een erfenis van het postmodernisme – ook humor en ontstaat er ruimte voor relativering van het menselijk bedrijf. Dit is niet alleen het geval in de teksten over het schrijven en het schrijverschap, maar ook in meer existentiële studies zoals *Le Jardin clos*. De moderne mens is een Robinson Crusoë die zijn eigen Aboe Simbels bouwt van karton, om de zonnestralen in het hart te kunnen opvangen, iemand die nog kan en wil overleven op een vervuilde aarde. De clochard in het verhaal verwoordt dit met enige ironie:

> Behalve haar vochtigheid die verschrikkelijke zwellingen veroorzaakt, soms aambeien en kloven, kan ik het goed vinden met de aarde. We wisselen zwijgend het gedierte uit waar we mee bezet zijn.

Ironie en hoop klinken ook door in de twee opschriften van deze tekst die ontleend zijn aan Lucretius en Goethe en waarin gesproken wordt over de kracht maar ook over de kwetsbaarheid van de mens, de lieveling van de goden.

Het werk van Detambel provoceert, het roept om een antwoord dat het zelf niet wil en niet kan geven. Dit zwijgen vinden we terug bij andere tijdgenoten uit ons *fin de siècle*. Na de crisis van het post-modernisme verkent de literatuur nieuwe uitvalswegen voor de representatie. Zij kan echter de mens niet loslaten, in weerwil van zijn schrijnende trivialiteit. Als vanouds zoekt de mens naar betekenis in de chaos. Hij gebruikt daarbij het velijn waarin zijn diepste geheim, de dood, zich spiegelt.

Beknopte bibliografie

Werken van Régine Detambel

Métamorphoses autour d'un barda, Montpellier, Ed. du Verrou, 1986.
L'Orchestre et la semeuse, Paris, Julliard, 1990.
L'Amputation, Paris, Julliard, 1990.
La Modéliste, Paris, Julliard, 1990.
Le long séjour, Paris, Julliard, 1991. (*Het lange verblijf*, Van Oorschot.)
La Quatrième orange, Paris, Julliard, 1992.
Les Ecarts majeurs, Paris, Julliard, 1993.
Graveurs d'enfance, Paris, Bourgois, 1993.
Le Vélin, Paris, Julliard, 1993.
La Lune dans le rectangle du patio, Paris, Gallimard, 1994.
Le Jardin clos, Paris, Gallimard, 1994.
Album, Paris, Calmann-Lévy, 1995.
Le Ventilateur, Paris, Gallimard, 1995.
La Verrière, Paris, Gallimard, 1996.
Solos, Paris, Gallimard (Jeunesse), 1996.
La Comédie des mots, Paris, Gallimard (Jeunesse), 1997.
Les Massachusetts prennent la plume, Paris, Gallimard (Folio Junior), 1997.
Colette. Comme une Flore, comme un Zoo, Paris, Stock, 1997.
L'Écrivaillon ou l'enfance de l'écriture, Paris, Gallimard, 1998.
Elle ferait battre les montagnes, Paris, Gallimard, 1998.
La Ligne âpre, Paris, Bourgois, 1998.

Teksten over Régine Detambel

BAETENS, Jan, "L'écriture exemplaire de Régine Detambel", in *La Revue Nouvelle*, 99:1 (1994), pp. 106-109.

BENS, Jacques, "Des gens meurtris", in *La Quinzaine littéraire*, n° 632 (1993), p. 12.

BETTENFELD, Francoise, "*La Verrière*", in *La Nouvelle Revue française*, n° 526 (1996), pp. 119-122.

HOUPPERMANS, Sjef, "*Le Jardin clos* de Régine Detambel", in Michel BISHOP (ed.), *Thirty Voices in the Feminine*, Amsterdam-Atlanta, Rodopi, 1996, pp. 151-165.

IV

EXPERIMENTELE LITERATUUR

JEAN LAHOUGUE
(°1946)

Jan BAETENS

In november 1980 weigert Jean Lahougue de toen nog zeer prestigieuze Prix Médicis voor *La Comptine des Height*, zijn vijfde boek al, maar wel het eerste waarmee hij een iets breder publiek bereikt dan voorheen. Hoewel de Médicis in die jaren wel vaker werd toegekend aan 'vernieuwend' werk van jonge auteurs, bevestigde de prijs, in het geval van Lahougue, het reeds bestaande en onverwachte succes van *La Comptine des Height*. In een geruchtmakende open brief in *Le Monde* distantieert Lahougue zich van de "loterij" van de literaire prijzen die enkel de commerciële belangen van de grote uitgeverijen dienen. Hij is natuurlijk niet de eerste auteur die een prijs weigert, maar wellicht wel de eerste wiens carrière hierdoor ernstige averij heeft opgelopen. Sinds het voorval is Lahougue nagenoeg van de literaire scène verdwenen. De reacties waren inderdaad hevig en zonder uitzondering negatief. Lahougue oogst onbegrip bij collega's-schrijvers die menen dat hij de prijs had moeten aangrijpen om de contemporaine literatuur te verdedigen. De pers maakt zich vrolijk over een auteur die ze van misplaatste jaloezie verdenkt: had Lahougue de prijs immers niet moeten delen met de veel minder getalenteerde Jean-Luc Benoziglio? De uitgever, Gallimard, is woedend, gooit Lahougue prompt aan de deur en schort de promotie van zijn vorige boeken op.

Dat Lahougues beslissing zo'n verreikende gevolgen had, is tot op zekere hoogte ook te wijten aan de literaire en culturele conjunctuur van die tijd: het modernisme loopt in die dagen op zijn laatste benen. Er ontstaat een vacuüm dat snel wordt opgevuld door een sterk gemediatiseerde vorm van literatuur die bovendien op erg traditionele visies en recepten terugvalt. Deze evolutie werd Lahougue bijna fataal. Hij verzeilt voor lange tijd in een toestand van semi-clandestiniteit om pas veel later opnieuw in het gewone literaire circuit op te duiken. Maar op dat moment heeft hij al het literaire krediet van vroeger verspeeld. Lahougue is dus vandaag opnieuw op zoek naar een publiek en hij kan hierbij niet rekenen op zijn vroegere werken die nochtans tot de merkwaardigste van de laatste twintig jaar behoren.

De bruuske wending in deze veelbelovende carrière heeft ten slotte ook te maken met eerder extra-literaire factoren. Lahougue schuwt de media als geen ander en zoiets komt het lezersaantal of de verkoopcijfers niet echt ten goede. Daarnaast huldigt hij een vrij anachronistisch aandoende visie op wat een literair oeuvre is of zou moeten zijn. Bij hem leeft de overtuiging dat een waardevol boek de tijd moet krijgen om een publiek te bereiken en dat een auteur moet leven met de gedachte dat hij pas na zijn dood zal gelezen worden. De boeken zelf spreken de onhoudbare 'marketing'-strategie van hun auteur tegen. Op de keper beschouwd hebben ze alles om succesvol te zijn, en dat zonder enig verraad aan het modernistische credo. Lahougue had een auteur zoals Nabokov of Perec (vooral dan die van *La Vie mode d'emploi*) kunnen worden, een schrijver van een oeuvre dat zowel door de man in straat als door de intellectueel kan worden gesmaakt. Hij had de belichaming bij uitstek kunnen zijn van wat de Fransen *un dispositif étagé* noemen, dit wil zeggen van een literatuur die de lezer toelaat om van de ene tekstlaag naar de andere te flaneren.

Daarmee komen we meteen tot de essentie van Lahougues schriftuur. Het fundamentele opzet betreft het modernistische spel met klassieke literaire verwachtingspatronen. 'Spel' betekent echter geenszins dat Lahougue een badinerend auteur zou zijn. Integendeel, zijn manier van schrijven heeft vaak iets didactisch zonder dat de tekst zwaar op de hand ligt: Lahougue weet maar al te goed dat, wil hij haar of hem iets bijbrengen, hij de lezer eerst moet verleiden of om de tuin leiden. Om een en ander te verduidelijken, zoom ik nader in op een drietal elementen die men in alle teksten van Lahougue terugvindt: eerst en vooral de continuïteit van een en hetzelfde basisstramien, vervolgens de grote onderlinge samenhang van de verschillende teksten en ten slotte een totaal nieuwe stijl die op een complexe manier het persoonlijke en het onpersoonlijke in zich verenigt.

De tekst als oplossing van een probleem

Bij Lahougue is elke tekst het praktische antwoord op een theoretische vraagstelling. Op alle niveaus worden de romans en kortverhalen

– de grens tussen de twee is hier erg vaag en doet eigenlijk niets terzake – door een basismethode gestuurd die een oplossing wil bieden voor de contradictie tussen de taal als *gegeven* (een formele structuur, een corpus van teksten en uitspraken, een mechanisme dat het subject overstijgt) en de taal als (onuitputtelijk) reservoir van (literaire) *mogelijkheden* (taal om uit te drukken wie of wat men is, om de ervaring en de wereld te beschrijven). De traditionele auteur, zo stelt Lahougue, wil met de taal het onmogelijke doen, namelijk de werkelijkheid representeren. Zo laat hij de taal onbenut voor een doel dat haar nochtans veel beter ligt: de schepping van totaal nieuwe werelden. Van zodra de schrijver de taal louter gebruikt als uitdrukkingsmiddel, is hij reddeloos verloren. Lahougue onderschrijft dus Paul Valéry's kritiek op een wijdverspreide literatuuropvatting. Valéry verweet de romancier dat hij halsstarrig de arbitrariteit van zijn eigen constructies negeert en dat hij koppig blijft doen alsof een zin zoals "De markiezin ging buiten om vijf uur" probleemloos kan worden neergeschreven. Maar waarom een markiezin en geen markies? Waarom buitengaan in plaats van binnenkomen? En waarom precies om vijf uur? Zolang men niet ziet dat de correlatie tussen de verschillende elementen van het vertelde verhaal niet extern – lees: mimetisch, representationeel – gemotiveerd is maar intern – door een formele basisstructuur –, blijft dit soort vragen aan de orde. Lahougues *La Doublure de Magrite* is een verhelderend voorbeeld. De tekst is een uiterst treffende pastiche van Simenons fictionele universum, waarin ogenschijnlijk vreemde gebeurtenissen en onverklaarbare analogieën langzaam de ware bedoeling van de auteur onthullen: hij wil een verhaal creëren rond een protagonist die achtereenvolgens in de huid kruipt van alle personages die hij op zijn weg ontmoet (de actieve en de passieve getuige, de dader, het slachtoffer) en dat terwijl het vertelde op geen enkel moment aan leesbaarheid inboet of tegen de regels van de traditionele verhaalkunst indruist.

Dit theoretisch anti-realisme is, met andere woorden, geen pleidooi voor een literatuur die radicaal breekt met een eeuwenoude mimetische traditie. Juist in de voortdurende confrontatie met die traditie schuilt de eigenheid van Lahougue. Zijn schriftuur is een kunstmatige creatie die resulteert in een al even kunstmatig object, de tekst, en dankzij die creatie kan de lezer dingen zien, voelen, begrijpen en beleven die haar of hem anders zouden ontgaan. Anderzijds bespeelt de schrijver heel listig de mimetische verwachtingspatronen van de gemiddelde lezer. Lahougues schriftuur is dus paradoxaal: het schrijven berust op een formele structuur die alle aspecten van de tekst doordrenkt en terzelfder tijd wordt er beroep gedaan op alle mogelijke stereotypen en sjablonen van de traditionele vertelkunst zoals de vrij rechtlijnige intrige, levensechte personages en een vertrouwd ogend decor. Het realisme wordt dus niet zomaar overboord gegooid. De realistische elementen lokken de lezer op een gewiekste manier mee. Alleen, de intrige, het decor, de personages, het wordt allemaal steeds onwaarschijnlijker, totdat de lezer beseft dat de fictieve wereld niets anders is dan een spel met vormen, structuren en woorden. Door dit hergebruik van klassieke verhaalcomponenten in een totaal anders geconcipieerd kader verwordt de literatuur niet tot een louter mechanische, bloedloze en onleesbare toepassing van vooraf vastgelegde regels en modellen. De aanwezigheid van elementen uit het traditionele verhaal dwingt de schrijver om, tijdens het proces van het schrijven zelf, de initiële basisregels voortdurend te bevragen en bij te sturen in functie van die ene centrale doelstelling: de klassieke verhaalstructuur moet in het formalistische perspectief ingeschreven worden, maar dan wel zo dat het resultaat meer is dan de steriele vertaling van het ene niveau naar het andere, van genotekst naar fenotekst. Ook het andere extreem dient vermeden te worden: de ontdekkingstocht naar de formele sleutel van de tekst is geen spel of bijkomstigheid. Idealiter geeft een verhaal gestaag zijn materiële – tekstueel-formele – geheimen prijs zonder het verhalen zelf te ondergraven.

Deze werkwijze impliceert een grote aandacht voor de *metatekstuele* dimensie van de literaire tekst. Betekenissen worden ontdubbeld, woorden slaan zowel op de fictieve wereld in het verhaal als op de mechanismen van het verhalen. Zo verwijst een draaideur in *La Doublure de Magrite* naar een object in de fictieve wereld – een 'draaideur' –, maar ook naar de vlottende identiteit van het hoofdpersonage dat van de ene rol naar de andere tolt. Lahougue radicaliseert die metatekstualiteit – een erfenis, trouwens, van de *Nouveau Roman* waar Lahougue voor de rest weinig uitstaans mee heeft. Een eerste lectuur volstaat om te zien hoe in zijn teksten de personages, de decors en accessoires of de gebeurtenissen steeds verwijzen naar het vertelde en naar het vertellen zelf. "Histoire naturelle", een novelle uit de bundel

La Ressemblance et autres abus de langage (1989), is hiervan een prachtig voorbeeld. De tekst, met ondermeer fictieve dagboekfragmenten, is geïnspireerd op het leven en werk van Jean-Henri Fabre, de beroemde entomoloog. Op een bepaald ogenblik valt een kolonie mieren van onbekende signatuur het huis van Fabre binnen en palmt zijn bureau in. Waar het donker is, zijn de insecten onzichtbaar: bijvoorbeeld achter de inktpot. Voor de beschrijving van de mieren hanteert de auteur een woordenschat die van ook toepassing is op het schrijven zelf: de wisselende vlekken en puntjes van de wriemelende mierenkolonie slaan dan eveneens op de lijnen van een tekst. De vergelijking gaat echter nog verder. Zo blijkt Fabres dagboek bepaalde incoherenties te vertonen en "Histoire naturelle" suggereert dat dit komt omdat de mieren zich misschien niet alleen *achter* de inktpot hebben verscholen. Misschien zijn de met inkt besmeurde pootjes van de mieren wel verantwoordelijk voor de 'afwerking' van de tekst. Het is maar een naast andere verklaringen voor de soms bizarre sprongen in Fabres dagboek. De parallellismen stapelen zich op: wat voor de mieren geldt, geldt ook voor de tekst en ook voor de manier waarop een schrijver het schrijven van een andere schrijver verderzet. Net zoals de mieren het dagboek van Fabre creatief 'herschrijven', zo hergebruikt Lahougue de stijl van de auteurs met wie hij dialogeert (met Fabre, natuurlijk, en ook met de Ricardou van *Les Lieux-dits* (1969), het voorbeeld bij uitstek van de metatekstueel gestructureerde *Nouveau Roman*).

Lahougue kiest dus voor een moeilijke strategie die niet zonder gevaren is voor de receptie van zijn werk. Van zodra het broze evenwicht tussen de klassieke fictionaliteit en de metatekstualiteit verstoord wordt en de balans naar een van beide kanten overhelt, stelt de auteur zich bloot aan een dubbel verlies: hij bereikt noch de ideale, dubbel gelaagde tekst, noch de twee soorten lezers – de traditionelen en de eerder gesofistikeerden – die hij beoogde. Indien de tekst te weinig ruimte laat voor een conventionele lectuur, dan heeft het gratuite formalisme vrije baan: het spel van verleiding en ontmaskering van de op fictie beluste lezer komt niet op gang. Overschaduwt de narratieve dimensie daarentegen het metatekstuele niveau, dan blijft de lezer die meer oog heeft voor het formele, op haar of zijn honger zitten en oordeelt zij of hij dat Lahougue te veel danst naar de pijpen van het brede publiek. In sommige gevallen heeft Lahougue die gevaarlijke klip niet weten te omzeilen, maar in de drie grote romans uit de 'centrale periode' (zie lager) – *Non-lieu dans un paysage*, *La Comptine des Height* en *La Doublure de Magrite* – is de alchemie van het dubbele register ronduit verbluffend.

Van tekst naar oeuvre

Lahougues eerste drie boeken bevatten telkens twee of drie (lange) verhalen of (korte) romans. Deze vorm is ongewoon, zeker tegen de achtergrond van het vrij algemene wantrouwen van Franse auteurs ten opzichte van het kortverhaal. Hoe dan ook, Lahougue kiest bewust voor de bundeling van onafhankelijke verhalen: hij wil erg uiteenlopend materiaal bijeenbrengen. Zo toont hij dat elke vormgeving slechts tijdelijk is, een episode in het gevecht met de taal, en zo houdt hij de handen vrij om elke keer van nul af aan te beginnen. *Argos* suivi de *L'Athanor* (1973), *La Visite du château* et autres romans (1975) en *La Polonaise* suivi de *Tête de jeune fille à la révolution* et de *L'Anus du Weimaraner* zijn dus niet onder één noemer te brengen. Er is ook geen sprake van een onderlinge rangorde, want alle titels, op een na, prijken op het voorplat van de verschillende bundels: elk verhaal is een precaire evenwichtsoefening tussen fictie en metatekstualiteit, tussen leesbaarheid en reflexiviteit.

Wat maakt van Lahougues werken dan een *oeuvre*? Zeker niet het feit dat ze samen de bouwstenen zouden zijn van een of ander onherleidbaar fictioneel universum (zelfs niet *a posteriori* zoals bij Balzac, Faulkner of Simon): de romans en verhalen vormen geen continuüm waarin personages, thema's, plaatsen, gebeurtenissen of persoonlijke obsessies voortdurend gerecycleerd worden. Ze zijn veeleer stappen in de evolutie van de auteur zelf. Lahougue heeft bepaalde basisprincipes, zoals dat van de metatekstualiteit, nooit afgezworen, maar niettemin wordt zijn evolutie gescandeerd door enkele breukmomenten. Globaal genomen kan men stellen dat Lahougue een viertal periodes heeft doorlopen die telkens in het teken staan van een welbepaalde vorm: eerst de verhalenbundels, dan de drie grote romans, vervolgens een aantal kortere verhalen waarvan de beste zijn opgenomen in *La Ressemblance et autres abus de langage*, en ten slotte het speels-experimentele *Le Roman d'Ana* (1998) dat laat vermoeden dat ook hier continuïteit en transformatie hand in hand gaan.

Lahougues eerste werken zijn impliciet getekend door de breuk met het jeugdige, autobiografische schrijverschap. De auteur is pas beginnen schrijven – het werkwoord stelt volgens Lahougue bijzonder hoge eisen – van zodra het tekstuele *ik* niet langer samenviel met het biografisch-biologische *ik*. Pas dan kan de auteur elke identiteit kiezen die hij maar wil, pas dan kan hij zijn pen de vrije loop laten. Die thematische en vormelijke vrijheidsdrang en diversiteit worden echter in de hand gehouden door een uitermate verzorgde syntaxis. Soms is Lahougue zelfs iets té voorbeeldig, zeker voor een auteur die de lezer gevoelig wil maken voor de onderliggende structuren van de fictie. *La Visite du château* herdenkt en herschrijft de codes van de oubollige reisgids. Misschien speelt hier al de invloed van Ricardou's *Lieux-dits*, maar Lahougue deinst er blijkbaar voor terug om het model van de toeristische brochure en de 'geleide wandeling' totaal op z'n kop te zetten. *Histoire d'un ange*, het hilarische hoogtepunt van Lahougues eerste periode, is veel onbevangener: zonder scrupules en met veel humor wordt het bronnenmateriaal in een nieuwe vorm gegoten. In een ware slapstick-stijl herschrijft Lahougue vliegeniers-autobiografieën uit de jaren '20 en '30: een onkwetsbare held beleeft in een waanzinnig tempo de meest onvoorstelbare avonturen. De openingsparagraaf zet meteen de toon:

> Ik ben geboren op de *fazenda* van mijn vader, in de tijd van dom Pedro, in de Kerstnacht van het jaar waarin de komeet voorbijkwam. Ik werd op mijn rug gelegd. Tussen de hoofden van drie zwarte bedienden ontwaarde ik de hemel. Ik had de kleur en de glans van mijn land van koffie. Ik was het laatste kind, hij voor wie de geschiedenis gemaakt is. (*Histoire d'un ange*)

In de eerste periode springen vooral de volgende elementen in het oog: de geleidelijke intrede van de romanvorm – de teksten worden langer en de auteur trefzekerder –, het ironische spel met verschillende modellen en codes, en het opvallende gemak waarmee de auteur zich van de klassieke Franse syntaxis bedient.

De volgende periode brengt de creatieve dynamiek van de roman- en verhalenbundels wat tot rust. Veel heeft te maken met de consequente keuze voor de roman als genre en voor de misdaadroman als subgenre. Op stilistisch vlak zijn de verschillende werken uit die periode heel uiteenlopend, wat na *La Doublure de Magrite* leidt tot een nieuwe verschuiving. *Histoire d'un ange* en *La Visite du château* getuigden reeds van Lahougues fascinatie voor de analogie tussen het boek en de reis. In *Non-lieu dans un paysage*, *La Comptine des Height* en *La Doublure de Magrite* wordt die metafoor gekoppeld aan die van de lezer als speurder. Niet bepaald een originele invalshoek, zeker niet wanneer we bedenken dat de *Nouveau Roman* deze dubbele thematiek jaren voordien al tot vervelens toe had uitgemolken. En toch, ondanks de ontstellende beperkingen, ondanks alle clichés verrast elk van de vermelde werken de lezer met een spitsvondige wending.

Non-lieu dans un paysage exploiteert een interessant metatekstueel procédé: de (fictieve) moord valt samen met het (letterlijk) dichtklappen van het boek. Verder valt deze roman op door de donkere en sombere toon. In het geval van *Non-lieu dans un paysage* betekent vernieuwing ook volgens sommige critici het spel met een zeer precieze intertekst, hier Nabokovs *The Life of Sebastian Knight*. Voor Lahougue is het verband louter toevallig, wat overigens niet belet dat hij jaren later, op een belangrijk moment in zijn oeuvre, juist naar die tekst teruggrijpt. Het belangrijkste boek uit de tweede periode is evenwel *La Comptine des Height*. Het boek is een sublieme aanrader voor wie met Lahougue wil kennismaken. Anders dan in de vorige roman is het spel met een precieze intertekst hier wel degelijk intentioneel. De betekenis van de intertekst – het gaat om Agatha Christies *Tien kleine negertjes* – is, hoe kan het ook anders, dubbel: de tekst bespeelt het thema van de weddenschap met de lezer-detective die het raadsel sneller moet zien op te lossen dan de diëgetische speurder, maar die weddenschap is daarenboven metatekstueel, omdat Lahougue inhoudelijk en vooral stilistisch beter wil doen dan Christie. De onwaarschijnlijk vernuftige intrige stelt zich niet tevreden met het relaas van de tien moorden. Elke moord wordt telkens vanuit drie verschillende perspectieven verteld en zo stapelen de raadsels zich op. De dertig verhalen worden op de koop toe 'afgesloten' door een eigenaardige clausule waarin het vertelstandpunt verschuift, zodat al het voorgaande opnieuw op losse schroeven komt te staan. De lezer krijgt drie nieuwe hypothesen voorgeschoteld die elkaar tegenspreken. De intrige belichaamt op hyperbolische wijze de typisch Christiaanse plot. De stijl, daarentegen, staat haaks op die van het model. Lahougue doet zijn uiterste best om te doen wat Christie angstvallig vermeed: hij schrijft mooi enkel en alleen omwille van het plezier van het mooi-schrijven. In *La Doublure de Magrite* neemt Simenon de plaats in van Christie. De narratieve en literaire weddenschap blijft behouden, maar de stilistische vormgeving is coherenter dan vroeger. Het is niet langer Lahougues bedoeling om alleen maar beter te schrijven dan een rivaal. Hij thematiseert nu veeleer zijn omgang met andere schrijvers. De barokke syntaxis verdwijnt en wordt vervangen door de grijze en verhullende onopvallendheid van Simenons niet-stijl: zo lijkt de auteur op de protagonist van het verhaal wiens identiteit samenvalt met de rollen die de anderen hem aanreiken.

Stilistisch bekeken is *La Doublure de Magrite* een oefening in camouflage, in mimetische vermomming. In de daaropvolgende periode – die van de novellen – laat Lahougue dit masker vallen. De terugkeer naar de novelle, zelfs van heel klassieke snit, staat niet los van het editoriale vacuüm waarin de auteur is terechtgekomen na de heisa rond de Médicis. De problemen waren trouwens al voelbaar bij het verschijnen van *La Doublure de Magrite*: ondanks zijn toegankelijkheid moest het boek jaren lang wachten op een uitgever – en een zeer kleine dan nog wel – en heeft het nooit het beoogde publiek bereikt. In deze constellatie ligt de keuze voor het kortverhaal misschien voor de hand: novelles kunnen doorgaans gemakkelijker en met een grotere regelmaat in tijdschriften gepubliceerd worden. Toch zijn de kortverhalen niet zomaar miniaturen van de vroegere romans of schaalmodellen van Lahougues waarmerk sinds de jaren '80, namelijk het stilistisch gesofistikeerde hergebruik van literaire voorbeelden. *La Ressemblance et autres abus de langage* radicaliseert dit hergebruik: voortaan ent Lahougues schriftuur zich niet alleen op andere oeuvres maar ook op hun auteurs. Dit herlezen is eerst en vooral thematisch, een beetje zoals in *Révélations posthumes* van Rivière en Andréas (1977), een in literaire kringen fel gesmaakt stripalbum waarin de lege plekken in de biografieën van auteurs zoals Christie, Verne, Lovecraft en Roussel soms ironisch, soms tragisch worden ingevuld. Lahougue gaat een stap verder: hij vult hiaten op en geeft een andere wending aan biografieën. Zo maakt hij van Fabre niet alleen een entomoloog, maar ook een auteur die in zijn traktaten oulipiaanse procédés toepast. In een ander verhaal moet blijken dat niet Lahougue Nabokov copieert, maar omgekeerd Nabokov Lahougue. De novelle met Descartes in de hoofdrol is rond dezelfde techniek van de circulariteit opgebouwd. In de kortverhalen steekt misschien ook een element van zoete wraak. Naast auteurs met een modelfunctie voeren ze immers ook collega's-auteurs, uitgevers, critici en lezers ten tonele. Het literaire bedrijf dat Lahougue had uitgespuwd, wordt op die manier getransformeerd tot een amalgaam van personages die willoos overgeleverd zijn aan de tekstuele machinaties van de alwetende auteur.

De evolutie ten opzichte van de romans is echter niet alleen thematisch. Vormelijk experimenteert Lahougue erg overvloedig met de pastiche. Op die manier kan hij zowel zijn passie voor de Franse syntaxis als het verlangen om in de huid van andere auteurs te kruipen maximaal uitleven. De imitatie is telkens een gebaar van bewondering *en* verraad. Lahougue rivaliseert niet langer met literaire modellen zoals in *La Comptine des Height*, maar dat betekent niet dat hij nu de stijl van anderen zo vlekkeloos mogelijk wil imiteren (wat wel nog het geval was in *La Doublure de Magrite*). Het hergebruik impliceert hier een herschrijven in de tweede graad: toevoegingen en veranderingen – zowel thematisch en stilistisch – exploiteren tekstuele mogelijkheden die de oorspronkelijke auteurs links hadden laten liggen. Lahougue stelt herhaaldelijk en met nadruk dat dit geen teken is van een misplaatst of verholen narcisme. Het hergebruik wordt gedragen door een onpersoonlijke schriftuur. Wat de auteur over Fabre schrijft, geldt ook voor hemzelf:

> Door pure nieuwsgierigheid werd hij uiteindelijk door het raderwerk opgeslokt. Want het spel dat de chroniqueur op termijn onvermijdelijk uit diens eigen geschiedenis verbant, is er een met dodelijke afloop. (*La Ressemblance et autres abus de langage*, p. 133.)

STIJL, SUBJECTIVITEIT, PASTICHE

Nagenoeg alle verhalen van Lahougue worden gekenmerkt door een paradox die voor vele andere modernistische auteurs een Gordiaanse knoop is gebleven. Enerzijds volgt het oeuvre getrouw het Mallarmeaanse motto bij uitstek, namelijk *l'initiative aux mots*: het schrijfproces drijft op de materialiteit van de betekenaar en op de formele structuren van zinnen en compositie. Lahougue is een erfgenaam van Roussel en verwerpt bijgevolg de mythe van de inspiratie: net als de auteur van *Comment j'ai écrit certains de mes livres* (1933) construeert en thematiseert Lahougue voor elk werk een eigen, nieuwe *ars poetica*. Anderzijds wil hij dat zijn verhalen lezen als een trein, dat ze onderhoudend, grappig, leerrijk, kortom: spannend en ontspannend zijn. Maar ook de stijl is paradoxaal, zowel hoogst maniëristisch en herkenbaar als afstandelijk en onpersoonlijk. Een opmerking omtrent Lahougues verhouding tot andere auteurs is hier op haar plaats. De meeste critici gebruiken in deze context het begrip 'pastiche'. Wie het werk van Lahougue echter leest, moet vaststellen dat dit niet klopt. Zijn teksten zijn niet ironisch, niet spottend of parodiërend en dus geen pastiches in de strikte zin van het woord. Lahougue is al evenmin door zijn modellen geobsedeerd: hij voelt dan ook niet de noodzaak om zich, via een soort van studentikoze humor, van die modellen te bevrijden. Lahougue beantwoordt niet aan dat genealogische schema waarin de pastiche het voorgeborchte is van een onnavolgbare, hoogst persoonlijke stijl. Bij hem is het hergebruik van literaire modellen juist een wapen *tegen* de esthetische ideologie die zonder blikken of blozen Buffons adagium *le style, c'est l'homme* tot universele norm verheft. Stijl en individualiteit zijn geen synoniemen, het zijn elkaars tegengestelden. Het verlangen om persoonlijk te schrijven levert niet zelden stilistische misbaksels op; de onpersoonlijke schriftuur, daarentegen, biedt de 'pasticheur' meer kansen op vormelijk, literair succes, op voorwaarde, wel te verstaan, dat het intertekstuele spel niet toegeeft aan al te gemakkelijke ironie of parodie.

Beknopte bibliografie

Werken van Jean Lahougue

Argos suivi de *L'Athanor*, Paris, Gallimard, 1973.
La Visite du château et autres romans, Paris, Gallimard, 1975.
La Polonaise, suivi de *Tête de jeune fille à la révolution* et de *L'anus du Weimaraner*, Paris, Gallimard, 1976.
Non-lieu dans un paysage, Paris, Gallimard, 1977.
La Comptine des Height, Gallimard, 1980.
La Doublure de Magrite, Paris, Les Impressions nouvelles, 1987.
La Ressemblance et autres abus de langage, Paris, Les Impressions nouvelles, 1989.
Le Roman d'Ana, Seyssel, Champ Vallon, 1998.

Teksten over Jean Lahougue

BAETENS, Jan, "Faber/Fabre", in *Rivista di letterature moderne e comparate*, 10:3 (1993), pp. 265-275.
—, "Jean Lahougue et le roman policier, un hommage assassin?", in *La Licorne*, n° 44 (1998), pp. 133-141.
COMBES, Annie, "Epars dans le futur", in Idem, *Agatha Christie. L'écriture du crime*, Paris, Les Impressions nouvelles, 1989, pp. 280-287.
SIRVENT, Michel, "(Re)writing considered as an act of murder. How to rewrite *Despair* in a Post-Nouveau-Roman context", in *Nabokov Studies*, n° 2 (1995), pp. 251-276.
—, "Doublures transcriptuelles: récits récrits de Jean Lahougue", in *Neophilologus*, 82:1 (1998), pp. 33-51.

Het zesde nummer van *T.E.M./Texte en main* (1986) is aan Lahougue gewijd.

TXT
(1969-1993)

Jean-Pierre Bertrand

De staart van de avant-gardes

Tijdens de jaren '60 wordt het domein van de literaire avant-garde beheerst door drie tijdschriften: *Tel Quel* van Philippe Sollers, *Change* van Jean Pierre Faye en het collectief *TXT* waarvan Christian Prigent en Jean-Luc Steinmetz de grondleggers zijn. Drie tijdschriften, drie literaire groepen met een gemeenschappelijk revolutionair project: in een en dezelfde onderneming wordt de reflectie omtrent de scheppende krachten van de taal gekoppeld aan een driftenleer. De drie tijdschriften wilden ook revolutionair zijn in de politieke betekenis van het woord. Ze zetten zich meer bepaald af tegen het concept van de geëngageerde literatuur dat in de jaren na de Tweede Wereldoorlog door Sartres tijdschrift, *Les Temps modernes*, gepropageerd werd. De avant-garde roeit tegen de existentialistische stroom op: nu eens put ze uit het maoïsme (*Tel Quel*), dan weer uit het heterodoxe marxisme (*Change*) of uit het anarchistische situationisme (*TXT*) dat in 1968 ontstond. De gebeurtenissen van mei '68 zullen trouwens in min of meerdere mate hun sporen nalaten in deze drie tijdschriften. Hun uitgesproken intellectualisme mag dan al veraf staan van het revolutionaire geweld van de sociale beweging in haar geheel, ze delen niettemin in het verlangen om het weten radicaal te herijken.

De drie stromingen zijn niet strak afgebakend ten opzichte van elkaar – getuige de talrijke uitwisselingen en andere vormen van samenwerking – en ze worden verder gekenmerkt door een dubbel theoretisch en praktisch project. Of beter: ze overstijgen de traditionele tweedeling tussen theorie en praktijk: in de drie bladen vervagen de grenzen tussen genres en conventionele categorieën versmelten in een en dezelfde praktijk, die Schriftuur (*Ecriture*) of Tekst (*Texte*) genoemd wordt. Het primaat van de schriftuur of de tekst zoals dat door de verschillende avant-gardebewegingen geproclameerd wordt, impliceert – ik kom hier straks op terug – het failliet van de Betekenis. Zingeving is niet langer een zaak van zekerheden of twijfel, ze wordt onttroond als hoedster van het denken. De ontdekking die men nu volop wil exploiteren, is die van de Vorm. Alleen zij is revolutionair. Zowel *Tel Quel* als *Change* en *TXT* beroepen zich op de recentste ontwikkelingen in de taalkunde om een revolutionaire poëtica te begronden waarin de libidinale economie het in-de-Wereld-zijn van het Subject overdetermineert. De twee belangrijkste linguïsten zijn in deze context Jakobson (als formalist en pre-structuralist) en Chomsky (als generativist). Het hoeft dan ook niet te verbazen dat Francis Ponge de fetisj-dichter van de drie tijdschriften is: zijn poëtische praktijk rekent genadeloos af met de laatste resten van de romantische poëzie die zelfs het surrealisme niet had weten op te ruimen. Tot het gemeenschappelijke referentiekader van de avant-garde behoren verder ook de namen van Marx en Freud: de jonge iconoclasten herlezen de klassieken op een 'schandalige' manier en ze aarzelen niet om de psychoanalytische en marxistische orthodoxie een neus te zetten.

In een gemeenschappelijke geest van openheid doorbreken de drie tijdschriften in feite het Franse culturele centralisme. Ze hebben nieuwe zuurstof nodig en breken de hexagonale cultuur open door haar zogenaamde superioriteit als een illusie te ontmaskeren. De Franse cultuur die traditioneel op zichzelf teruggeplooid leeft en wat weerbarstig is ten opzichte van het andere, wordt door *Tel Quel*, *Change* en *TXT* verrijkt met auteurs en denkers zoals Marx en Chomsky, Luxun en Gertrud Stein. Deze drang tot openheid hangt natuurlijk samen met het internationalisme dat aan de basis ligt van de laatste der avant-gardebewegingen en dat een overblijfsel is van alle -ismen die de vernieuwende literatuur sinds het einde van de negentiende eeuw, van Parijs tot Berlijn via Milaan, Zürich, Moskou, enzovoort, hebben beïnvloed.

De centrale bekommernis die tijdens de jaren '60 en '70 zorgt voor een laatste opstoot van de avant-garde alvorens deze laatste in de uitdijende vage stroming van het postmodernisme verzandt, kan als volgt worden samengevat: men wil een globale visie op de geschiedenis formuleren en men gelooft in het revolutionaire potentieel van de praktijk en de theorie van de Tekst.

Vaak wordt gesteld dat de avant-gardebewegingen van de jaren '60 de laatste uitloper zijn van een literaire logica die op het eind van de negentiende eeuw ontstaan is. Impliceert dit een negatief oordeel over de post-avant-gardistische productie zoals wel eens wordt beweerd door zij die met de nodige heisa beweren dat er sinds het trio *Tel Quel – Change – TXT* geen speerpuntliteratuur meer bestaat? Niet noodzakelijk. Het betekent gewoon dat die avant-garde zichzelf heeft ontbonden en dat ze, op de koop toe, haar eigen basisprincipe ondergraven heeft. Wat zich sindsdien onder de noemer van het postmodernisme aangediend heeft, beantwoordt aan een totaal andere logica die, zo lijkt het, lichtjaren af staat van de avant-gardistische economie. Op het einde van deze eeuw lijkt elke avant-gardistische praktijk – en elke literaire groepering voor zover die nog bestaan – wel uit de mode. Nieuwe tijden, nieuwe zeden: het collectivisme en het associationisme die aan de basis lagen van het intellectuele leven en discours van de jaren ’60 – tot in conservatief gewaande kwartieren van het denken en de politiek toe – hebben de baan moeten ruimen voor een individualisme dat sinds 1989, met het ineenstorten van de ideologieën en met de mythe van het einde van de geschiedenis, overheersend geworden is.

Hoewel de drie bewegingen die ik net heb vermeld onmiskenbare gelijkenissen vertonen, toch dringt een belangrijke nuance zich op: *TXT* is niet zomaar de derde schakel van een avant-gardebeweging die voor het overige volledig door *Tel Quel* zou gestuurd worden. Bovendien weten we sinds Pierre Bourdieu en Jacques Dubois dat er in het literaire veld een hiërarchie bestaat in de manieren waarop literaire groepen en stromingen elkaar erkennen en legitimeren. Welnu, wanneer we de individuele trajecten en de vaak tegengestelde literaire strategieën bekijken, moeten we vaststellen dat *Tel Quel*, *Change* en *TXT* verschillende plaatsen bekleden in het literaire veld. Zo maken literatuurgeschiedenissen slechts zelden gewag van *Change* en *TXT*. Wellicht omwille van redenen die te maken hebben met de structuur zelf van het contemporaine Franse literaire veld dat nog steeds centralistischer – dit wil zeggen parisianistischer – is dan men beweert, is het alsof *Tel Quel* de avant-garde van 1960 tot 1982 (een periode waarin 94 nummers van het tijdschrift verschenen) totaal overheerst. Een en ander heeft wellicht te maken met de figuur van Philippe Sollers die ontelbare intellectuele waters heeft doorzwommen en misschien juist hierdoor meer dan anderen de critici wist te verleiden. Daarnaast heeft het tweede blad van Sollers, *L’Infini*, de schijn gewekt van een avant-gardistische continuïteit. *L'Infini* wordt op zijn beurt zwaar financieel ondersteund door Gallimard, een uitgeverij die er, sinds het ontstaan van het surrealisme, steeds in slaagt om de opkomende avant-garde-auteurs editoriaal voor zich te winnen. Ten slotte werkt een derde factor de monopoliepositie van *Tel Quel* in de hand: Sollers, Barthes, Kristeva en Pleynet, om bij de bekendste namen te blijven, bekleedden of bekleden nog steeds sleutelposities in de Parijse culturele instituties (universiteit, Collège de France), wat de medewerkers van *Change* en *TXT* nog wat meer in de schaduw stelt: op de spreekwoordelijke uitzondering na, kent het grote publiek die twee groepen niet of nauwelijks, laat staan hun belangrijkste leden.

TXT: EEN TIJDSCHRIFT (1969-1993)

In de erg mooie inleiding op de bloemlezing *TXT 1969-1993* (1995) schetst Christian Prigent de geschiedenis van de groep in acht taferelen. Hij herinnert er zich hoe enkele jonge dichters die rond de Tweede Wereldoorlog geboren waren, zich tijdens hun studies verenigden rond een centraal programmapunt: de resten van de humanistische poëzie dienden dringend opgeruimd te worden. De oprichting van *TXT* in 1969 heeft veel weg van de "politiek-ludieke" provocatie uit de meidagen van '68. De titel van het tijdschrift overstijgt het simpele lipogram: door het woord *texte* van zijn twee e's te ontdoen, brengen de jonge dichters de lyriek van de betekenis een fatale klap toe. De Betekenaar (*signifiant*) dient als breekijzer voor een begrip dat alle generische conventies tart, namelijk de Tekst.

Ontstaan (1969-1975) In het begin wordt het tijdschrift dat eenmaal per jaar verschijnt geproduceerd met de middelen die voorhanden zijn. Het collectief financiert en publiceert het blad zelf. Elk nummer telt ongeveer vijftig bladzijden en richt zich tot een erg beperkt, haast vertrouwelijk publiek. Vanaf het dubbelnummer 3/4 (*Ponge aujourd'hui*, 1971) komen specifieke problematieken aan bod. Tot dan had het blad teksten gepubliceerd zonder een overkoepelend, programmatorisch vertoog. Heel snel echter voelt men de noodzaak aan om – zoals Artaud het reeds had geëist – de praktijk van de tekst een stevige theoretische grondslag te geven. Bakhtin, die in die jaren ontdekt wordt, rijkt een eerste concept aan dat *TXT* nooit meer zal verloochenen: het carnavaleske. Dit begrip staat voor de omkering van de geldende sociale normen en waarden, en het wordt op een gepriviligieerde manier door de grote literatuur belichaamd. Voor *TXT* is het carnavaleske een nuttig begrip dat een gemeenschappelijke visie op de poëzie toelaat: teksten moeten de verschillende stemmen die ze constitueren, respecteren en ze zijn bovenal plaatsen waar de Vorm dooreengeschud, "gefolterd" wordt. Bakhtin verschijnt hier als de theoreticus-inspirator van wat het waarmerk van *TXT* zal worden, namelijk de oraliteit. Hiermee wordt een experimenteel tekstueel en lichamelijk veld bedoeld en juist door die nadruk op het orale onderscheidt *TXT* zich van de andere avant-gardegroepen. Hoewel ook *Tel Quel* en *Change* door het orale gebiologeerd worden, blijven hun tekstuele praktijk en theorie veel intellectualistischer en cerebraler dan in het geval van *TXT*.

Het blad beroept zich trouwens initieel heel nadrukkelijk op *Tel Quel* en dient zich aan als een dochteronderneming uit de provincie. Maar Rennes is Parijs niet. Christian Prigent en Jean-Luc Steinmetz willen bovendien een samenwerkingsverband creëren dat op minder autoritaire leest geschoeid is dan de groep rond Sollers. Via brieven ontstaat een "emotieve gemeenschap" die gedragen wordt door enkele gezamenlijke referentiepunten: tot de meesters van het denken en het "ontschrijven" (*désécrire*) behoren Ponge, Bataille en Artaud, die zonder uitzondering op gespannen voet leven met de poëzie; in Denis Roche, Philippe Sollers en Jacques Derrida vindt de groep auteurs die zowel theoretisch als praktisch de basis leggen voor een nieuwe literatuur. Dit is zowat het referentiekader van de groep uit Rennes.

TXT slaat al spoedig een typisch avant-gardistische toon aan: met slogans, oorlogskreten, vlugschriften en manifesten steelt en carnavaliseert de groep al het ideologische kapitaal van extreem-links uit die tijd. Zelfkritiek is een obligate oefening en het marxisme-leninisme wordt met het maoïsme vergeleken. Om de boodschap zo veel mogelijk te verspreiden – of op zijn minst om zo veel mogelijk stof te doen opwaaien – richt het blad zelfs enkele satellieten op zoals *TXT-Belgique* dat Jean-Pierre Verheggen zal toelaten om de kerngroep te vervoegen en een van zijn meest enthousiaste leden te worden. Alleen, het revolutionaire vuur dooft langzaam uit. Wat er overblijft, is een poëtische problematiek die opnieuw de volle aandacht van de groep krijgt. Men is gefascineerd door de "potentiële oneindigheid van de code", door de "driftmatige basis van klanken", iets wat in het vroegere maoïstische klimaat nauwelijks denkbaar was. Het dubbelnummer 6/7 (*La Démonstration Denis Roche*, 1974) trekt een klare scheidingslijn tussen een strikt politieke visie op het poëtische en een logocentrisch tekst-concept dat toen in de redactie overheersend was. Prigent formuleert het als volgt: het fameuze nummer over Denis Roche betekende "een tweede start, de voorloper van *TXT* nieuwe stijl en een bezemwagen voor de kreupelen uit de Mao-etappe."

Erkenning (1977-1981) Na een periode van moeilijkheden waarin het blad soms niet verschijnt, wordt *TXT* overgenomen door Christian Bourgois, die in de Parijse uitgeverswereld van de jaren '70 een even excentrieke als prestigieuze plaats bekleedt. Zo publiceert hij ondermeer de befaamde reeks "10/18" waarin teksten van de meest recente avant-garde – van Robbe-Grillet tot Bataille – figureren naast auteurs die Bourgois uit het literaire vagevuur redt, Sade op kop. De samenwerking duurt tot 1981 en zo kan de groep zijn aanwezigheid in Parijs en daarbuiten consolideren. Bourgois creëert ook de reeks "TXT" die onderdak zal bieden aan belangwekkende publicaties: *Le Babil des classes dangereuses* (1978) van Valère Novarina, *Power/Powder* (1977) en *Oeuf-Glotte* (1978) van Christian Prigent, *Le Degré Zorro de l'écriture* (1978) en *Divan le terrible* (1979) van Jean-Pierre Verheggen. De vijf nummers die bij Bourgois verschijnen, dragen de stempel van een avant-garde die meer en meer geaxeerd is op een begrip dat al de energie van de nieuwe medewerkers samenbalt, namelijk de taal (*langue*) waarvan alle hoeken en kanten en onregelmatigheden moeten onderzocht worden. De titels van deze nummers spreken boekdelen: "Aux colères errantes" (n° 9, 1977), "L'Ecrit, la caca" (n° 10, 1978), "Le Poids de la langue" (n° 11, 1979), "L'Acteur" (n° 12, 1980), "Au-delà du principe d'avant-garde" (n° 13, 1981).

TXT lijkt hiermee zijn weg gevonden te hebben. De poëtische heroriëntatie gaat gepaard met een politiek van openheid. Er wordt plaats ingeruimd voor vertalingen (van o.a. cummings, Stein, Burroughs), het collectief herontdekt de Russische Futuristen (Maïakovski, Khlebnikov) en doet verder beroep op schilders (Dezeuze, Viallat, Clareboudt), op musici (Boulez), op dramaturgen (Piemme), op performers en fotografen. Ook jonge auteurs zoals Lauwers of Savitzkaya kunnen bij *TXT* terecht. De vraag is echter of *TXT* op die manier niet gerecupereerd wordt door de literaire institutie en of de groep zo niet zijn transformerende kracht en intellectuele agressiviteit dreigt kwijt te spelen. Het antwoord is tweemaal neen. *TXT* is inderdaad een belangrijk forum voor jong talent geworden en door de samenwerking met Bourgois heeft het aan prestige gewonnen, maar de groep heeft niet de minste ambitie om de marges te verlaten en men wil zeker geen toegevingen doen aan de tics van het Parijse literaire leven.

Marginalisering en verzet (1981-1993) 1981: het jaar waarin François Mitterrand aan de macht komt en geboortejaar van het (Franse) postmodernisme. De avant-garde verliest terrein en haar kritische potentieel droogt geleidelijk op. Politieke en poëtische revolutie zijn niet langer in. Het decennium van Reagan en Thatcher beleeft de heropstanding van de Betekenis – van economische zekerheden, van het pragmatische realisme, van het individualisme en van het spectaculaire oecumenisme. De allesoverheersende retoriek van de crisis doet een zekere ontnuchtering ontstaan en verwijst de exuberante uitingen van generositeit van de jaren ’70 naar het kerkhof van de sociale utopieën.

In Parijs houdt *Tel Quel* op te bestaan (1982). Sollers gaat een radicaal andere toer op en keert de literaire spitstechnologie van weleer de rug toe. “*Tel Quel* is opgehouden, *L’Infini* begint”, zo schrijft hij. En hij voegt er de volgende verantwoording aan toe: “Waarom *L’Infini*? Omdat de literaire creatie meer dan ooit kan bloeien zonder verantwoording, in de open lucht. Omdat het denken zich in alle richtingen moet laten leiden door de zin voor avontuur.” Om de daad bij het woord te voegen, publiceert Sollers het jaar daarop, in 1983, de roman *Femmes* die een nieuwe verteltechniek laat zien die zeker vrijer is en zich ontwikkelt zonder ideologische of theoretische verantwoording, maar die terzelfder tijd terug aanknoopt bij de vroegere romantraditie. Het begrip ‘tekst’ en zelfs dat van ‘schriftuur’ hebben blijkbaar aan betekenis ingeboet, tenzij we moeten geloven dat ze uiteindelijk resulteren in een taal die bovenal leesbaar (*lisible*) wil zijn. We leven in een tijd waarin ‘transparantie’ erg politiek correct is.

Sommigen verwerpen dus wat ze ooit aanbeden hebben. *TXT*, daarentegen, gaat door op zijn elan. Beslist, de positie van de groep is geïsoleerder dan ooit. Ook marginaler en beperkter qua publiek. Maar dit betekent geenszins dat het collectief koppig zou vasthouden aan een voorbijgestreefd project. De titel van het nummer uit 1981, het laatste trouwens bij Bourgois, is veelbetekenend: "Au-delà du principe d'avant-garde." Het nummer spreekt de wil uit om steeds verder op de ingeslagen weg door te gaan, het zweert trouw aan het modernistische, Baudelairiaanse credo dat stelt dat kunst alleen maar vooruitgang kan boeken – een credo dat in die jaren nochtans zwaar onder vuur komt te liggen. De socioloog René Loureau heeft aangetoond dat *TXT* afwijkt van het klassieke avant-gardistische traject: eerder dan zichzelf te ontbinden, blijft het collectief dezelfde koers varen en verkent het nog meer in de diepte de mogelijkheden die in de taal besloten liggen. Christian Prigent zal later schrijven dat *TXT* zich verzet tegen de algemene "restauratie"-beweging die de cultuur van die futloze jaren kenmerkt. Anders gezegd, het blad en de groep willen, tegen de stroom in, "vasthouden aan een zekere idee van moderniteit."

Toch verandert er iets in de zestien nummers die zullen verschijnen tussen 1982 en 1993. Geleidelijk aan neemt het grote gewicht van de té intellectualistische theorie af – de ironische titel van n° 17, "Critiques, encore un effort" (1984), onderstreept deze evolutie – en dat ten voordele van een directer en lichamelijker concept van tekst, taal en schriftuur, zoals blijkt uit de volgende titels: "La poésie c'est-à-dire l'écriture" (n° 14, 1982), "Intraduction aux étrangers" (n° 15, 1983), "A fond la fiction" (n° 16, 1985), "La dégelée-Rabelais" (n° 21, 1987), "Languelais, fatrasies & lotharingites" (n° 31, 1993).

Vreemd genoeg is *TXT* in die jaren prominenter aanwezig dan ooit. Als laatste vertegenwoordiger van de avant-garde bestrijkt het collectief op z'n eentje het hele veld van de experimentele literatuur, het vindt een nieuwe stijl uit, een nieuwe zijnswijze van de literatuur onder de vorm van de *performance*. Dit is het logische uitvloeisel van een praktijk van de taal en de tekst die de almacht van het orale vooropstelt. Naast het blad en de bundels handhaaft *TXT* zich vooral door de krachtige publieke *performances* die de *TXT*-productie zo origineel maken. Begrippen zoals *ouissance* of *insoncient* waarop Prigent en Verheggen zich met humor en spot zullen beroepen, verwijzen naar de tekstuele praktijk van het reciteren of het schreeuwen. Hiermee verzet *TXT* zich tegen het geroezemoes van de spektakelmaatschappij en belichaamt het een nieuwe lyriek die recht doet aan authenticiteit, aan de singulariteit van het gesproken/sprekende lichaam en aan "de driftmatige basis van de klankstructuur."

In juni 1993 verdwijnt het blad. Slijtage? Verzwakking? Uiteenlopende individuele trajecten? Uitdovend verzet? Materiële moeilijkheden? Het heeft allemaal bijgedragen tot de ontbinding van de groep. De cirkel is rond: het blad verhuist weer naar kleinere (*zombiques* – "zombie-achtig" –, zegt Prigent) uitgevers zoals Limage-2 (van 1982 tot 1983: de nrs. 14-16) of Lebeer-Hossmann (van 1984 tot 1992: de nrs. 17-29/30) en uiteindelijk geeft de groep het laatste nummer opnieuw zelf uit, een laatste gebaar van verzet in de marge.

TXT: EEN COLLECTIEF

Hoewel *TXT* vanaf het begin de contacten met andere avant-gardegroepen zoals *Tel Quel* levendig houdt, kristalliseert het collectief zich gaandeweg rond enkele figuren, zodat het uiteindelijk de vorm aanneemt van een literaire groep in de strikte zin van het woord. Het collectief bestaat uit een kern – de stichters Christian Prigent en Jean-Luc Steinmetz – die vervolledigd wordt door een aantal externe, soms erg begeesterde leden zoals de Belgen Jean-Pierre Verheggen en Eric Clémens. Het is onmogelijk om hier alle leden van de groep de revue te laten passeren: de redactieraad alleen al telt 17 leden en voor het Franse taalgebied zijn er niet minder dan 150 medewerkers. Ik weerhoud vier namen die een erg belangrijke rol gespeeld hebben in de groep of die een grotere literaire faam genieten dan de anderen. Deze eerder monografische werkwijze laat me ook toe om enkele markante voorbeelden te geven van tekstuele praktijken die zowel individueel als collectief zijn.

Christian Prigent (°1945) Zoals de meeste leden van *TXT*, maar op een meer systematische manier houdt Prigent zich bezig met de theorie en de praktijk van de poëzie of de tekst. Zijn kritisch werk is een soort archeologie van de omwentelingen in de poëtische taal. Zo kan hij grenzen verleggen: in tegenstelling tot het taaie cliché dat wil dat de moderniteit met Baudelaire en Flaubert begint, heeft Prigent meer oog voor de traditie die loopt van Rabelais tot Guyotat over Rimbaud, Artaud en Joyce. Hij brengt auteurs samen die letterlijk aanslagen hebben gepleegd op het instituut van de taal en die hij bijvoorbeeld bespreekt in een essay met de treffende titel *Ceux qui merdRent* (P.O.L, 1991) of in het onlangs verschenen *A quoi bon encore des poètes* (P.O.L, 1996), dat voort borduurt op de vraag die reeds centraal stond in het collectieve "poëtisch manifest" *A quoi bon des poètes en un temps de manque?* (1978) waaraan ook Prigent meewerkte.

Prigents poëtische visie kan in enkele krachtige stellingen samengevat worden. De poëzie is een specifieke uitdrukkingsvorm die de zinloosheid van de wereld openbaart. Op zich is dit geen wereldschokkende stelling, maar Prigent voegt er onmiddellijk een tweede vereiste aan toe: die van het ritme. De poëzie staat niet los van de vorm die haar omvat en overstijgt. Op die manier vormen de prosodie, het ritme, de typografie en de punctuatie – afwezig of overdeterminerend – de basis voor betekenis. Het primaat van de Betekenaar is zeker geen monopolie van *TXT* of Prigent – we vinden het terug in alle vormen van experimentele literatuur uit die jaren –, maar de groep en zijn leider radicaliseren het: de autonome vorm geeft lijfelijk – via mond en oor – gestalte aan de betekenis. Het gesproken woord – de *performance* – en het oor nemen de plaats in van het oog en het boek, en dit wordt nog versterkt door de zeer lijfelijke aanwezigheid van de dichter temidden van zijn publiek.

Net zoals de contouren van genres is de grens tussen theorie en praktijk bijzonder vaag. Prigent is thuis in alle vormen: romans, poëzie, tekst. Zo is er nauwelijks een verschil tussen *Peep show* (1984), een roman in verzen, en zijn *Notes sur le désiquilibre* (1988) of *Ecrit au couteau* (1993). Wat deze teksten verbindt, is een eenheid van schriftuur en stijl. Zoals de eerder zeldzame commentatoren van Prigents werk stellen, draait diens oeuvre rond een dubbele – eigenlijk een en dezelfde – transgressie, namelijk een seksuele en een talige. Beiden – het seksuele via de taal en *vice versa* – worden systematisch ontleed, en woorden worden op dezelfde manier te lijf gegaan als de seksualiteit. Verder wordt Prigents schriftuur gekenmerkt door een humor die haar doordesemt en draagt, en die de formele desarticulatie van de talige materie verandert in lettergreepraadsels, rebussen en zelfs grappige verhalen. In feite – en op dit punt staat Prigent dicht bij Verheggen – heeft het spel met het poëtische teken via verschillende procédés zoals de aaneenschakeling van klanken of de semantische en grammaticale ontregeling iets erotisch; erotiek en retoriek vloeien voort uit een en hetzelfde verlangen naar, uit een en dezelfde liefde voor de taal.

Jean-Luc Steinmetz (°1940) Deze docent aan de Universiteit van Nantes is eveneens dichter en theoreticus van de poëzie. Zijn eerste bundels – *Le Clair et le lointain* (Oswald, 1966) en *L'Echo traversé* (Chambelland, 1968) – evoceren de wereld van het alledaagse via de "gewone taal" (*parole coutumière*). Toch kan de poëzie deze stille wereld niet ontraadselen. Dit geeft aanleiding tot een parallelle reflectie op de reikwijdte van taal en schriftuur die gaandeweg overgaat in een poëzie van de elementen (water, aarde, vuur en lucht). Duidelijk, zij het kortstondig, beïnvloed door *Tel Quel*, huldigt Steinmetz een poëtica waarin woorden, als in een momentopname, in hun ontstaan bevroren worden en zo mens en natuur transformeren: *h-il-e* (H. Fagne, 1970) en de reeksen "Homologies" (*TXT*, 1970) geven blijk van een polymorfe woordkunst, nu eens in proza, dan weer in vers, en alles gelardeerd met impliciete en gecarnavaliseerde citaten (heel in het bijzonder uit Mallarmé). Daarnaast is Steinmetz een gedegen criticus van de negentiende- en twintigste-eeuwse literatuur: zijn essays (en soms uitgaves) betreffen Laforgue, Rimbaud, Mallarmé, Lautréamont, Verne en vele anderen, en ze ademen dezelfde geest uit als zijn poëzie: de kracht van het woord, van de naam (naamwoord of eigennaam, het doet er niet toe) staat centraal.

Valère Novarina (°1942) Hoewel hij steevast door P.O.L uitgegeven wordt, is deze dramaturg, dichter, tekenaar en schilder minder bekend bij het grote publiek. Novarina is de perfecte incarnatie van de *TXT*-schrijver: hij flaneert van het ene genre naar het andere en schept op die manier een bijzonder ambigu oeuvre dat voortdurend met allerlei codes speelt. Zijn bekendste tekst die in *TXT* verschijnt, is ongetwijfeld *Le Babil des classes dangereuses* (n° 8, 1975). In deze theatrale polyloog voeren Acton, Guiglot, Sparagliton, Tercine, Atoume, Canusse, Bouche, Oreille en vele andere karikaturen van Becketts personnages het woord. De tekst is een collectieve *performance* waarin communicatie keer op keer op de klippen loopt.

Jean-Pierre Verheggen (°1942) Van *La Grande mitraque* (1968) tot *Ridiculum Vitae* (1994) is Verheggens omgang met de taal van een duidelijke *TXT*-signatuur. Verheggen is vanaf het begin (1969) een van de belangrijkste leden van de groep. Niettemin onderscheidt hij zich van de anderen door de afwezigheid van een zelfstandige theoretische arbeid. Wars van elke sacralisering van de literatuur verweeft Verheggen zijn woorden met een doorgedreven reflectie op de taal. Zo resumeert een titel als "M'violence c'est violangue" (*TXT* – n° 8, 1975) de essentiële, praktische *performance*-dimensie van het blad: de voordracht van een tekst is als een uitbarsting, zonder een enkele pauze, ze kleeft op de huid van een taal die op drift slaat, die zich eindeloos herhaalt en waarvan de grammaticale structuur enkel gedragen wordt door ritme en klanken. Het is eveneens een gewelddadige en ontregelde taal die tegen de sociale conventies en welvoegelijkheidsregels in de limieten van het zeggen en het gezegde overschrijdt. Uit woorden ontstaat een hele pornografie: Verheggen stelt met een knipoog dat op die manier *l'insoncient* (samentrekking van *son / inconscient*) van de taal wordt blootgelegd. Volgens Prigent is deze schriftuur "een mengeling van sex, uitwerpselen, geluiden uit de onderbuik van de taal." Verheggen is bovendien een groot liefhebber van de kruisbestuiving van genres en van alle mogelijke vormen van carnavalisering van de taal. In teksten zoals *Degré Zorro de l'écriture* (1978) en *Divan le terrible* (1979) speelt hij met de meest uiteenlopende vormen van taal: het Waals, het Arabisch, het Italiaans, schuttingtaal, oer-literaire citaten, eigennamen. Al deze elementen vormen een composiet-taal die uit brokken en stukken bestaat en die doet denken aan Artaud (door het convulsieve geweld) en aan Rimbaud (door de visionaire verwondering). Carnavalesk, driftmatig, lichamelijk, Verheggens taal is in feite een groot, liefdevol eerbetoon aan de moeder-taal, aan haar die hij "Magma mia" noemt.

Naast deze vier auteurs vermeld ik verder nog Alain Frontier (°1937), Claude Minière (1938), Philippe Boutibonnes (°1938), Yves Froment (°1939), Jacques Demarcq (°1946), Daniel Busto (°1948), Patrick Beurard-Valdoye (°1955), Jean-Christophe Lauwers (°1971). Eric Clémens (°1945) is na het *TXT*-avontuur overgestapt naar het nieuwe avant-gardeblad *Formules* waarin ook Pierre Le Pillouër (°1950), een andere ex-*TXT*-er, publiceert. Wat er ook van zij, met *TXT* houdt een hele generatie dus hardnekkig vast aan een literaire praktijk in de marge, ze blijft kritisch tegen de stroom op varen en maakt van de poëzie een volwaardige daad van verzet.

Uit het Frans vertaald
door Koenraad Geldof

Beknopte bibliografie

Werken van TXT*-auteurs*

TXT 1969-1993. Une anthologie, Paris, Bourgois, 1995.
CLEMENS, Eric, *Opéra des Xris*, Limage-2, 1984.
—, *De r'tour*, Ed. TXT, 1987.
FRONTIER, Alain, *Portrait d'une Dame*, Ed. TXT, 1988.
LE PILLOUËR, Pierre, *Pancrailles*, Ed. TXT, 1992.
MINIERE, Claude, *Difficulté passagère*, Ed. TXT, 1988.
MURAY, Philippe, *L'Opium des Lettres*, Paris, Bourgois, 1979.
NOVARINA, Valère, *La Babil des classes dangereuses*, Paris, Bourgois, 1978.
—, *La Lutte des morts*, Paris, Bourgois, 1979.
—, *Le Discours aux animaux*, Paris, P.O.L, 1987.
PRIGENT, Christian, *Power/Powder*, Paris, Bourgois, 1977.
—, *Oeuf-Glotte*, Paris, Bourgois, 1978.
—, *Peep-Show*, Cheval d'Attaque, 1984.
—, *Commencement*, Paris, P.O.L, 1990.
—, *Ceux qui merdRent*, Paris, P.O.L, 1993.
VERHEGGEN, Jean-Pierre, *Le Degré Zorro de l'écriture*, Paris, Bourgois, 1978.
—, *Divan le Terrible*, Paris, Bourgois, 1979.
—, *NiNietzsche peau d'chien*, Limage-2, 1983.
—, *Pubères Putains*, Cheval d'Attaque, 1985.

Teksten over TXT *en/of een of meerdere* TXT*-auteurs*

BAJOMEE, Danielle, "Pornocratès ou Verheggen pris au mot", in *Textyles*, n° 14 (1997), pp. 27-38.
BRINDEAU, Serge, *La Poésie contemporaine de langue française depuis 1945*, Paris, Ed. Saint-Germain-des-Près, 1973.
KLINKENBERG, Jean-Marie, "«Lecture» de Jean-Pierre Verheggen", in Idem, *Pubères putains*", Bruxelles, Ed. Labor, 1991, pp. 193-215.
NYCKEES, Vincent, "Les nouvelles aventures du signifiant [Christian Prigent]", in *Poétique*, n° 79 (1989), pp. 331-348.

Een dubbelnummer van *Faire Part* (n° 14/15, 1994) is integraal gewijd aan Christian Prigent.

JACQUES ROUBAUD
(°1932)

Frédéric BRIOT

Het is misschien al te gemakkelijk om – ook typografisch – de structuur van Roubauds teksten te imiteren, maar niettemin wil ik vertrekken van drie termen die een prominente rol spelen bij Roubaud en die me bijzonder goed geschikt lijken om dit heel diverse oeuvre beter te begrijpen. De termen – "takken", "tussenvoegsels", "tweesprongen" (*branches, incises, bifurcations*) – verwijzen naar een vormprincipe dat voor het eerst duidelijk naar voor komt in *le grand incendie de Londres* (1989) – een titel zonder hoofdletters – en dat zowel verwijst naar een welbepaalde organisatie van teksten als naar een afwezigheid van structuur. Dit principe biedt zeker geen exhaustieve verklaring van het oeuvre, maar het is een veel adequater vertrekpunt dan bijvoorbeeld de chronologie. Het laat een open lectuur toe van heel uiteenlopende teksttypes en het respecteert Roubauds ludieke en pittige omgang met het weten. Via een dergelijke lectuur is het misschien ook mogelijk om die elementen op het spoor te komen die de verschillende Roubauds met elkaar verbinden: de academische wiskundige en de dichter, het actief lid van OuLiPo en de literatuurtheoreticus, de erudiete kenner van de middeleeuwse en de renaissancistische poëzie en de grote kenner van de Engelse romaneske sagen, de formalist en de fijnproever, de man uit het zuidwesten met een zwak voor London, de man van de taal en die van de beelden, enzovoort.

In wat volgt, komen natuurlijk niet alle werken van Roubaud aan bod: hij heeft tot op heden een vijftigtal publicaties op zijn naam waaronder ook bloemlezingen, voorwoorden en vertalingen. De presentatie wordt bovendien bemoeilijkt door het feit dat deze auteur nog steeds actief is. Bepaalde tendensen tekenen zich duidelijk af en zijn in zekere zin voorgeprogrammeerd, maar als geen ander weet Roubaud zijn lezer steeds een beetje op het verkeerde been te zetten. Mijn lectuur is dus per definitie tentatief, onaf.

DE EERSTE TAK: THEORIE EN THEORIEËN

Roubaud bekleedt een vrij uitzonderlijke positie in het Franse literaire veld: hij is geen journalist, geen uitgever, geen leraar of een academisch letterkundige. Hij behoort tot de universitaire wereld in de hoedanigheid van wiskundige (sinds kort is hij ook professor literatuur aan de EHESS). Wat betreft die initiële intellectuele keuze – wiskunde of poëzie –, licht het recente *Mathématique* (1997) misschien een tipje op van de sluier. Hier verneemt de lezer meer over de bestaansreden van deze tweespalt. Wat er ook van zij, wiskunde speelt een erg belangrijke rol bij Roubaud. Haar functie is drieledig: wiskunde is een taal, ze biedt een referentiekader, en ze definieert een theorie waarin de combinatie van elementen centraal staat. In het geval van Roubaud is de wiskunde geen *Fremdkörper*, ze straalt iets exotisch uit.

De wiskunde is eerst en vooral een soort van vormgeving, een typografisch en intellectueel bouwsel. Maar ze staat ook voor een reeks van axioma's, interpretatieschema's die omwille van hun universele geldigheid op alle domeinen toepasbaar zijn. Ook op dat van de literatuur. Hoewel Roubaud niet echt tot de structuralistische literaire kritiek kan gerekend worden, is ook hij een literatuurtheoreticus. Zijn theorie draait heel sterk rond cijfers en getallen, en resulteert in puur literaire teksten zoals *Trente-et-un au cube* (1973), een van de eerste bundels. Maar de eruditie speelt een niet minder belangrijke rol. Voor Roubaud dus geen theorie zonder geschiedenis en geen geschiedenis zonder theorie. De theoretische arbeid schrijft zich in in de geschiedenis, of beter: ze situeert zich steeds op welbepaalde momenten van de geschiedenis zoals de geboorte (in *La Fleur inverse: essai sur l'art formel des troubadours*, 1986; *Impressions de France, incursions dans la littérature du premier seizième siècle*, 1991; *La Ballade et le chant royal*, 1997) of de dood (in *La Vieillesse d'Alexandre – essai sur quelques états du vers français*, 1978). Het gaat bij Roubaud telkens over sleutelmomenten, geladen tijden.

DE TWEEDE TAK: POËZIE DOET WAT ZE ZEGT

Roubaud is niet alleen dichter omdat hij poëzie schrijft, leest, uitgeeft of bespreekt. Hij is op de eerste plaats dichter, omdat hij de poëzie zelf niet verwart met de thema's en motieven die, naar men zegt, de poëzie zouden kenmerken. Roubauds poëzie kan dus niet thematisch omschreven worden – wie dat wel doet, zal het trouwens niet zozeer over literatuur moeten hebben, maar over sociologie en ideologie. Roubaud is geen dichter van het stadsleven, of van de zintuigelijkheid, of van de dingen. Zijn poëzie is wars van deze modieuze thema's die enkele hedendaagse auteurs tot vervelens toe uitmelken. In tegenstelling tot velen keert Roubaud niet terug naar het subject of de aarde.

Poésie etcétéra, ménage (1995), een pittig essay, is op dit punt zeer verhelderend. Uit deze tekst blijkt dat de poëzie voor Roubaud een fundamentele en tot op zekere hoogte tautologische functie vervult: *poëzie zegt*. Dit *zeggen* is literair en bijvolg intransitief. Zeggen betekent hier niet: iets zeggen. Want in dat geval zou de taal niets anders zijn dan een neutraal, geur- en kleurloos instrument dat alleen herhaalt wat reeds bestaat. Wanneer men echter de *act* zelf van het zeggen wil benadrukken, dan levert de poëzie, die juist samenvalt met de act van het zeggen, de *formule* (in de wiskundige betekenis van het woord). Roubauds bundels stellen op een volslagen onhermetische manier de wereld in vraag via de taal; het zijn ook oefeningen in contemplatie en het spel met combinaties is er zowel openbarend als ludiek. Als een verre achterneef van de troubadours *versmelt* de dichter liefde en poëzie.

De derde tak: de verleiding van het proza

Poëzie zegt, proza toont. Uit dit axioma waarop Roubaud vaak terugkomt, zou men misschien kunnen afleiden dat de auteur weigerachtig staat tegenover de roman in het bijzonder en het proza in het algemeen – wat echter niet belet dat proza een didactische waarde heeft voor theoretische of erudiete doeleinden. De werkelijkheid is anders, complexer ook. Twee aspecten van Roubauds oeuvre – het ene wellicht wat minder belangrijk en iets speelser dan het andere – bewijzen dat proza wel degelijk een plaats heeft. Wie met Roubaud wil kennismaken, begint trouwens het best met de romantrilogie die is opgehangen aan het personage van Hortense, een stralende, immer licht geklede jongedame (*La Belle Hortense*, 1985; *L'Enlèvement d'Hortense*, 1987; *L'Exil d'Hortense*, 1990). In deze romans die even verrukkelijk zijn als de heldin, wordt een politie-onderzoek voortdurend doorspekt met fantasierijke intermezzo's van de auteur en met tal van literaire allusies en knipoogjes. Wat het onderzoek zelf betreft, spelen katten een erg belangrijke rol; soms spelen ze zelfs de hoofdrol en hun psychologie blijkt bijzonder complex.

Proza betekent voor Roubaud *rust*. Tekenend hiervoor is een titel zoals *Autobiographie, chapitre dix: poèmes avec des moments de repos en prose* (1977). Naast andere zaken is ook de Hortense-trilogie een moment van verpozing. Het serieuze prozawerk begint echter met *le grand incendie de Londres* en wordt voortgezet in *La Boucle* (1992) en in het recente *Mathématique*. In deze werken, in dit proza beschrijft en bereflecteert de auteur niet zozeer een of andere literaire onderneming, maar haar mislukking, de mislukking van het werk dat *Le Grand incendie de Londres* had moeten heten, de mislukking van *Le Projet*, en de dood van zijn echtgenote. Wat de onderneming uiteindelijk zou opleveren, wat het project had kunnen worden, daarover verneemt de lezer niets. Wat de auteur haar of hem offreert, is niets anders dan fragmenten, flarden. Net zoals bij Musil primeert hier de mogelijkheid op de werkelijkheid; daarom zijn de teksten ook niet autobiografisch. Ze puilen uit van tussenvoegsels en tweesprongen. Roubauds boeken hebben geen lineaire structuur: ze vertakken zich.

De vierde tak: schrijven is een techniek

Roubaud is een actief lid van OuLiPo. Hij is dus een van die schrijvers voor wie de schriftuur, ongeacht het 'onderwerp', gehoorzaamt aan welbepaalde formele regels die men kan herhalen, veranderen, verfijnen, uitvinden. Ook Perec was zo'n schrijver. Na Perecs dood publiceerde Roubaud trouwens, samen met Harry Mathews, een andere oulipiaan, diens *Cinquante-trois jours* (1989). Het spel met vormen en regels situeert zich op verschillende niveaus. Deze schrijfpraktijk is op de eerste plaats een praktijk *onder vrienden* – de publicatie van *Cinquante-trois jours* is er een mooi voorbeeld van –, of beter: een praktijk waarin teksten elkaar ontmoeten. Vandaar de talrijke pastiches en herschrijvingen. Dankzij dit spel met een gezamenlijke schriftuur creëert deze vriendschap een bepaalde relatie met teksten en met de wereld.

De oulipiaanse praktijk van het schrijven breekt radicaal met de (romantische en post-romantische) mythes van de geïnspireerde auteur: de schriftuur vereist arbeid, ze *is* arbeid, ze berust op techniek, niet op talent. Schrijven is een werkwoord waarvan de vervoeging nooit ten einde loopt. De formele regels die allemaal erg ludiek ogen maar daarom nog niet komisch zijn, vormen geen doel op zich. Ze zijn een instrument en hun samenspel resulteert in het mechanisme dat de vorm schraagt. Die vorm is per definitie open, onaf: schrijven is aftasten, aarzelen, bluffen, wedden, lukken en mislukken.

De vijfde tak: de spelregel

Een gedicht staat nooit op zichzelf, het is nooit af, want poëzie is zowel een *formule* (in de wiskundige betekenis) als een *kunst van de benadering*. Voor proza geldt trouwens hetzelfde. De zoektocht gaat steeds verder, des te meer omdat de schrijver niet op zoek is naar een definitief eindpunt (naar een afsluitende formule). Wat telt, is het zoeken zelf, de de-monstratie van het zoeken. In die optiek gebruikt Roubaud vaak de term *meditatie*. Het werk situeert zich onophoudelijk onder – maar misschien ook wel boven – het punt dat de dichter hoe dan ook niet wil bereiken. Hij benadert, omsingelt, omzwachtelt het.

Zoals bij Michel Leiris bestaat er dus wel degelijk een spelregel die te maken heeft met taal, liefde, poëzie, smaak en wijsheid. Het laatste woord klinkt misschien een beetje verrassend. Roubaud behoort immers niet onmiddellijk tot de erg Franse traditie van de moralisten. Maar misschien schuilt juist daarin de volle filosofische betekenis van Roubauds wijsheid – een betekenis waarvan het fundamentele karakter tot op heden niet tenvolle wordt onderkend. Roubauds grote project is dus niet autobiografisch. Dat is wat een oppervlakkige lectuur ervan maakt op basis van een vermeende identiteit tussen de auteur en de ik-figuur of op grond van sommige biografische details die in de werken terugkomen. Wat Roubaud definieert als een "verhandeling over het geheugen" (*traité de mémoire*) is in feite ook een "traktaat over het leven" (*traité de vie*) met een essentiële les die Sartre ook al in de laatste regels van *Les Mots* formuleerde: de schrijver is geen Held maar een mens, niets menselijk is haar of hem dus vreemd, en niets of niemand moet voor haar of hem onderdoen. Zo is het zeer recente *L'Abominable tisonnier de John Mc Taggart Ellis Mc Taggart* (1997) niets anders dan een collectie van levensverhalen, soms van anonieme mensen, die dateren van de Oudheid tot de dag van vandaag.

DE ZESDE TAK: DE HUISJESSLAK

Het thema van het slakkenhuis en vooral van het genummerde slakkenhuis komt op z'n minst driemaal voor in Roubauds oeuvre. In *La Fleur inverse: essai sur l'art formel des troubadours* verzinnebeeldt het slakkenhuis de structuur van de sextine, een van de meest voldragen genres uit de troubadourslyriek: de zes coupletten van telkens zes verzen hebben een identiek rijm maar wel zo dat op het einde van het gedicht elk rijmend woord alle plaatsen zal bezet hebben, van het eerste couplet tot het laatste. De vorm creëert een rijmstructuur – etymologisch gesproken betekent "vinden" (*trouver*) "rond iets draaien" (*tourner autour*) – en put ze uit.

In de Hortense-trilogie waarin het denkbeeldige Poldavië van Raymond Queneau een hoofdrol speelt, bekleden de huisjesslak en de getallen een letterlijk koninklijke plaats. De huisjesslak is het nationale embleem van Poldavië en komt dus erg vaak voor. Daarenboven is de huisjesslak een belangrijke factor in de uiterst complexe en zeer speciale manier waarop het Poldavische koningshuis het probleem van de troonsopvolging regelt: over de opvolging beslist een tatoeage op het achterwerk van de prinsen, een tatoeage die een huisjesslak voorstelt en zes puntjes, genummerd van 1 tot 6, in een welbepaalde volgorde. Die volgorde verschilt van prins tot prins en instaureert ook een zekere rangorde tussen de zes prinsen. Dankzij de tatoeage weet de heldin de prinsen uit elkaar te houden – ze lijken immers verschrikkelijk goed op elkaar – en is ze ook in staat om de uitverkorene te herkennen. Een methode die niet zonder risico's is, zoals de heldin trouwens tot haar eigen scha en schande zal ondervinden.

In *La Boucle* duikt de huisjesslak opnieuw op en eens te meer is het mogelijk om in dit *work in progress*, in deze absoluut niet autobiografische "verhandeling over het geheugen" zes delen te onderscheiden.

Zes delen zoals de zes kanten van een dobbelsteen. Hier staat de huisjesslak voor een principe dat zowel construeert als afsluit.

Ooit zal de cirkel rond zijn. Of beter gezegd: alles is voorhanden, opdat dit zou kunnen zonder dat het echt moet. Het principe van de huisjesslak bevestigt en negeert het principe van de vertakking die per definitie eindeloos is, onaf. Maar misschien hebben we te maken met een veelheid van mogelijke werelden: in de ene wereld beantwoordt het oeuvre aan het principe van de vertakking, in de andere aan dat van de huisjesslak, terwijl de werelden *logisch* naast elkaar bestaan. En intussen is het precies alsof de Poldavische prinsen zich spiegelen aan bepaalde werken van een zekere Jacques Roubaud, alsof diezelfde Jacques Roubaud zich voor de analyse van de troubadourslyriek inspireert op dit denkbeeldige land en op de romans van Jacques Roubaud. Wat chronologisch niet kan, kan logisch misschien wel door ontelbare en toevallige intertekstuele dwarsverbindingen.

Tussenvoegsels

De eerste tak: '... een reeks van axioma's, van interpretaties van de wereld ...'

De bundel *La Pluralité des mondes de Lewis* (1991) steunt op de theorie van een hedendaags Engels wiskundige die de logische mogelijkheid onderzoekt van het bestaan van een ander universum – al dan niet in dezelfde ruimte en tijd als het onze. Gaandeweg maakt de intellectuele speculatie echter plaats voor meer 'persoonlijke' – misschien eerder 'bijzondere' – bespiegelingen over een sterfgeval in de onmiddellijke omgeving van de dichter en over de vraag of en hoe de poëzie die rouw kan *uitspreken*.

De tweede tak: '... op een volslagen onhermetische manier ...'

Roubauds poëzie is niet moeilijk, maar ze doet ook geen enkele toegeving. Ze is gewoon veeleisend, maar nooit zonder humor en steeds vatbaar voor verschillende interpretaties. In *ε*, bijvoorbeeld, bezorgt de auteur zijn lezer vier mogelijke leestrajecten, waarvan er één een spelletje *go* is. Dit spelelement verwijst ook naar het feit dat Roubaud erg actief is op vlak van de jeugdliteratuur – poëzie en proza –, duidelijk een erfenis van Lewis Carroll, wiens *La Chasse au Snark* Roubaud trouwens vertaald heeft. Voorbeelden van die jeugdliteratuur zijn *Animaux de tout le monde* (1983) en *Les Animaux de personne* (1991).

De derde tak: '... de mislukking van *Le Projet* en de dood van zijn echtgenote ...'

Het gaat hier niet om de autobiografische dimensie van het oeuvre. Het oeuvre brengt zelf een mislukking ter sprake en kaart zelf die persoonlijke kwestie aan. De tekst beslist hoever hij hier in gaat. En laten we wel wezen: het werk teert niet op die rouw, vertelt er niet eens over. Het is een bevraging, het is zelf een teken van rouw, zonder enige vorm van exhibitionisme.

De vierde tak: '... een kunst van de benadering ...'

In *le grand incendie de Londres* beschrijft Roubaud hoe moeilijk het is om een gelei te maken van "azeroles", een zeldzame vrucht uit het zuidwesten van Frankrijk. De moeilijkheid schuilt vooral hierin: als je de pot niet op tijd van het vuur haalt, wordt het vruchtenextract niet stijf. Dit is geen kwestie van wetenschap, het is een techniek in de etymologische betekenis van een 'kunst.' Dit had evengoed over gedichten kunnen gaan, of over fotografie.

De vijfde tak: '... in die optiek gebruikt de auteur vaak de term *meditatie* ...'

Het woord leidt tot verwarring. Hoe dan ook, van mystiek is er hier geen spoor. Ik herhaal het: meditatie slaat op de vorm en het zeggen. Voor Augustinus betreft de essentiële vraag van de *Confessiones* niet het spreken over God, maar het spreken *überhaupt*. Hetzelfde geldt, zij het op een zeer profane manier, voor Roubaud.

De zesde tak: '... Ooit zal de cirkel rond zijn ...'

Eigenwijs en impliciet dialogeert Roubaud voortdurend met de grote denkers van zijn tijd: Barthes, Lacan, Foucault, Derrida en wellicht ook met Deleuze.

TWEESPRONGEN

De eerste tak: '... Roubauds ... erudiete omgang met het weten ...'

Het is onbegonnnen werk om alle bloemlezingen, vertalingen en voorwoorden op te noemen die op Roubauds naam staan. Een kort overzicht van de grote diversiteit van topics volstaat: de Franse troubadourslyriek, middeleeuwse romans, klassieke Japanse poëzie, eigentijdse Amerikaanse poëzie, Engelse romans, Indiaanse gedichten en gezangen uit Noord-Amerika, fotografie, schilderkunst, enzovoort.

De tweede tak: '... de dichter versmelt liefde en poëzie ...'

Zou het overdreven zijn om te beweren dat *Quelque chose noir* (1986) wellicht een van de mooiste bundels is uit de hedendaagse Franse poëzie? Misschien niet, indien ik preciseer dat schoonheid hier niets te maken heeft men een 'thematiek' die de dichter 'beschrijft' (wat is 'romantischer' dan de rouw omwille van de overleden echtgenote?), maar schuilt in het besef dat de poëzie en haar voornaamste medium, het beeld, niet bij machte zijn om het verlies *uit te spreken*. Wat de lezer letterlijk overrompelt, is juist dit falen van de taal. Niet dat de dichter in het onzegbare verzandt – Roubauds poëzie draait rond het zeggen –; integendeel: hij zoekt naar de manier om datgene uit te drukken wat zich aan gene kant van de poëzie – of van de liefde – bevindt.

De derde tak: '... Roubauds teksten hebben geen lineaire structuur, ze vertakken zich ...'

De boom is een belangrijk motief. Bomen worden beschreven, zoals de vijgenboom in *La Boucle*, ze worden gefotografeerd, of ze geven aanleiding tot beschouwingen over het spel van licht en schaduw. Daarnaast heb je ook nog de allegorische bomen van de oneindig vertakte middeleeuwse romans, en ten slotte Roubauds schriftuur zelf, waarin de ene tak een wereld opent voor de andere.

De vierde tak: '... relatie met teksten en met de wereld ...'

De fotografie, andere vormen van literatuur, het Japanse *go*-spel: Roubaud is gefascineerd door de vele manieren om de werkelijkheid gestalte te geven, door andere talen, door andere onmogelijkheden. Hij werkt daarom ook vaak samen met andere kunstenaars en schrijvers. Vriendschap wordt zo een vorm van meditatie. Alix Cleo Roubaud was een fotografe.

De vijfde tak: '... er bestaat wel degelijk een spelregel ...'

Het spel is geen verstrooiing. Het is een filosofische bezigheid die in het geval van Roubaud het ongeluk voorafgaat waarvan de kracht maar ook de grenzen pas achteraf duidelijk worden. Dankzij het spel kan de dichter in het rond blijven draaien en dus, etymologisch bekeken, vinden.

De zesde tak: '... het is alsof de Poldavische prinsen ...'

Er bestaat een Angelsaksisch axioma dat me aan Roubaud doet denken, het axioma van de goede buur: zoek je in de rekken van de bibliotheek naar een boek, neem dan steevast het boek dat ernaast staat, want dat boek zal je het meeste bijbrengen. Probeer het en je zal verbaasd opkijken.

Uit het Frans vertaald
door Koenraad Geldof

BEKNOPTE BILBLIOGRAFIE

Werken van Jacques Roubaud

ε, Paris, Gallimard, 1967.
Trente-et-un au cube, Paris, Gallimard, 1973.
Les animaux de tout le monde, Paris, Seghers, 1983.
La Fleur inverse: essai sur l'art formel des troubadours, Paris, Ramsay, 1986.
La Vieillesse d'Alexandre, Paris, Maspéro, 1978.
La Belle Hortense, Paris, Ramsay, 1985.
Quelque chose noir, Paris, Gallimard, 1986.
L'Enlèvement d'Hortense, Paris, Ramsay, 1987.
Autobiographie, chapitre dix, Paris, Gallimard, 1987.
le grand incendie de Londres, Paris, Seuil, 1989.
L'Exil d'Hortense, Paris, Seghers, 1990.
Les Animaux de personne, Paris, Seghers, 1991.
Impressions de France, incursions dans la littérature du premier seizième siècle, Paris, Hatier, 1991.
La Pluralité des mondes selon Lewis, Paris, Gallimard, 1991.
La Boucle, Paris, Seuil, 1992.
Poésie etcétéra, ménage, Paris, *Stock*, 1995.
Mathématique, Paris, Seuil, 1997.
La Ballade ou le chant royal, Paris, Les Belles Lettres, 1997.
L'Abominable tisonnier de John McTaggart Ellis Mc Taggart, Paris, Seuil, 1997.

Teksten over Jacques Roubaud

BELLOUR, Raymond, "Roubaud en six stations", in *Magazine littéraire*, n° 264 (1989), pp. 94-98.

BRASSEUR, Roland, "Relecture d'un ouvrage de poésie au moyen de l'ordinateur. *Appartient à* de Roubaud", in Alain VUILLEMIN & Michel LENOBLE (éd.), *Littérature et informatique. La littérature générée par ordinateur*, Arras, Artois Presses Université, 1995.

CARDONNE-ARLYCK, Elisabeth, "Poésie, forme de vie", in *L'Esprit créateur*, 32:2 (1992), pp. 89-101.

DE FERRARI, Guillermina, "Representing Absence: The Power of Metafiction in Roubaud's *le grand incendie de Londres*", in *Symposium*, vol. 39 (1995-96), pp. 262-273.

ROCHE, Anne, "Mémoire, récit et intertexte dans *La Boucle* de Roubaud", in *Tangence*, n° 45 (1994), pp. 74-82.

N° 40 (1997) van het tijdschrift *La Licorne* is volledig aan Roubaud gewijd (het bevat ook een CD met opnames van teksten).

V

DE MINIMALISTEN

JEAN ECHENOZ
(°1947)

Sjef HOUPPERMANS

In 1997 publiceerde Jean Echenoz *Un An*, een korte roman die in zekere zin een wending in zijn werk betekent. Explicieter dan voorheen stelt hij een maatschappelijk probleem aan de orde dat niet, zoals vroeger, zijdelings behandeld wordt, maar integendeel de rode draad van het verhaal vormt. De lezer volgt gedurende het jaar waarvan sprake is in de titel (van februari tot november) een jonge vrouw, die de voor haar paradoxale naam Victoire draagt, en die in alle haast huis en have achterlaten moet wanneer zij haar vriend Felix (*what is in a name?...*) dood naast zich in bed aantreft zonder dat zij zich iets van de voorgaande avond en nacht kan herinneren. Ze laat haar route aan het toeval over om zo aan het noodlot te ontsnappen. Een trein voert haar naar Saint-Jean-de-Luz, waar ze voor drie maanden een zomerhuis huurt. Zij kan er goed leven van het spaargeld dat ze van de bank heeft opgenomen, maar onmiddellijk is het duidelijk dat de zorgeloze lente niet eindeloos zal duren. Als ze door haar minnaar bestolen wordt, belandt ze al spoedig in een uitgekleed Formule 1-hotel en besluit kort daarop als zwerfster verder te gaan. Met fiets en slaapzak trekt ze rond door de Landes. Ze is weldra gedwongen om zich links en rechts iets toe te eigenen en daardoor is ze steeds op de vlucht. Zij is een *S.D.F.* geworden, een *sans domicile fixe* ("iemand zonder vaste verblijfplaats"), een van de vele daklozen, die op flagrante wijze de keerzijde tonen van de moderne Franse maatschappij en die enig medelijden opwekken als de kou al te bar wordt en de erfgenamen van Coluche met de soeppan uittrekken. In het beste geval laat men ze aan hun lot over en als het tegenzit, worden ze geweerd als bedelaars of achterna gezeten als landlopers. Dit laatste overkomt ook Victoire, terwijl ze de verloedering steeds meer aan den lijve ondervindt. Een baan als prostituée zit er dus niet meer in. Ook de verschillende lotgenoten met wie ze optrekt, kunnen alleen hun misère met haar delen. Ze raakt haar laatste schamele bezittingen kwijt en de herfstregens veranderen haar in een verregende kat. Omdat Echenoz liever mooi afgewerkte en nette conclusies vermijdt, eindigt het verhaal met een *dac*-constructie (*dac* zijnde *delete-alt-control* ofwel *da capo*): een vriend die al eerder haar vluchtweg kruiste, Louis-Philippe, laat haar weten dat de commotie rond Felix weggeëbd is. Ze keert terug naar Parijs waar een onverwachte ontknoping plaatsvindt. In een bar stuit ze namelijk plotseling op Felix. Deze vertelt haar dat kort na haar vertrek Louis-Philippe dood werd aangetroffen. Deze fictionele *coup de théâtre*, deze auctoriële *deus ex machina*, maakt door de contrastwerking eens te meer duidelijk dat het verhaal van Victoires zwerftocht niet los staat van de maatschappelijke werkelijkheid van nu. In een vraaggesprek met Alain Veinstein op de radiozender France Culture (22/4/97) legt Echenoz uit dat hij vooral de onontkoombare mechanismen wil beschrijven die er onherroepelijk toe leiden dat iemand steeds verder afglijdt en voor zichzelf en de anderen onherkenbaar wordt. Door die *machine infernale des contingences* tuimelt men in de "schandelijke situaties" van het sociale pariaschap.

De sombere ernst van Echenoz' diagnose is enigszins verrassend zeker als men weet dat dezelfde auteur wel eens de *chef de file* wordt genoemd van de jonge, minimalistische garde van Minuit, een groep auteurs die met verve maatschappijkritiek verweven met afstandelijke ironie en humor. De lectuur van *Un An* moet in die optiek vervolledigd worden. Ondanks de duidelijkere sociale stellingname van de auteur is deze korte roman niettemin een speels boek. In het eerder genoemde gesprek met Veinstein vertelt Echenoz dat voor zijn teksten afstand en ironie onmisbare ingrediënten zijn en dat de nauwkeurige aandacht voor de logica van het vertellen, voor grammatica, vocabulaire en stijl onontbeerlijk zijn. De lezer waant zich bijna in Flauberts correspondentie en, inderdaad, Victoire heeft wel iets van een hedendaagse Emma Bovary, ook al blijft de beschrijving van haar zielenroerselen tot een minimum beperkt. Met minimale middelen en een grote mate van expliciete onbewogenheid volgt Echenoz zijn "heldin van nu."

In een onderhoud met Olivier Bessard-Banqui (in het septembernummer 1997 van *Europe*) spreekt de auteur zijn voorkeur uit voor een eerder behavioristische benadering van zijn personages, een positie die hij als volgt samenvat:

> Ik kan slechts personages beschrijven in hun relatie tot de wereld, daarbij rekening houdend met de plaats van de mensen in de wereld van nu, met alle terughoudendheid, onzekerheid en leegte die daarbij hoort, ver van welk centrum dan ook.

"Terughoudendheid", *réticence* is ook de titel van een roman van Jean-Philippe Toussaint (*La Réticence*, 1991), wat erop wijst dat Echenoz de idee van afstandelijkheid deelt met andere Minuit-auteurs zoals Toussaint, Deville, Gailly of Chevillard. Wat *Un An* betreft, voegt Echenoz daar meteen de volgende opmerking aan toe:

> (...) dat boek is minstens evenzeer verbonden met de onzekere status van het genre van de roman als met de idee van sociale kwetsbaarheid.

De lezer stoot er inderdaad ook – en misschien vooral – op een speelse maar trefzekere behandeling van de kenmerken van verhalende teksten, en dat op narratief, retorisch en stilistisch niveau. Echenoz verwijst hierbij naar voorgangers zoals Roussel en Perec. De zwerftocht van Victoire fungeert zo als stramien van een dooltocht in een gefragmenteerde vertelwereld. *Si nous ne nous perdions pas, nous serions perdus*, luidt het motto: "Als wij de weg niet kwijt raakten, zouden wij verloren zijn" (*Un An*, p. 89). De verteller probeert allerlei posities uit: alwetend, gewapend met een camera, subjectief, de *on*-vorm hanterend, maar ook als *nous* de lezer in de arm nemend of als *vous* met zijn dame op de fiets stappend (pp. 46,49 en 51). Ook alle mogelijkheden van het discours worden uitgetest, het royaal gebruik van de *style indirect libre* incluis, waardoor de grens tussen verteller en personage vervaagt.

In *Un An* worden vooral twee lijnen thematisch en verteltechnisch uitgewerkt, namelijk de thema's van dood en afwezigheid, en de voortdurende spiegeling en herhaling van elementen die vastheid en authenticiteit fundamenteel ondergraven. In een fraaie *mise en abyme* (d.i. een spiegeling van het geheel in een detail van de tekst) brengt de auteur tegen het einde van het boek alle elementen bij elkaar wanneer Victoire op een zomerdag verwijlt aan de oevers van een door populieren omzoomde vijver, "ovaal als een handspiegel met een kanaaltje eraan vast dat de vorm van een handvat had" (waarbij de constructie dus ook zelf weer onderwerp van bespiegeling is). *Etang* ("vijver") en *été* ("zomer") vormen ook de boog in tijd en ruimte tussen *étant* ("het zijnde") en *été* ("wat voorbij is"). Hier volgt de passage *in extenso*:

> 's Zomers bewoog meestal geen zuchtje wind de bomen, die op het water verdubbeld werden als koningen uit een kaartspel, terwijl in de diepte vele snoeken, zwartbaarsen en sanders rondzwommen die elkaar onophoudelijk bedreigden en achtervolgden, paarden en elkaar genadeloos opvraten. Hun bezigheden rimpelen en vertroebelen soms het oppervlak waar dan als door een licht windje de spiegelbeelden van de bomen bewegen – alsof de vijver, bevreesd dat ze te stram blijven staan, de hemel verving om de illusie te wekken dat het waaien ging. Soms is ook het tegengestelde het geval als een echte wind het bladerdak heen en weer schudt en daarbij nog heftiger het wateroppervlak waar het beeld van de bomen zo woest verstoord wordt dat het niet meer lijkt te bewegen – alsof die populieren het onder geen enkele weersomstandigheid eens konden worden met hun spiegelbeeld.
> (*Un An*)

Hier blijkt ook de melancholische inslag van de teksten van Echenoz die zonder nostalgie peilt naar de kern van afwezigheid in al wat is. Al zijn 'helden' raken ontheemd door het spektakel van hun onzekere spiegelbeelden. E.T.A. Hoffmann was een van de eersten die de typisch moderne, onontwarbare complexiteit van relaties thematiseerde aan de hand van een veelvoud van dubbelfiguren, bestaande personen of hersenschimmen – en vaker nog daartussenin, onbeslisbare spookgestalten – die het individu in zijn wortels bedreigen. Echenoz beschrijft dezelfde eindeloze en vergeefse achtervolging van de 'ware persoon' als in *Het Duivelselixir*, terwijl *De Zandman*, dat een belangrijke rol zal spelen in Freuds reflecties op het *Unheimliche*, een van de vertrekpunten vormt voor de moderne vervreemdingsproblematiek. En net als de auteur van *De Kat Murr* gebruikt Echenoz hierbij een ruime dosis ironie. Zo wordt het verhaal een soort lachspiegel waartegen geen enkele logische redenering is opgewassen.

Anderzijds tracht Echenoz de verscheurdheid van dit universum in zekere zin op te heffen door zijn verzameldrift. Men herkent het perverse gebaar van Balzacs *Cousin Pons* in de bonte collectie van personages, voorwerpen, fantastische gebeurtenissen en bizarre details die zijn *cabinet d'amateur* vullen. Hij breidt de verzameling van varianten op vertelvormen voortdurend uit, evenals de voorbeelden van een specifiek gebruik van allerlei beeldspraak en andere stijlfiguren. Eerder dan een 'minimalist' is Echenoz een 'miniaturist' die met uiterste zorg zijn zinnen bijvijlt en van alle rompslomp ontdoet. Deze elementaire afwijking van een doelgericht streven, deze wereld van duizend schitteringen zonder enig licht aan de einder heeft misschien wel iets pervers. Hier overheerst het caleidoscopische beeld van een oorsprong die steeds opnieuw gevonden moet worden, eerder dan dat van een te bereiken doel.

Echenoz' verzamelwoede heeft nog een andere functie. Ze is ook de uiting van een lange, uiterst nauwkeurige verkenning van de wereld van de tekens. Om te beletten dat de schier eindeloze opeenhoping van tekens in de wereld van vandaag tot totale verstikking zou leiden, en om te bewerstellingen dat de tekens die ons omringen, ons voeden en ons invullen, onze verlangens en behoeften bepalen en definiëren, hun vanzelfsprekendheid verliezen, tracht de auteur met een knip van de vinger de illusie te doorbreken: hij creëert een opening en laat zuurstof stromen tussen die tekens (zo benadert het begrip *jeu* zijn dubbele betekenis van "spel" en "opening, ruimte").

De eerste fictionele tekst van Echenoz, *Le Méridien de Greenwich* (1979), gebruikt alle middelen van de traditionele misdaadroman om de strijd tussen verschillende bendes te beschrijven die op zoek zijn naar een geheime machine. Afwisselend wordt de lezer ondergedompeld in de geheimen van de Parijse onderwereld en mag hij zich vermeien in de exotische weelde van een eiland in de Stille Zuidzee waar ingenieur Caine werkt. Het eiland komt op geen enkele kaart voor en wordt door de nulmeridiaan van Greenwich in twee gesneden, zodat men er in twee verschillende tijdzones leeft. Dit verschijnsel van verdubbeling zet zich door op alle niveaus van het verhaal. De overvloed aan personages en avonturen is uiteindelijk maar een uitvloeisel van een dans rond een complexe mystificatie. De machine waar alles om draait, is een *fake* dat als centrum fungeert van een wereld vol schijn, bedrog en namaak. De uitvinder besluit om deze constructie van lucht, leegte en losse draden en zichzelf op te blazen. De weinige overlevenden van de opeenvolgende slachtpartijen en afrekeningen verdwijnen noordwaarts langs de meridiaan uit het zicht en uit de tijd.

Cherokee (1983) is een ander soort politieroman, gebracht op het ritme van Charlie Parker. De verschillende opdrachten van een detectivebureau (zoals het opsporen van een uiterst zeldzame papegaai of het ontmantelen van een bijzonder gevaarlijke sekte) worden steeds ingewikkelder en doorkruisen elkaar volgens een patroon dat slechts ogenschijnlijk arbitrair is. In werkelijkheid bestaan er heel precieze spelregels. De naïeve detective kan de puzzel uiteindelijk oplossen dankzij zijn afstandelijke houding. Toch wordt ook hij in laatste instantie gemanipuleerd: de geheimzinnige vrouw die hij overal had achtervolgd, ontpopt zich tot een actrice, die hem moet meelokken. Neef Fred die alle touwtjes in handen heeft, voert onze held op het einde mee in "een grote donkerblauwe Rover waarvan de glimmende onderdelen alles rondom onder vele hoeken perfect weerspiegelden" (p. 247). Los van de vele verwijzingen naar Amerikaanse B-films is *Cherokee* een eerbewijs aan de Zweedse detectiveschrijvers Sjöwall en Wahlöö: hun huiselijke *middle-class* speurder, Martin Beck, duikt hier op als Martial Bock.

L'Equipée malaise (1986) is dan weer geënt op de avonturenroman, te zee en ter land, in de grote traditie van Joseph Conrad. En naar het voorbeeld van Balzac vormt de "concurrentie met de burgerlijke stand" een andere belangrijke dimensie van het boek. Een expeditie naar de tropen met als doel de verovering van een rubberplantage loopt uit op een fiasco, maar ze geeft wel aanleiding tot smakelijke beschrijvingen van Maleisische zeden en gewoonten (met *malaise* als een woordspeling op Maleisisch – malaise) van mens en dier, en dit in een magistrale pastiche van traditionele teksten uit het genre (van Jules Verne tot Rudyard Kipling). De internationale wapenhandel speelt ook een grote rol door tussenkomst van de meest Belgische onderwereldfiguren die men zich kan indenken. Hierbij komen dan nog de omzwervingen van het piratenschip de *Boustrophédon*, het schitterende verhaal van de als clochard levende oom Charles, en vele ritjes in snelle auto's, terwijl de telefoon onophoudelijk rinkelt. Een dicht netwerk van relaties, verbindingen en contacten dus, maar al snel ontwaart de lezer tussen de mazen leegte en eenzaamheid. Niet dat er sprake zou zijn van enige tragische dieptegang; alles is veeleer het gevolg van misverstanden of een toevallige samenloop der omstandigheden. De personages ondergaan deze leegte als hun lot; zoals bijvoorbeeld Paul, op het moment dat hij een bioscoop verlaat:

> Hij bleef voor de ingang staan tot alle bezoekers van de volgende voorstelling door de zaal waren opgenomen. Hij keek links naar het uiteinde van de straat die leeg was en toen naar de hemel: voorbij de lantaarnpalen was alles zwart en in zwart kon je niets zien, behalve dan dat niets kortbij leek.
> (*L'Equipée malaise*, p. 24.)

Met zijn eerste romans verwierf Echenoz enige bekendheid bij een groep liefhebbers die na al het getheoretiseer van de voorgaande decennia dit nieuwe elan van een vertelkunst toejuichten die geen terugkeer inhield naar gevestigde waarden. In Echenoz apprecieerde men vooral een heel precies uitproberen van de mogelijkheden van de roman vergezeld van een veelvormige intertekstualiteit en tegelijkertijd een kritische afstandelijkheid, een aanstekelijke ironie en een vrolijke en scherpzinnige stijl die ook de kleine verteleenheden goed tot hun recht doet komen. Juist omwille van die kwaliteiten zag men tevens in het werk van Echenoz een bijzonder accurate en fijngevoelige graadmeter van de postmoderne samenleving: steden en voorsteden, snelwegen en geklimatiseerde appartementen, supermarkten en bioscopen vormen er een decor met een overvloed aan voorwerpen en gadgets, auto's en communicatiemiddelen, merken en emblemen. Dat is de wereld waarin, naast de stereotype vertegenwoordigers van de onderwereld en een hele stoet 'kleine lieden' en robotachtige figuren, de typisch Echenoziaanse, wat verlegen en onhandige jongemannen aarzelend hun weg zoeken en hun onmogelijke liefdes betreuren. De melancholie is *cool*, de omgeving *design*.

Lac (1989) dat de eerste Europese Literatuurprijs won en in vele talen (waaronder het Nederlands) vertaald werd, bevestigt de klasse van Echenoz. Het is een magistrale *remake* van de traditionele spionageroman. Het meer uit de titel bevindt zich achter een luxehotel dat gereserveerd is voor een speciale clientèle, waaronder een hoge Oostblok-diplomaat op geheime missie. Het meer weerspiegelt de ingewikkelde bezigheden van de rondwarende spionnen, de complexe liefdesaffaires en de gevaren van het *métier*. De lezer kijkt vooral mee achter de schouders van Franck Chopin, een entomoloog die wat bijklust voor de geheime diensten. Hij zorgt ervoor dat de man uit het Oosten op discrete wijze geschaduwd wordt door zijn met een microfoon uitgeruste en speciaal afgerichte vliegen. Na vele verwikkelingen waarvan vaak eerst het doel onduidelijk is, valt alles op zijn plaats en zorgt een uitwisseling op internationaal niveau voor een verrassende ontknoping. Chopin is dan ook een illusie armer, want zijn geliefde, Suzy, botst bij die gelegenheid op haar 'overgelopen' echtgenoot. Wat opvalt in dit barokke spionnenspel met alle geperfectioneerde communicatiemethodes die daarbij horen, met het hele arsenaal van kleurrijke personages, kenmerkende attributen en met zijn rijkgevulde intrige, is dat al deze elementen rond een leeg centrum draaien: er bestaat geen geheim, alleen een voortdurende wisseling van posities (zoals op het grote schaakbord dat het bordes versiert), een onophoudelijk rollenspel (zoals in de films die het verhaal voortdurend parasiteren). Natuurlijk verwijzen veel van deze elementen naar het schrijfproces als complexe constructie, maar tegelijkertijd wordt op die manier ook een kritische noot geplaatst bij het functioneren van de internationale politiek.

Al is deze wereld zeker niet positief, de mens kan er in zekere zin zijn vrijheid herwinnen door zijn plaats als pion in het spel te aanvaarden. Dat is ook de positie van de auteur die zich onthoudt van psychologische analyses en van filosofische overwegingen om zich te wijden aan het perfectioneren van zijn beschrijvingen en aan de uitwerking van een originele beeldspraak die kan wedijveren met de taal van grote voorlopers als Balzac, Verne of Zola. Daarenboven kruidt Echenoz het geheel met een royale schep humor, wat zijn postmoderne inslag verraadt. Als voorbeeld een kijkje in de hedendaagse 'Buik van Parijs', de Hallen van Rungis:

> Voorbij het hek van dik plastic brak plotseling in alle hevigheid de hel der ingewanden los: tientallen mannen met roodwitte gezichten, in zwart en wit gekleed, riepen naar elkaar terwijl ze spieren doorhakten en pezen insneden, cijfers opdreunend bij het uitbeitelen van de darmen, rondom de snijtafels die doorbogen onder de bakken met levers, de zakken met harten om op te hangen, de rijen hersens en de poten aan ringen, series tongen uit het onzichtbare tevoorschijn gehaald, grote stapels longen en niertjes voor het opscheppen, tonnen zwezerik en vaten met longpulp, hopen milten en enorme aantallen rode wangpartijen met groene stempels erop.
> (*Lac*, p. 104.)

De functie van de abattoirs is dubbel: ze dienen als achtergrond voor de spionage-activiteiten onder leiding van een geheimzinnige zwarte kolonel Seck, en ze verzinnebeelden de wereld als slachthuis en de roman als vleesverwerkingsbedrijf. De hoofdrolspelers in *Lac* dwalen rond in deze buitenproportionele wereld, eenzaam en het spoor bijster. Toch zijn ze allerminst getourmenteerd; ze trekken hun conclusies en zetten hun weg voort, de schouders ophalend, een tikje melancholisch. Dat drukt ook de blik van Suzy uit:

> Haar ogen waren open en keken strak over de schouder van Chopin naar iets doorzichtigs, iets wits dat voor de anderen onzichtbaar bleef. (*Lac*, p. 87.)

Ook *Nous Trois* (1992) is een gecompliceerde tekstmachine waarover Martine Reid het volgende schrijft:

> De vergelijkingen en de metaforen lijken zomaar te metaforiseren, voor de mooie sier, zoals in de romans van Raymond Roussel de machines *voor niets* draaien.
> (In "Echenoz en malfaiteur"; zie ook bibliografie.)

Het basismechanisme van *Nous Trois* lijkt op dat van een vrijgezellenmachine zoals ze beschreven wordt in de Kafka's *Strafkolonie* of verbeeld door Duchamps *Le Grand Verre*: in een wereld beheerst door de technologie projecteren de mensen hun angsten in beelden van een dreigende ondergang. Louis Meyer, specialist in voortstuwingssystemen (!) en vrijgezel sinds de dag dat 'zijn' Victoria hem verlaten heeft, besluit een weekje vakantie te nemen. Op de vluchtstrook van de *Autoroute du Soleil* biedt hij zijn diensten aan aan een jonge vrouw, van wie de auto ontploft is. Aangezien toenaderingspogingen op niets uitlopen, blijft zij tot Marseille, waar zij hem verlaat, "Mercedes" heten, naar het merk van haar auto (ooit ontleende het merk zijn naam aan een eigennaam van een vrouw, hier is het andersom). De slechte voortekenen stapelen zich op en ook een party *à la Sagan* waarop Meyer is uitgenodigd, is zwanger van onheil. De volgende dag blijkt Marseille in het epicentrum van een aardbeving te liggen die vele slachtoffers eist en geweldige vernielingen aanricht. Meyer bevond zich net in de lift van een warenhuis en kan zo nog net zijn vege lijf redden... samen met "Mercedes" die hij daar, dankzij haar parfum, weer op het spoor kwam. Terug in Parijs scheiden hun wegen zich weer en Meyer bezoekt met zijn moeder het graf van zijn vader: alsof hij de familiefoto wilde oppoetsen en de titel van een onderlaag voorzien.

De tweede helft van het boek beschrijft een experimentele ruimtevlucht waaraan Meyer deelneemt en waarop hij zich voorbereidt in een oefencentrum. Tijdens de bijeenkomst van de hele bemanning in Kourou, bemerkt Meyer dat de begeleidende arts niemand anders is dan "Mercedes" die in werkelijkheid Lucie Blanche heet. Eens alle misverstanden uit de wereld, komen Meyer en Lucie tot fraaie standjes in de gewichtloze omgeving van de ruimtecabine. Terug op aarde verzandt echter ook deze verhouding en gaat Lucie uit op nieuw avontuur. Het lijkt erop dat dit zijn beslag zal krijgen met de verteller, collega en reisgenoot die al lang naar haar smachtte. De stoelendans der koppeltjes draait door. Maar terwijl de ik-figuur zorgvuldig het goede hemd kiest, nemen intussen buiten de tekenen van een naderende catastrofe toe en het verhaal eindigt met een regen van bloed. Science fiction en *gothic novel* dragen hun steentje bij tot dit relaas van een vreemde tweeling die het verhaalperspectief op schizofrene wijze met elkaar delen: de een, DeMillo, als postmoderne yup die zijn polymorfe verlangens botviert en zich vooral laat verwennen; de ander, Meyer, een van die 'helden' die altijd in gebreke blijven, maar toch steeds weer actie ondernemen. Samen staan zij tegenover de moeder die in twee beelden oprijst: als de aarde die de stad verslindt en als het hemelse moederschip; als het slechte water dat Marseille opslokt en de identiteiten wegvaagt en als de warme intimiteit waar alle spelletjes toegelaten zijn. De vrijgezel als kind beweegt op een *fort da*-ritme in dit Verniaanse universum dat ook een heel elementair kader voorstelt waarin geen enkele bevrediging voldoening schenkt, waarin een apocalyptische afloop dreigt, voorbij aan alle genot, onder de blik van dokter Blanche (dit is ook de naam van de roemruchte kliniek in Passy waar menig artistieke waanzin werd behandeld en waaraan ook iemand als Robbe-Grillet vaak refereert).

Echenoz' verhalen stammen uit een wereld die het voortaan moet stellen zonder *grands récits*. In tegenstelling tot mythen of religieuze, politieke en filosofische stelsels die een totaalvisie beogen, is hier alleen nog plaats voor een oneindig aantal individuele verhalen, voor een fragmentarische, polyperspectivistische verzameling aan momentopnames. Echenoz 'deconstrueert' de grote verhalen en de genres waarin ze gegoten werden om zo de codes bloot te leggen en te manipuleren. In tweede instantie speelt hij met tekens en hun combinatiemogelijkheden, een spel waartoe ook de lezer uitgenodigd wordt.

Dit is zeker ook het geval in de laatste grote roman waarop ik nader wil ingaan: *Les Grandes Blondes* (1995). Gloire Abgrall was vroeger beroemd toen ze nog Gloria Stella heette en succes had in de show-bizz. Maar op een kwade dag was ze van de Uitagenda in de krant opgeschoven naar de pagina met korte berichten. Daar kon men lezen hoe ze haar manager alias minnaar uit het raam had geduwd. Na afloop van haar gevangenisstraf verdwijnt ze naar een sinister Bretoens dorpje, Launay-Mal-Nommé, waar de Ankou – de bode van de dood – rondzwerft. Onder een dikke laag opmaak is ze veranderd in een van die lelijke wijven, de *groat'ch*, die verdwaalde reizigers opwachten. En inderdaad arriveert in die streek rond Saint-Brieux ene Kastner, detective van beroep bij het bureau Jouve. Deze laatste is benaderd door Paul Salvador, programmamaker bij de televisie die een uitzending voorbereidt over de Grandes Blondes. Behalve herinneringen aan beroemde vamps en een ijdele poging om ze te klasseren, wil de directeur van de "Studio Stochastic" zijn publiek ook het roerende verhaal van een mysterieuze schoonheid uit het nabije verleden voorschotelen. Kosten noch moeite worden gespaard en de handige secretaresse Donatienne (met haar minirokjes een waardige afstammelinge van de *Divin Marquis*) zet er vaart achter. Intussen en zonder het te beseffen, heeft Kastner meteen prijs. Wanneer hij Gloire, die hij niet als zodanig herkent, probeert te versieren, bekoopt hij zijn pogingen met een vrije val van de Bretoense klippen. Alle sporen worden minutieus uitgewist. Kastners opvolger, Boccara, ondergaat bijna hetzelfde lot. De rust is echter definitief verstoord. Gloire besluit haar televisie, haar spiegel en haar fles rum te laten voor wat ze zijn en vertrekt op reis. Geld heeft ze genoeg en haar Parijse agent regelt alle kosten. In Sydney hangt ze de luxetoeriste uit, wat snel verveelt. Ze ziet zich nogmaals genoopt om een al te opdringerig manspersoon van een hoge brug te duwen, reist door naar Bombay en maakt onderweg kennis met Rachel die voortaan alles met haar samendoet. In India wordt het verhaal bijzonder gecompliceerd als de jonge vrouw wordt meegesleept in allerlei duistere zaakjes, drugshandel en chique prostitutie incluis. Verstrikt in het net van de internationale misdaad kan ze slechts naar Frankrijk uitwijken. Gloire reist terug in het gezelschap van renpaarden die als dekmantel dienen voor een uraniumsmokkel (men heeft het uranium in hun buik verstopt). Intussen hebben de agenten van Jouve, met name zijn topspeurder Personnettaz, aan wie Boccara als helper is toegevoegd, de achtervolging ingezet maar ze slagen er nooit in hun chronische achterstand in te lopen. Pas terug in Bretagne laat Gloire zich overhalen om met Salvador samen te werken. Alles draait ten slotte uit op een grote *happy end*: Personnettaz en Donatienne vinden elkaar, en Paul en Gloire besluiten om "samen verder te gaan"; Gloire slaagt er zelfs in om Pauls acrofobie te genezen. Deze band zal bekrachtigd worden in een wagentje van de kabelbaan, tussen twee toppen in de Pyreneeën.

Het verhaal is zo fantastisch als maar kan en gespeend van alle waarschijnlijkheid (zelfs een speciaal duiveltje, Béliard, grijpt zonodig in), maar juist daardoor krijgt de droom vrij spel. Het boek wekt dezelfde fascinatie die ook de Grandes Blondes zo onweerstaanbaar maakt. Het ritme wordt daarbij bepaald door alles wat valt en allen die neerstorten, waarbij de cadens van de zinnen en de ontwikkeling van de spanningsbogen de thematiek van de *chute* tastbaar maakt in het leesproces. De duizeling die de lezer met regelmaat bevangt, laat hem rillen en struikelen, maar uiteindelijk fungeert de tekst ook als reddingsboei. Het verlangen wordt zo gefascineerd en voortgestuwd in een lange zwerftocht.

Zoals elders bij Echenoz is ook hier sprake van een rijke intertekstualiteit – met in het bijzonder de vele verwijzingen naar paraliteraire teksten. Daarnaast springt natuurlijk de verwantschap in het oog met de wereld van de film. De vamps en hun universum van pracht, praal en pathos vormen de achtergrond voor het verhaal van Gloire. De film die alle betoverende kracht van de blonde verleidster in zich concentreert, namelijk *Vertigo* van Hitchcock, bekleedt een speciale plaats. Als voorbeeld van een *blonde solaire* wordt Kim Novak genoemd en dan gaat de tekst als volgt verder:

> Zij hadden verschillende foto's van de scène in de klokkentoren uit *Vertigo*, waaronder een verticale opname van het trappenhuis (combinatie van een travelling achteruit en een zoom naar voren), maar Salvador zelf heeft veel last van hoogtevrees, zodat hij van zo'n foto ('cliché') al raar in zijn maag wordt.
> (*Les Grandes Blondes*, p. 96.)

Maar zo wordt het 'cliché' ook vernieuwd: de diepte van het verhaal wordt duizelingwekkend. Echenoz zet Hitchcocks geraffineerde spel met perspectieven in literatuur om en voegt er tevens een dosis ironie aan toe.

Les Grandes Blondes is daarenboven een soort bloemlezing van narratieve procédés en een reflectie op het 'romaneske' als zodanig, over de dwang om te geloven in een schijnwereld. Echenoz' fictie verleidt omdat ze het 'romaneske' op volle kracht laat functioneren, alle touwtjes zo soepel mogelijk hanteert, alle mogelijkheden uitprobeert, maar daarbij ook steeds een zijdelingse blik gedoogt. In de coulissen huist een plaaggeest die alle vrijheid neemt om zijn personages en hun wederwaardigheden te becommentariëren, in twijfel te trekken of te bekritiseren. Het is de vrijheid van romanciers als Diderot en Sterne, van Gide ook of van Amerikaanse auteurs uit heden en verleden zoals Herman Melville, Henry James, Philip Roth en Paul Auster. De spanning van een goed getimede griezelroman eist alle aandacht van de lezer op in het begin van het boek en maakt dat hij zich weldra rekenschap geeft van deze betrokkenheid. De bonte serie avonturen combineert de charmes van een 'kosmopolitische' roman (zoals men ten tijde van Maurice Dekobra zei) met de *slap-stick*-elementen waarmee Verne zijn Phileas Fogg en diens achtervolger in *De Reis om de Wereld in 80 dagen* kleurt; de liefde moet lang wachten, zoals dat hoort, en sleept zich van misverstand naar onmogelijkheid om uiteindelijk te triomferen in een stralende *happy end*. Deze hele machine draait des te soepeler omdat ze geenszins beoogt ons om de tuin te leiden – althans voor niet meer dan een klein ommetje, langs de rand van de rotsen, om even te huiveren. Onze medeplichtigheid en onze scherpzinnigheid worden beurtelings gemobiliseerd om de paradox van het romaneske maximaal tot zijn recht te laten komen.

Echenoz heeft een tekst geschreven die niet alleen het reizen als thema heeft, maar die op alle niveaus voortdurend beweegt, alles in beweging houdt, alle principes opnieuw ondervraagt en lacht om alle nieuwe kleren van de keizer. Bij deze Deleuziaanse *déterritorialisation* ("ontsluiting van grenzen"), dit voortdurend weer opstappen, gaat het er niet om emoties in diskrediet te brengen, maar om ze te dedramatiseren. Een personage in de roman heeft de speciale rol om de tranenopwekkende kracht van het *fastfood* der media te incarneren; het is de weergaloze Geneviève Jouve die geen enkele tele-emotie missen wil, die onophoudelijk zapt tussen soaps en andere feuilletons en op stille momenten switcht naar de kasteelroman op haar knieën:

> Naar gelang mevrouw Jouve de actie op het scherm volgt of haar boek herneemt, zet ze ook haar bril op of neemt die weer af: de tranen stromen in beide gevallen uit haar ogen.
> (*Les Grandes Blondes*, p. 201.)

De *keepsake* van de hypergevoelige neo-Bovary, haar boek met lievelingsfragmenten, is het perfecte verlengstuk van de televisie. Alleen een boek als *Les Grandes Blondes* dat tegelijkertijd meesleept en afstand creëert, kan de kracht van de beelden in beweging zetten en tonen hoe ze verglijden en veranderen. *Les Grandes Blondes* geeft zo speelruimte aan het onbewuste.

Aan het eind van het reeds vermelde interview in *Europe* zegt Jean Echenoz dat, wat hem betreft, het spel met vertelgenres niet langer de inzet van zijn schrijven is. "(H)oewel dat woord (hem) niet helemaal bevalt", wil hij korter bij de *werkelijkheid* komen. Waarschijnlijk voldoet zo'n woord niet echt vanwege de vele literair-historische connotaties. De werkelijkheid van nu zal hij bedoelen, met al haar virtuele, imaginaire, tekstuele, gecloonde, op machines en netwerken geënte realisaties en emoties, maar ook met haar atavistische dieptegolf van mythe en verlangen. De taal van Echenoz ondergaat in een honderdtal pagina's evenveel metamorfoses als Victoire, de zwerfster uit *Un An*, en deze nu eens lachende dan weer kritische of roerende verkleedpartij is de ware glorie, de echte victorie van dit soort literatuur.

Echenoz' echte meesterwerk dateert echter wellicht van een tiental jaar terug: het is *L'Occupation des Sols* (1988). In deze novelle van een twintigtal pagina's concentreert de auteur alle kracht van zijn emotionele verbeelding gepaard aan een minutieuze economie van stilistische middelen. In een onderhoud met Claude Murcia (*Art Press*, n° 175, 1992) legt Echenoz de oorsprong van het verhaal uit:

> Het was een gelegenheidstekst (...) En verder had ik allang twee ideeën in mijn hoofd die onafhankelijk van elkaar telkens weer opdoken. Van de ene kant een herinnering uit mijn kinderjaren die men mij verteld had, en van de andere kant een architecturaal gebeuren dat me was opgevallen (...) Ik weet niet meer hoe het toen verder is gegaan, want ik heb die tekst heel vlug geschreven, maar die twee elementen zijn automatisch in elkaar geschoven, alsof ze zaten te wachten om samen te komen in een kleine machine waar ze elkaar aanvulden. Maar dat was een toevallige gebeurtenis.

Het toeval van de noodzakelijke *verdichting* zou men kunnen zeggen, waar als in een droom het verlangen de enscenering bepaalt. Het verhaal begint als volgt:

> Omdat alles verbrand was – moeder, de meubels en de foto's van moeder – hadden Fabre en zoon Paul meteen heel wat werk op de plank.
> (*L'Occupation des sols*, p. 7.)

Hun nieuwe onderkomen heeft als voordeel dat het aan de Quai de Valmy ligt (langs het Canal Saint-Martin in Parijs). Daar prijkt ook op de muur van een flatgebouw (de "Wagner") de enige resterende afbeelding van moeder Sylvie: een groot reclamebord voor parfum. Vader en zoon gaan het geregeld bekijken. Na een tijd wordt echter duidelijk dat het plaatselijk bestemmingsplan voorziet in nog een flat naast de "Wagner" die het portret van Sylvie aan het oog zal onttrekken. Wanneer het zover is, besluiten Fabre en Paul, na een intense studie van de plannen, in te trekken in het appartement van het nieuwe gebouw dat zich juist ter hoogte van het gezicht van Sylvie bevindt. Op een schitterende zomerdag beginnen ze dan de muur van hun flatje te bewerken:

> Er wordt gekrabd en gekrabd, al gauw wordt het ademen moeilijk en beginnen ze flink te zweten, het wordt erg warm.
> (*Ibid.*, p. 22.)

In deze laatste zin is het onderwerp in het Frans driemaal *on*: de ontheemde subjecten gaan op in een onpersoonlijk vuur dat vanuit het begin van het verhaal overslaat; ze verdwijnen in de blakerende leegte van het hervonden moederbeeld waarin ze oplossen.

De term *machine* die Echenoz gebruikt, doet daarbij sterk denken aan de al genoemde vrijgezellenmachine van Marcel Duchamp, *Le Grand Verre,* ook genaamd *De bruid ontbloot door haar vrijgezellen, zelfs*. Duchamp vervaardigde tussen 1913 en 1923 deze constructie van hoge glazen wanden waarin hij speelt met de Westerse traditie van de aanbeden geliefde. Bovenaan troont de bruid als een groot insekt, terwijl beneden de 'mannetjes' druk in de weer zijn met verschillende werktuigen. In Echenoz' novelle treffen wij een soortgelijke mise-en-scène aan.

De radicale scheiding van het object van verlangen werd door Duchamp op een nog intenser wijze uitgebeeld in een werk dat de laatste tien jaar van zijn leven in beslag zou nemen, namelijk *Etant donnés*. Hierin sluit een Spaanse deur een ruimte af waarin zich, tussen de vier elementen, een vrouw bevindt die haar opengesperd geslacht toont aan wie door het *peephole* in de deur kijkt. Ook in *L'Occupation des sols* creëert het samenspel van een technische constructie en een blik naar het verleden een soortgelijk brandpunt van verlangen. Maar, zal men opmerken: vader en zoon bij Echenoz bevinden zich volgens hun berekeningen ter hoogte van de glimlach van Sylvie, het "Meisje van het Vuur." Wie echter de metingen en de proporties nauwkeurig controleert, stelt vast dat ze, ondanks al hun precisie, door een drijfkracht gestuurd worden die rationele overwegingen overstijgt. Indien (*étant donné*) de afbeelding 15 meter hoog is en indien de mannen zich op de vierde verdieping bevinden, dan zullen – zouden – zij zich net onder het middel van de in maagdelijk blauw gehulde Dame bevinden. De vierde verdieping correspondeert zo met de vierde dimensie waar Duchamp naar streefde in zijn perspectivistische onderzoekingen: de tijd of misschien ook de vluchtlijn van het verlangen. Het kunstwerk verbeeldt deze vluchtlijn in een verhaal over zijn eigen 'bestemmingsplan' volgens het patroon van de familieroman die slechts in een gecompliceerd spel van de diverse elementen zijn initiële leegte kan aanduiden en verhullen. Constructie en deconstructie zijn hierbij onlosmakelijk met elkaar verbonden; het is, om het met Jean-François Lyotard te zeggen, een voortdurende *transformance*. Aan het eind van de tekst verdwijnen taal en tijd in het kielzog van de uitgewiste vaderfunctie; de desintegratie van het symbolische universum laat het subject samenvallen met de imaginaire dimensie. Maar de tekst is tegelijkertijd ook de manier om dit proces te vertellen en zo te overstijgen. Het is een zwerftocht langs de draaiingen van een Möbius-band.

De obsessie van het beeld die *L'Occupation des Sols* zijn ware kracht geeft, doet denken aan wat Echenoz schreef in zijn mooie inleiding op *Le Maître de Ballantrae* van Stevenson (P.O.L, 1994, p. IX):

> Het felle mysterieuze licht waarin de romans van Stevenson hun actie ontvouwen, de absolute zichtbaarheid van elk tableau, verbazen des te meer omdat de auteur van dit proza dat zo weinig beschrijvend is als strijdkreet had: 'weg met de adjectieven, dood aan de oogzenuw.'

En dan voegt Jean Echenoz een zin toe die wellicht voor Stevenson geldt, maar evenzeer voor zijn eigen werk en bovenal voor *L'Occupation des Sols*:

> Alles is met zeer veel elegantie georganiseerd om beelden buiten te sluiten, om de 'representatie' buiten de deur te houden: *ce qui la fait revenir encore plus clairement dans nos géographies* (...).

BEKNOPTE BIBLIOGRAFIE

Werken van Jean Echenoz

Le Méridien de Greenwich, Paris, Minuit, 1979.
Cherokee, Paris, Minuit, 1983.
L'Equipée malaise, Paris, Minuit, 1986.
L'Occupation des Sols, Paris, Minuit, 1988.
Lac, Paris, Minuit, 1989. (*Meer*, Van Oorschot.)
Nous Trois, Paris, Minuit, 1992.
Les Grandes Blondes, Paris, Minuit, 1995.
Un An, Paris, Minuit, 1997.
"Ayez des amis", in New Smyrna Beach, *Semaines de Suzanne*, Paris, Minuit, 1991.

Teksten over Jean Echenoz

BESSARD-BANQUI, Olivier, "Il se passe quelque chose avec le jazz [entretien avec Jean Echenoz]", in *Europe*, (septembre 1997), pp. 195-203.
BRUNEL, Pierre, "'Le transparent glacier des lacs qui n'ont pas fui', Jean Echenoz, *Lac*", in Idem, *Transparences du roman. Le romancier et ses doubles au XXe siècle*, Paris, José Corti, 1997, p. 289 sqq.
LEBRUN, Jean-Claude, *Jean Echenoz*, Paris, Ed. du Rocher, 1992.
REID, Martine, "Echenoz en malfaiteur léger", in *Critique*, n° 547 (1992), pp. 988-994.
SCHOOTS, Fieke, *"Passer en douce à la douane" – L'Ecriture minimaliste de Minuit*, Amsterdam – Atlanta, Rodopi, 1997.

LES JEUNES MINUIT

Sémir BADIR

Jérôme Lindon en, sinds kort, zijn dochter Irène publiceren steevast boeken met een heel eigen cachet: veeleisende, moderne teksten die bovendien een rol in de geschiedenis opeisen. Minuit bekleedt op die manier een unieke positie op de Franse boekenmarkt, zeker wat de romanproductie betreft, en bijna niemand evenaart haar prestige, niveau en continuïteit. Het is bijvoorbeeld Minuit dat de *Nouveau Roman* zal lanceren en het is ook Minuit dat een grote rol zal spelen in de vernieuwing van de menswetenschappen tijdens de jaren '60 en '70.

Uit de recente Minuit-catalogus komen voornaamlijk twee stromingen binnen de hedendaagse roman naar voor, wat niet betekent dat er voor andere auteurs geen plaats zou zijn: ook François Bon en Jean Echenoz publiceren werk bij Minuit. De eerste stroming dateert van het einde van de jaren '70 en is die van het *fantasmatische naturalisme*. Ze groepeert formeel erg extreme romans die de relatie tussen zintuiglijkheid en fantasme exploreren. Tot deze stroming behoren ondermeer Tony Duvert, Eugène Savitzkaya, Hervé Guibert, Marie Ndiaye, Pierre-Sébastien Heudaux, Eric Chevillard, Antoine Volodine, Emmanuel Adely en Jacques Serena. De tweede stroming, die van het minimalisme, ontstaat in 1985 met de publicatie van Jean-Philippe Toussaints *La Salle de bain*. Naast Toussaint zijn de voornaamste minimalisten Christian Gailly en Christian Oster, die erg dicht bij Gailly aanleunt en auteur is van *L'Aventure* (1993), *Paul au téléphone* (1996), *Le Pique-nique* (1997) en *Loin d'Odile* (1998). Andere minimalisten zijn Raphaël Allegria (*L'Océan*, 1986), Jean-Pierre Chanod (*Sauvez la Reine*, 1994), Christian Costa (*L'Eté deux fois*, 1989), Patrick Deville (*Cordon bleu*, 1987 en *La Femme parfaite*, 1995), Eric Laurent (*Les Atomiques*, 1996) en Philippe Raulet (*Micmac*, 1993). Hoewel deze auteurs bij Minuit worden uitgegeven op basis van de subjectieve keuzes van een enkel persoon, moet men toch toegeven dat die persoon, Lindon, een zeer fijne neus heeft voor contemporaine sociale, culturele en literaire gevoeligheden. Bij andere uitgevers is het aandeel van het minimalisme veel kleiner en minder uitgesproken. In het begin van 1998 publiceerde de *Nouvelle Revue française* (Gallimard) wel een nummer over het minimalisme *à la Minuit* (onder de titel "Les moins que rien"), maar veel verder ging deze poging niet. Niettemin verschijnen er ook elders interessante minimalistische romans: zo publiceert P.O.L *Grande Couronne* (1995) van Pascal Licari, Gallimard *Le Ventilateur* (1995) van Régine Detambel en Les Eperonniers *Derrière les plinthes* (1998) van Rossano Rosi.

Het minimalisme

Het minimalisme is geen doel op zich, geen theorie. Het proclameert geen ideale norm van het schrijven. Niets is het minimalisme vreemd: alle stijlen en thema's kunnen op een minimalistische manier gebruikt worden. Het minimalisme wil de literatuur zelf doen herleven, want het was juist de literatuur die de moderne kritiek totaal had opgegeven. Ogenschijnlijk stelt de minimalistische roman zich tevreden met flinterdunne verhaaltjes en hoogst lacunaire beschrijvingen, de personages missen diepgang, de plot is steeds dezelfde, er is geen suspens, meer nog: de minimalisten doen blijkbaar hun best om de lezer vooral niet mee te slepen. Ook de stijl is laconiek en men zet het onafgewerkte karakter van vele formuleringen graag in de verf. Soms lijkt de minimalistische roman niet meer dan wat los zand. Kortom, op eerste gezicht en in vergelijking met de traditionele roman is een minimalistische tekst een miniatuurtje, een vluchtige schets. Maar wat sommige critici als een inbreuk op de literaire kwaliteit beschouwen, beantwoordt in feite aan een doelbewust opzet. De minimalisten onderstrepen op verschillende manieren het fictionele karakter van hun teksten en ze zweren bij de arbitrariteit van literaire conventies en regels: de spelregels kunnen om het even wanneer herroepen worden. De minimalistische roman toont hoeveel moeite het kost om een roman te schrijven, het schrijfproces is een werf, en dat maakt deze romanvorm zo uniek. Maar nooit wordt de schrijfarbeid een drama: de minimalisten kruiden hun teksten met humor en ironie, zodat het lezen zelf nooit een karwei wordt.

Bestaat er zoiets als een minimalistische esthetica? Wie die vraag stelt, is wellicht uit op een of andere vergelijking met andere, vroegere esthetica's zoals die van de *Nouveau Roman* of van OuLiPo. In dit geval een heikele onderneming, omdat het minimalisme juist alle esthetische criteria en grensbepalingen op de helling zet. Dit slopingswerk is niet zonder gevolgen: door de interventie van de minimalisten is de recente literatuurgeschiedenis gedwongen om de manier waarop ze begrippen als stijl en originaliteit hanteert, kritisch te bevragen. De minimalistische omgang met de literaire traditie is bijzonder disparaat, want verschillend van auteur tot auteur. Dit gezegd zijnde, is het minimalisme als stroming onmiskenbaar beïnvloed door auteurs als Queneau, Valéry, Pinget, Gombrowicz en Bernhard. Ook Echenoz wordt door veel minimalisten als een belangrijk voorloper beschouwd. Dit gemeenschappelijke referentiekader ligt echter niet aan de basis van een 'school.' De minimalisten treden nooit als groep naar buiten. Ze hebben geen leider en zweren niet bij een of ander manifest. Het minimalisme verdraagt geen manifesten: elke tekst creëert zelf de voorwaarden van zijn eigen bestaan en erkenning, steeds weer opnieuw. Wat deze auteurs verenigt, is vooral het feit dat ze door dezelfde uitgever gepubliceerd worden. Niet dat er op die manier een school ontstaat, maar het schept wel wederzijdse vriendschapsbanden.

JEAN-PHILIPPE TOUSSAINT

Jean-Philippe Toussaint wordt in 1957 in Brussel geboren. Hij studeerde politieke wetenschappen en hedendaagse geschiedenis. Na een jarenlang verblijf in Algerije, Duitsland en Japan vestigt hij zich met vrouw en kind in Corsica. Van hem verschenen bij Minuit vijf romans. Toussaint draaide ook vier films waarvan er twee op eigen romanteksten gebaseerd zijn. Zijn debuut, *La Salle de bain,* werd erg lovend onthaald, ook in het buitenland, en het was met 60.000 verkochte exemplaren een opmerkelijk commercieel succes. Het boek is erg ingenieus opgebouwd en de gehanteerde stijl is onmiddellijk herkenbaar. Inhoudelijk biedt *La Salle de bain* een eigentijdse, modieuze kijk op het moderne leven. Iedereen vindt er zijn gading: het literaire milieu bewondert het spel met de vorm, het brede publiek leeft mee met de personages en de gebeurtenissen. De volgende romans, *Monsieur* (1986), *L'Appareil-photo* (1988) en *La Réticence* (1991), gaan op hetzelfde elan verder. Toussaints romans vormen stilistische en narratieve variaties op twee centrale thema's, namelijk de pijn van het bestaan en de moeilijke communicatie met de anderen. In *L'Appareil-photo* en *La Télévision* (1997) kan de lezer iets leren over onze omgang met beelden. Vormelijk gesproken zijn Toussaints romans opgebouwd uit fragmenten waarvan de lengte varieert van een zin tot verscheidene pagina's. Soms zijn ze genummerd. Ze hebben elk hun eigen stijl en ze kunnen als zelfstandige verhalen met een geheel eigen pointe gelezen worden. Verhaaltechnisch vergt deze fragmentarisch schriftuur een grotere discipline dan de louter lineaire afwikkeling van een transparante intrige. Vandaar het vernuftige spel met ellipsen, alternerende montage, thematische en formele contrasten, analepsen, prolepsen en herhalingen. Het resultaat: bijzonder uitgepuurde en toch oneindig soepel geconstrueerde verhalen.

La Salle de bain opent met een intrigerend motto:

> De tweede macht van de hypotenusa is gelijk aan de som van het kwadraat van de twee andere zijden.
> Pythagoras

De titel van het eerste en het derde deel van de roman is "Parijs" en sommige fragmenten van het derde deel hernemen soms letterlijk elementen van het eerste deel. Zo herhaalt de laatste paragraaf van het boek op een detail na – de imparfait *sortais* is een passé simple geworden: *sortis* – fragment 11 van deel 1: "Ik verliet de badkamer." Misschien wordt hiermee de temporele relatie tussen beide delen in vraag gesteld, met alle gevolgen vandien voor de globale articulatie van de fragmenten. Duidelijk is wel dat de lezer *La Salle de bain* op twee manieren kan ontcijferen: als een open structuur waarin elk fragment autonoom is en als strak geregeld systeem dat de fragmenten als het ware in een welbepaalde functie bevriest. De schrijver lijkt op een entomoloog: "Ja, soms miste ik de dood" (*L'Appareil-photo*). En ook op een fotograaf: beiden leggen leven vast tegen een achtergrond van dood, zoals de entomoloog "het lichaam van een levende vlinder vastpint met de punt van een naald" (*L'Appareil-photo*).

La Salle de bain valt voorts op door de fantasierijke stijl. Toussaint is een meester in het contrasteren van stijl en inhoud. Hij vindt steeds een perfect evenwicht tussen de soms ernstige en zwaarmoedige thematiek en de bij momenten lichtvoetige, satirische en zelfs burleske vorm. De tekst etaleert openlijk deze zoektocht naar stijl die geconcretiseerd wordt door een vuurwerk van stijlfiguren. Enkele voorbeelden:

- de bewust futiele alliteratie: *Elle se cantonnait à Kant* ("ze hield het bij Kant", *La Salle de bain*: 2.15);
- het spel met de taalregisters, bijvoorbeeld via de botsing van schrijf- en spreektaal: *Nous nous égarâmes. Nous étions perdus* ("We raakten het spoor bijster. We waren verdwaald", *Ibid.*: 2.58);
- absurde formele associaties: zo rijmt op het eind van het metafysisch getinte fragment 1.33 *immobilité* met *Olé*;
- het eindeloos herhalen van stoplappen zoals "Lieve heer" in *L'Appareil-photo* waardoor de auteur een ironische afstand schept ten opzichte van het verhaal;
- het frequente gebruik van haakjes en gedachtenstrepen; het zijn voortdurende knipoogjes naar de lezer maar soms ook momenten waarop de schrijver zich blootgeeft zoals in fragment 3.1: "Edmondsson (mijn liefste) keerde naar Parijs terug" (*La Salle de bain*);
- het erg opvallende gebruik van de directe rede; op zich is dat geen nieuwigheid maar dankzij Toussaint is deze vertoogvorm prominent aanwezig in de hedendaagse roman; Toussaints dialogen zijn soms hilarisch lapidair:

> We praatten over voetbal. En autoracen. Dat we een andere taal spraken, deerde ons niet. Over wielrennen, bijvoorbeeld, konden we uren doorgaan. 'Moser', zei hij. 'Merckx', antwoordde ik na een tijdje. 'Coppi', ging hij verder. 'Fausto Coppi.' Ik roerde wat in m'n koffie, instemmend, diep nadenkend. 'Bruyère', mompelde ik. 'Bruyère?', vroeg hij. 'Jaja, Bruyère.'
> (*La Salle de bain*, 2.22)

Toussaint ontdoet de roman van zijn *sérieux* zonder dat er evenwel sprake is van enige bitterheid. Hij wil alleen de klassieke aanspraken van de roman opzij schuiven. De narratieve structuur wordt tot het strikte minimum herleid. Hoewel elk realisme hier uit den boze is, verzandt Toussaint op geen enkel ogenblik in een vrijblijvend surrealisme of in het fantastische. Wat overblijft, zijn "narratieve werelden" (Bakhtin) die zowel in het realisme wortelen als in het fantastische of het autobiografische. Zo bekeken, zijn Toussaints romans misschien wel een soort van meta-romans, reflecties op het genre. Niet dat er hier plaats zou zijn voor een expliciet metatekstuele bevraging van de roman, neen: de genreconventies worden op zo'n restrictieve manier ingevuld dat de fictionele schijn doorbroken wordt. Vertellen is op die manier onmogelijk geworden. Een onmogelijkheid die bijvoorbeeld in *La Réticence* verteld wordt. Hier wordt de verteller door een vorm van paranoïa verlamd, hij trekt de werkelijkheid in twijfel maar terzelfder tijd wordt hij voortdurend door diezelfde realiteit opgevorderd, want de baby voor wie hij moet zorgen, gunt hem geen enkel ogenblik respijt.

De verteller in *La Salle de bain* is een compleet passieve figuur: uit eigen wil doet hij niets. Familie heeft hij niet. Over zijn verleden of toekomstplannen komt de lezer niets te weten. Van de tijd weet hij enkel dat die voorbijglijdt. Seconde na seconde, minuut na minuut, uur na uur, etmaal na etmaal. Hij fixeert een scheur in de muur in de (ijdele) hoop verandering op heterdaad te betrappen. In het begin van het boek neemt hij zijn intrek in de badkamer. Een vreemde en burleske beslissing die uiteenlopende reacties uitlokt bij zijn vriendin Edmondsson en haar moeder. Zelf staat hij er niet bij stil, hij minimaliseert de extravagante beslissing. Hij zit in de badkamer, *voilà tout*. Het feit is niet eens een gebeurtenis die naar een of ander onderliggend psychologisch motief verwijst of het startpunt van een mogelijke intrige. Het is niets. En dat is precies wat de verteller wil: leegte om zich heen, leegte in zichzelf. Het nietsdoen is een doelmatigheid zonder doel, een vorm van weerstand tegen verandering, verstrooiing en wereldse drukte in het aanschijn van de dood. Plots, in het begin van het tweede deel, dan gebeurt het, er verandert iets: "Ineens vertrok ik. Zonder iemand te verwittigen." De bestemming is Venetië, een grote badkamer, een dode stad. De verteller sluit er zich opnieuw op in zijn hotelkamer. Hij wil niets, denkt niets. Zijn bewegingen worden steeds elementairder, preciezer ook. Hij koopt een vogelpik en droomt 's nachts van rozen. De pijltjes krijgen iets *unheimlich* wanneer de verteller Edmondsson, die hem is komen vervoegen, opzettelijk aan het hoofd verwondt. In het derde deel vinden we de protagonist terug in een hospitaal, nog een afgesloten ruimte des doods. Hij raakt er bevriend met een dokter die hem uitnodigt. Tijdens het diner vertelt hij over de Titanic. De volgende dag, nog steeds in het gezelschap van de dokter en diens vrouw, speelt hij een partijtje tennis en nuttigt een aperitief op het terras van de tennisclub. Hij komt tot het besluit dat het mondaine nietsdoen de vergelijking met het nietsdoen in de badkamer niet kan doorstaan en hij keert terug naar Parijs. Door een nieuwe uitnodiging moet hij dan weer voor een tijdje de badkamer verlaten:

> 'Ik moet een risico nemen', zei ik met neergeslagen blik. 'Ik moet mijn abstracte bestaan in vraag durven stellen om ...' Ik maakte mijn zin niet af.
> (*La Salle de bain*)

Niets heeft zin, en toch, ondanks alles, belet iets hem om er definitief mee te kappen.

De protagonist van *Monsieur* is zo mogelijk nog levensvreemder, hij is abstracter dan de verteller van *La Salle de bain*, omdat hij van buitenaf gefocaliseerd wordt en zelfs geen naam heeft. "Meneer" wordt hij genoemd. Hij is het altijd eens met iedereen die zijn pad kruist (hij verhuist veel). Veel stelt dit echter niet voor. Niets kan de bodemloze verveling echt verdrijven. Een buurman die alles afweet van kristal, wil beslag leggen op zijn vrije tijd, een gezin wil een kamer onderverhuren zodat de zoon des huizes van zijn aanwezigheid kan profiteren om zijn schoolresultaten op te krikken. "Het was altijd hetzelfde." Meneer, een soort van postmoderne Candide, zal uiteindelijk neen leren zeggen.

In *La Réticence* balanceert de verteller op rand van de waanzin. Zijn lethargie heeft iets dwangmatigs, een depressie degenereert tot achtervolgingswaan. Hij besluit om een vriend te bezoeken en neemt zijn intrek in een hotel, ergens in een dorp. Maar het eigenlijke bezoek wordt voortdurend uitgesteld. Eerst aarzelt hij gewoon, vervolgens verzint hij alle mogelijke tegenargumenten voor het bezoek en twijfel wordt regelrechte onwil. Een kat die op het water in de haven drijft, is "in werkelijkheid", zo denkt de verteller, vermoord. De vriend die afwezig blijkt te zijn, logeert "in werkelijkheid" in hetzelfde hotel als de verteller om hem te bespieden. *La Réticence* toont een ander aspect van de gestolde realiteit: de waanzin van een totaal en verlammend determinisme.

De realiteit wordt ook tast- en zichtbaar in gesprekssituaties, of beter: communicatie *derealiseert* de werkelijkheid, ze negeert ze, het wereldbeeld verstart; de bevroren beelden stellen de relatie tussen fictie en realiteit in vraag: "Televisie is spektakel, geen werkelijkheid (...)" (*La Télévision*). Dit zegt iets over de betekenis van fictie voor Toussaint. De ware inzet van fictie is het *denken* en de metafoor bij uitstek voor dit denken is het water:

> De regen lijkt op het voortkabbelen van onze gedachten, soms onbewegelijk in het licht en mobiel tegelijk. (...) Het denken laat zich het liefst meevoeren in de regelmatige meanders van de gedachtenstroom, wanneer we voor even de ambitie laten varen om een onuitputtelijke werkelijkheid in kaart te brengen, wanneer de moeilijkheid van het bestaan geleidelijk verwordt tot wanhoop van het zijn.
> (*L'Appareil-photo*)

Christian Gailly

Christian Gailly wordt in 1943 geboren in Belleville, een Parijse voorstad. Zijn ouders zijn gewone arbeiders. Zijn eerste passies, jazz en vliegtuigen, moet hij opgeven en na een lange periode van twaalf stielen en dertien ongelukken verzeilt hij in de literatuur. Hij heeft menig afgewezen manuscript achter de rug als in 1987 *Dit-il*, zijn debuut, bij Minuit verschijnt. Ook alle andere romans worden door dezelfde uitgever gepubliceerd. Gailly is dus een laatbloeier, een late roeping, zou men kunnen zeggen, ware het niet dat de term niet echt van toepassing is op hem. Zo schrijft tenminste de criticus Gilles Tordjman:

> Als geen ander begrijpt Gailly dat literatuur iets anders is dan men gewoonlijk denkt. Ze is niet de navel van de wereld, niet het verlammende levensdoel, niet het alfa en omega van wat men is of wil zijn.
> (geciteerd door Richard Robert; zie biliografie.)

Gailly's romans die bulken van narratief en formeel vernuft laten iets anders zien, namelijk de ervaring zelf van het schrijven. Dat maakt van Gailly een op en top modern auteur. Maar de woordkunstenaar laat de lezer op geen enkel moment in de steek. Integendeel: hij verwendt haar of hem. Misschien is Gailly wel de Hitchcock van de recente Franse literatuur, een auteur die op een zeldzame manier technisch *métier* weet te verzoenen met respect voor het publiek.

Gailly wil zijn verhouding tot het schrijven uitpuren. Alleen, na een lange psychoanalytische kuur weet hij maar te goed dat de waarheid van die verhouding onvermijdelijk vertroebeld wordt door taalanomalieën die de relatie tussen het schrijven en het imaginaire ik voortdurend vervormen. Gailly's stijloefeningen die zowel komisch als ernstig zijn, articuleren een denken dat echt vrij is, dit wil zeggen bevrijd van de dwang om *iets* te denken. Alle mogelijke technieken en procédés zijn goed om de geest van auteur en lezer op die autotelische manier te stimuleren: het spel met de meerduidigheid van begrippen, clichés en narratieve conventies, neologismen, neografismen, alliteraties, de complexe of, omgekeerd, elliptische syntaxis. Een voorbeeld:

> 'Toet, toet', zegt de misthoorn van het schip. Er is geen mist, het is helder, zonnig, erg warm. 'Toet', zegt de naderende witte hoorn, nee, de schoorsteen is bruin, wat schuin, tien graden, achteraan wappert een rode vlag, wees gerust, met een wit kruis, ontroerend, het doet denken aan een of andere Oostenrijks-Hongaarse roman over liefde en tuberculose en ook nog over een wereld die verrot is tot in het diepst van zijn vezels, laten we eerder kijken naar die boot die ginds tussen de bomen komt aanvaren.
> (*Be-bop*)

In het spel met de taal speelt de vrije indirecte rede hier een grote rol. Deze techniek laat toe om de vertelinstanties en -perspectieven te vermenigvuldigen en met elkaar te combineren. We vernemen wat de personages zeggen en denken, maar we kennen ook het standpunt van de verteller, dat van de auteur zelf – Gailly die door de verteller geïnterpelleerd wordt – en dat van de lezer. Vier universa overlappen elkaar: de wereld van de fictie, die van de verteller en die van de auteur en de lezer. Het resultaat van die verstrengeling is een meervoudige monoloog die we innerlijke dialoog zouden kunnen noemen. Een voorbeeld:

> 'Ik zal het nooit snappen', sprak ze in zichzelf. (...) Hij verwachtte zeker iemand. Of anders is hij iemand aan het versieren. Hij doet alsof hij leest. Ik heb dat ook nog gedaan. Ik deed alsof ik een boek las dat me niet interesseerde om de aandacht te trekken van iemand anders. Ik heb aandacht voor u. Ga door.
> (*Les Fleurs*)

In de periode tussen *Dit-il* en *Les Evadés* (1997) neemt Gailly's interesse voor het autobiografische af. De schriftuur wordt romanesker. De roman leent zich meer dan autobiografie tot een schriftuur die het schrijven zelf wil thematiseren. Deze evolutie is geleidelijk en kan gemakkelijk gevolgd worden van boek tot boek. De figuur van de kunstenaar biedt een eerste mogelijkheid om te schrijven over het schrijven: ik denk hier aan de melomaan in *K. 622* (1989), de schilder in *L'Air* (1991) of de jazz-saxofonist in *Be-bop* (1995). Het zijn telkens personages die geen flauw benul hebben van wat hen drijft: ze zijn geen meester van hun kunst, kunst heeft zich van hen meester gemaakt. De artiest staat voor schut. Hij kan niet kiezen voor een kunst die hoe dan ook tot stand komt. Ook het verhaal kan het schrijfproces in de verf zetten: dit is een tweede manier om te schrijven over het schrijven. Initieel stelt het verhaal niet veel voor maar gaandeweg wordt de intrige complexer. Zo tellen de eerste romans niet meer dan een personage dat zowel held als verteller is. *Les Fleurs,* daarentegen, telt er reeds twee – een man en een vrouw die elkaar ontmoeten –, en *Les Evadés* niet minder dan negen die op verschillende tijdstippen en plaatsen elkaars pad kruisen en dialogeren. De derde techniek is die van het spel met toon en ritme. *Dring* (1991) heeft een gewild ascetische stijl, terwijl *Be-bop* en vooral *L'Incident* (1996) wat barokker zijn. De structuur van het laatste boek is asymptotisch: er is dus geen echt slot. Het verhaal is opgedeeld in acht "fases" en eenentwintig hoofdstukken; de voorlaatste fase omvat slechts een hoofdstuk en de laatste gewoon geen.

Los van deze onmiskenbare evolutie vertoont Gailly's oeuvre echter ook een grote mate van continuïteit. Elke roman komt terug op het mannelijke verlangen naar de vrouw. Dit verlangen wordt nooit ingelost maar stuwt de verhalen wel voort. De vrouw is Gailly's centrale fantasme, zij houdt het schrijfproces in stand ondanks alle ontgoochelingen, aarzelingen, frustraties en mislukkingen van vertellers en mannelijke personages. Elke keer opnieuw lopen ontmoetingen op niets uit en toch kan niets het fundamentele verlangen naar de vrouw stoppen. Gailly formuleert het in een interview als volgt:

> We hebben ontelbare redenen om een vrouw te beminnen, maar er bestaat altijd nog wel een reden die ons voorlopig ontgaat en het is die ene, bijkomende beweegreden die ons kwelt tot het eind onzer dagen.

Met de roman creëert Gailly een imaginaire ruimte waaraan hij zich volledig overgeeft, zonder scrupules maar ook zonder de ambitie om die ruimte integraal te beheersen. Anderzijds is de roman ook onlosmakelijk verbonden met de problematiek van onze relatie tot de ander en tot de wereld, een relatie die fundamenteel gekleurd wordt door angst:

> Geloven ze nu echt dat het zal lukken? Wat een onzin. Dat is nu juist het wonderbaarlijke, mijnheer, ze zoeken maar naar uitwegen, ze proberen maar en toch weten ze dat hun probeersels op niets zullen uitlopen. En weet u waarom? Omdat wie niets onderneemt pas echt, finaal en dodelijk mislukt, ziet u.
> (*Les Evadés*)

In *L'Air* bestaat er een stilzwijgende afspraak tussen een schilder en zijn vrouw: Suzanne en Soti zullen pas opnieuw vrijen van zodra die laatste een nieuw doek afheeft. Dit is het basisgegeven van een tragikomedie waarin, dankzij het spel van allegorische tegenstellingen, alle componenten van de tekst nauw met elkaar verbonden zijn: de geslachten (man en vrouw), het decor (de tot atelier vertimmerde kapel en het kasteel), de thema's (de kunst en het gezinsleven), de symbolische zwaartepunten (leven en dood), de psychologische spanning (verlangen en onmacht), de narratieve componenten (passiviteit en actie), de afkomst en stijl van opvoeden (vrij of streng), al deze tegenstellingen worden met elkaar verweven tot een wonderbaarlijke dialoog. Abel, de kat, sterft zonder enige weerstand op een koertje, terwijl Soti heen en weer rent tussen kapel en kasteel, waar Suzanne ijverig piano speelt en dus toont dat wachten niet per definitie passiviteit impliceert. In de figuur van Soti geeft Gailly gestalte aan een herwonnen evenwicht tussen kunst en leven, "tussen de angst om de stoppen en de angst om door te gaan." Eens te meer blijkt dat de roman het medium bij uitstek is voor Gailly's onrust, die steeds opnieuw de kop op steekt maar die ook soms terzijde wordt geschoven. Wanneer het schrijven dat vereist. Zo slingert Gailly van het leven (het schrijven) naar de onvolmaaktheid. En terug.

Uit het Frans vertaald
door Jan Baetens &
Koenraad Geldof

Beknopte bibliografie

Werken van Christian Gailly

Dit-il, Paris, Minuit, 1987.
K. 622, Paris, Minuit, 1989.
L'Air, Paris, Minuit, 1991.
Dring, Paris, Minuit, 1992.
Les Fleurs, Paris, Minuit, 1993.
Be-bop, Paris, Minuit, 1995.
L'Incident, Paris, Minuit, 1996.
Les Evadés, Paris, Minuit, 1997.
La Passion de Martin Fissel Brandt, Paris, Minuit, 1998.

Werken van Jean-Philippe Toussaint

La salle de bain, Paris, Minuit, 1985. (*De badkamer*, Van Gennep.)
Monsieur, Paris, Minuit, 1986. (*Meneer*, Van Gennep.)
L'Appareil-photo, Paris, Minuit, 1989. (*Het fototoestel*, Van Gennep.)
La Réticence, Paris, Minuit, 1991. (*De aarzeling*, Van Gennep.)
La Télévision, Paris, Minuit, 1997. (*De televisie*, Van Gennep.)

Teksten over de minimalisten

AMMOUCHE-KREMERS, Michèle & HILLENAAR, Henk (éd.), *Jeunes auteurs de Minuit*, Amsterdam, Rodopi, 1994.
DELANNOI, Gil, "Cruel Zénon [over Toussaint]", in *Critique*, n° 463 (1985), pp. 1198-1200.
ROBERT, Richard, "Prise d'identité. Interview par Richard Robert [met Gailly]", in *Les Inrockuptibles*, 26 (1995), pp. 30-34.
SAINT-GELAIS, Richard (éd.), "Tours et détours du romanesque: Minuit aujourd'hui", in *Tangence*, n° 52 (1996).
SCHOOTS, Fieke, *"Passer en douce à la douane" – L'Ecriture minimaliste de Minuit*, Amsterdam – Atlanta, Rodopi, 1997.

VI

NAMENREGISTER

Ackerman, Chantal 2: 74
Adamov, Arthur 1: 27
Adely, Emmanuel 2: 185
Adorno, Theodor W. 2: 78, 80, 90
Albucius 2: 27
Alechinsky, Pierre 1: 146
Allegria, Raphaël 2: 185
Almira, Jacques 2: 4
Andreas 2: 135
Anouilh, Jean 1: 27
Anseeuw, Alin 2: 11
Apollinaire, Guillaume 2: 77
Aquin, Hubert 1: 21
Aragon, Louis 1: 6, 13, 20, 123, 139; 2: 97, 102
Ariosto, Ludovico 2: 27
Arrabal, Fernando 1: 26
Artaud, Antonin 1: 11, 15, 19, 27; 2: 102, 142, 143, 148, 150
Aubigné, Agrippa d' 2: 77
Audiberti, Jacques 1: 25
Augustinus 2: 160
Auster, Paul 2: 179
Bakhtin, Mikhaïl 2: 143, 189
Balzac, Honoré de 1: 17; 2: 34, 35, 38, 39, 132, 170, 172, 174
Barrès, Maurice 1: 57
Barthes, Roland 1: 7, 19, 24, 63, 135; 2: 46, 47, 74, 98, 142, 160
Bataille, Georges 1: 15, 19, 137, 139; 2: 143, 144
Baudelaire, Charles 1: 10, 50, 90, 139, 141; 2: 60, 72, 146, 148
Baudrillard Jean 1: 4
Beauvoir, Simone de 1: 13, 31
Beck, Julian 1: 27
Beckett, Samuel 1: 15, 17, 20, 26, 48, 60, *69-87*, 115; 2: 73, 149
Bell, Daniel 2: 80
Bellay, Joachim du 2: 26, 27, 28
Belletto, René 2: 4
Bénabou, Marcel 2: 12
Benjamin, Walter 2: 96, 104
Benoziglio, Jean-Luc 2: 127
Bergman, Ingmar 2: 97
Bergounioux, Pierre 1: 23; 2: 5, 13, *55-67*
Berkeley, George 1: 97
Bernanos, Georges 1: 13
Bernhard, Thomas 2: 187
Beurard-Valdoye, Patrick 2: 150
Billetdoux, François 1: 26
Blanchot, Maurice 1: VIII, 13, 15; 2: VIII
Blin, Roger 1: 27
Blondin, Antoine 1: 14
Bon, François 1: 23; 2: 5, 10, 13, 14, 15, *71-86*, 103, 185
Bonnefoy, Yves 1: 9, *135-149*
Borges, Jorge Luis 1: 23; 2: 92
Bouchet, Andre du 1: 9; 2: 10
Boulanger, Daniel 1: 23
Boulez, Pierre 2: 144
Bourdieu, Pierre 1: 31; 2: 81, 141
Bourgeade, Pierre 1: 20, 23
Bourgois, Christian 2: 144
Boutibonnes, Philippe 2: 150
Bove, Emmanuel 2: 7
Brassens, Georges 1: 10
Brecht, Bertold 1: 27, 48
Brel, Jacques 1: 10
Breton, André 1: 8, 14, 15, 129, 137, 139
Brook, Peter 1: 27
Buffon, Georges Louis Leclerc 2: 137
Burroughs, William 2: 144
Busto, Daniel 2: 150
Butor, Michel 1: 16, 18, 163; 2: 117
Buxeuil, René de 1: 90
Bya, Joseph 1: 21
Cadiot, Olivier 2: 13
Caillois, Roger 1: 63
Calaferte, Louis 2: 7
Calvino, Italo 1: 167
Camus, Albert 1: 13, 25, 59, 60, 80, 124, 125; 2: 7, 45, 50
Camus, Renaud 1: 5, 20, 24; 2: 4, 9, *45-53*, 84
Carax, Léos 2: 15
Carné, Marcel 1: 5

Carroll, Lewis **1**: 168; **2**: 118, 159
Céline, Louis-Ferdinand **1**: 11, 14, 18, 19, 77; **2**: 75, 103
Cervantes, Miguel de **2**: 75
Césaire, Aimé **1**: 8, 27
Chaillou, Michel **1**: 21
Chamoiseau, Patrick **1**: 24
Champollion, Jean-François **2**: 11
Chandler, Raymond **2**: 91
Chanod, Jean-Pierre **2**: 185
Char, René **1**: 8, 144; **2**: 120
Chardin, Jean-Baptiste Siméon **1**: 127
Chevillard, Eric **2**: 169, 185
Chéreau, Patrice **1**: 27
Chirico, Juan de **1**: 111
Chomsky, Noam **2**: 140
Chraïbi, Driss **1**: 24
Christie, Agatha **1**: 170; **2**: 90, 94, 100, 134, 135
Cingria, Charles-Albert **2**: 38
Cioran, E.M. **1**: 10, 63, 115
Cixous, Hélène **1**: 19, 28, 55
Clareboudt, Jean **2**: 144
Claudel, Paul **1**: 8, 25; **2**: 75
Clémens, Eric **2**: 147, 150
Cocteau, Jean **1**: 94
Colette **2**: 111, 112
Coluche **2**: 167
Confiant, Raphaël **1**: 24
Conrad, Joseph **2**: 172
Cooper, Fenimore **2**: 11
Costa, Christian **2**: 185
Coste, Didier **1**: 9; **2**: 11
Coureuil, Jean-Pierre **2**: 88
Dabit, Eugène **2**: 99, 102
Daeninckx, Didier **1**: 23; **2**: 4, *87-108*
Dante, Alighieri **1**: 73
Debray, Régis **2**: 51
Defoe, Daniel **2**: 114, 122
Deguy, Michel **1**: 12; **2**: 5
Dekobra, Maurice **2**: 179
Deleuze, Gilles **1**: 4; **2**: 160, 179
Demarcq, Jacques **2**: 150
Déon, Michel **1**: 14
Depardon, Raymond **1**: 5
Depestre, René **1**: 23, 24
Derrida, Jacques **1**: 4, 19, 31; **2**: 143, 160
Descartes, René **1**: 72; **2**: 65, 135
Detambel, Régine **2**: 13, *109-124*, 186
Deutsch, Michel **1**: 28
Deville, Patrick **2**: 14, 169, 185
Dexter, Colin **2**: 93
Dezeuze, Daniel **2**: 144
Dichy, Albert **1**: 89
Diderot, Denis **2**: 179
Djian, Philippe **2**: 4
Dos Passos, John **1**: 13; **2**: 11, 102
Dostojewski, Fjodor **1**: 98; **2**: 76
Dotremont, Christian **1**: 12, 137
Doubrovsky, Serge **1**: 21
Doyle, A. Conan **2**: 90, 100
Drieu La Rochelle, Pierre **2**: 103
Dubillard, Roland **1**: 26
Dubois, Jacques **2**: 141
Ducasse, Isidore (Lautréamont) **1**: 111, 115; **2**: 149
Duchamp, Marcel **2**: 175, 181, 182
Ducharme, Réjean **1**: 21
Dupin, Jacques **1**: 135; **2**: 10
Duras, Marguerite **1**: 5, 16, 18, 21, 26, 55
Durrell, Lawrence **1**: 115
Dustan, Guillaume **2**: 10
Duvert, Tony **2**: 185
Echenoz, Jean **1**: 22, 23; **2**: 13, 15, 26, 84, 112, *167-183*, 185, 187
Eco, Umberto **2**: 92
Eluard, Paul **1**: 6
Emmanuel, Pierre **1**: 6, 8
Ernaux, Annie **2**: 10
Ernst, Max **1**: 111
Fabre, Jean-Henri **2**: 131, 135, 136
Farge, Arlette **2**: 96, 98
Faucheux, Pierre **1**: 11
Faulkner, William **1**: 17, 154; **2**: 11, 38, 41, 42, 65, 132
Faye, Jean Pierre **2**: 139
Ferré, Louis **1**: 10
Finkielkraut, Alain **1**: 6; **2**: 51

Flaubert, Gustave 1: 50, 74; 2: 65, 66, 119, 120, 148, 168, 180
Fleischer, Alain 2: 14
Foligno, Angela de 1: 110
Forêts, Louis-René des 1: 10, 15, 135; 2: 14
Foucault, Michel 1: 4, 31; 2: 96, 97, 98, 160
France, Anatole 1: 160
Francesca, Piero della 1: 141; 2: 38
Frénaud, Jean 1: 9
Freud, Sigmund 1: 57; 2: 140, 170, 176
Froment, Yves 2: 150
Frontier, Alain 2: 150
Gailly, Christian 2: 14, 169, *185-196*
Galey, Matthieu 1: 55
Genet, Jean 1: 13, 27, 50, *89-105*
Genette, Gérard 1: 19, 167; 2: 62
Germain, Sylvie 2: 26
Ghelderode, Michel de 1: 25
Giacometti, Alberto 1: 130, 141
Gide, André 1: 41, 57; 2: 96, 179
Ginzburg, Carlo 2: 102
Giono, Jean 1: 14, 24
Girard, René 1: 4; 2: 60
Giraudoux, Jean 1: 59
Glissant, Edouard 1: 24
Goethe, Wolfgang 2: 123
Gogh, Vincent van 2: 37, 38, 39
Gombrowicz, Witold 2: 78, 187
Goya, Francisco 2: 38
Gracq, Julien 1: 15, 16; 2: 3, 4, 6
Gramsci, Antonio 2: 107
Gréco, Juliette 1: 10
Green, Julien 1: 25
Groethuysen, Bernard 1: 126
Grosjean, Jean 1: 8
Groult, Benoîte 1: 55
Guibert, Hervé 2: 9, 13, 50, 185
Guillevic, Eugène 1: 9
Guilloux, Louis 2: 88, 89, 102
Guyon, Marc 1: 8
Guyotat, Pierre 1: 11; 2: 148
Hammett, Dashiell 2: 91, 102
Hegel, Georg W.F. 1: 137; 2: 63, 64, 65
Heidegger, Martin 1: 33, 89, 139
Hellens, Franz 1: 109
Hello, Ernest 1: 111
Hemingway, Ernest 2: 11
Henein, Georges 1: 137
Hergé 1: 5
Heudaux, Pierre-Sébastien 2: 185
Hill, Reginald 2: 93
Hitchcock, Alfred 2: 178, 192
Hoffman, E.T.A. 2: 77, 170
Holder, Eric 2: 26
Hollier, Denis 2: 7
Horkheimer, Max 2: 90
Houellebecq, Michel 2: 4, 5
Husserl, Edmund 1: 33, 34
Ionesco, Eugène 1: 25, 48, 60
Ivens, Joris 2: 103
Izquierdo, Agustina 2: 29
Jabès, Edmond 1: 10
Jaccottet, Philippe 1: 9, 147, 148
Jakobson, Roman 2: 140
James, Henry 2: 179
James, P.D. 2: 93
Japrisot, Sébastien 2: 93, 94, 101
Jarry, Alfred 1: 11
Jelloun, Tahar Ben 1: 24
Jouve, Pierre Jean 1: 9
Joyce, James 1: 17, 72, 73, 74; 2: 148
Jünger, Ernst 1: 15
Kafka, Franz 1: 73, 115; 2: 11, 77, 175
Kant, Immanuel 2: 90, 189
Kassovitz, Matthieu 2: 15
Khlebnikov, Vladimir 2: 144
Kierkegaard, Sören 1: 137, 139
Kipling, Rudyard 2: 172
Klee, Paul 1: 111
Koltès, Bernard-Marie 1: 28
Kourouma, Ahmadou 1: 24
Kracauer, Siegfried 2: 90, 96
Kristeva, Julia 2: 142
La Bruyère, Jean 2: 27
Lacan, Jacques 1: 19, 77; 2: 160
Laé, Jean-François 2: 102

La Fontaine, Jean de 2: 27
Laforgue, Jules 2: 149
Lahougue, Jean 1: 23; 2: 12, *127-138*
Lang, Fritz 2: 104, 105
Lapointe, Bobby 1: 10
Laporte, Roger 2: 51
Larbaud, Valery 2: 49, 52
Laurent, Eric 2: 185
Laurent, Jacques 1: 14
Lauwers, Jean-Christophe 2: 145, 150
Lavaudent, Roger 1: 27
Lavelli, Jorge 1: 27
Le Clézio, Jean-Marie-Gustave 1: 20, 22; 2: 23
Le Fèvre de la Boderie, Guy 2: 27
Léautaud, Paul 1: 5
Leduc, Violette 1: 55
Leiris, Michel 1: VIII, 15, 135; 2: VIII, 157
Le Lionnais, François 1: 11
Lely, Gilbert 1: 137
Le Pillouër, Pierre 2: 150
Leroux, Gaston 2: 94
Lévi-Strauss, Claude 1: 24
Licari, Pascal 2: 186
Lindon, Irène 2: 185
Lindon, Jérôme 2: 185
Lipovetsky, Gilles 1: 6
Lorrain, Desiderii Le 2: 38, 39
Lorrain, Claude Le 2: 38, 39
Lotman, Yuri 1: 174
Lovecraft, Howard P. 2: 135
Loureau, René 2: 146
Lu Guimeng 2: 27
Lucretius 1: 126, 128; 2: 123
Lukàcs, György 1: 62
Luxun 2: 140
Lycofroon 2: 27
Lyotard, Jean-François 1: 4; 2: 182
Macé, Gérard 2: 11, 66
Maïakovski, Vladimir 2: 144
Mako 2: 88
Malenconi, Nicole 2: 13
Malet, Léo 2: 102
Malherbe, François de 1: 130, 131
Mallarmé, Stéphane 1: 31, 50, 141, 157, 166; 2: 49, 136, 149
Mallet, Robert 1: 5
Mallet-Joris, Françoise 1: 55
Malraux, André 2: 102
Mandiargues, André Pieyre de 1: 20, 23
Mann, Thomas 1: 56, 57, 59
Marais, Marin 2: 24, 25
Martialis 2: 27
Marx, Karl 2: 57, 82, 83, 100, 140
Maspéro, François 2: 10
Massin 1: 11
Mathews, Harry 1: 167; 2: 156
Maulpoix, Jean-Michel 1: 10; 2: 11
Meckert, Jean 2: 102
Melville, Herman 2: 179
Mertens, Pierre 1: 20, 23
Michaux, Henri 1: 12, *109-120*
Michon, Pierre 1: 23; 2: 13, *33-43*, 66
Minière, Claude 2: 150
Mirò, Joan 1: 146
Miquel, Pierre 2: 97
Mnouchkine, Ariane 1: 27
Modiano, Patrick 1: 20
Montaigne, Michel de 2: 66
Montel, Claude 2: 12
Montherlant, Henry de 1: 25
Moraly, Jean-Bernard 1: 89
Morand, Paul 1: 24
Mounier, Christian 2: 88
Murard, Numa 2: 102
Musil, Robert 2: 156
Nabokov, Vladimir 1: 23; 2: 128, 134, 135
Nadeau, Maurice 1: 168
Ndiaye, Marie 2: 9, 14, 185
Nietzsche, Friedrich 1: 63, 139
Nimier, Roger 1: 14
Nizan, Paul 1: 46; 2: 102
Noguez, Dominique 2: 4, 50, 51
Novarina, Valère 1: 11, 28; 2: *139-152*
Obaldia, René de 1: 26
Ollier, Claude 1: 16, 23; 2: 8

Oster, Christian 2: 14, 185
Otchakovsky-Laurens, Paul 2: 52
Ouologuem, Yambo 1: 24
Paulhan, Jean 1: 109, 130, 131
Peeters, Benoît 1: 5, 23; 2: 92
Peignot, Jérôme 1: 11
Peters, Ellis 2: 93
Pennac, Daniel 2: 4
Perec, Georges 1: 21, *163-178*; 2: 3, 7, 8, 103, 128, 156, 169
Péret, Benjamin 1: 6
Perrault, Gilles 2: 88
Perros, Jacques 1: 10
Pichette, Henri 1: 25
Piemme, Jean-Marie 2: 144
Pinget, Robert 1: 16, 18, 20, 26; 2: 111, 187
Pirandello, Luigi 2: 78
Pirotte, Jean-Claude 2: 8
Planchon, Roger 1: 27
Plato 1: 129, 144
Pleynet, Marcelin 2: 142
Plissart, Marie-Françoise 1: 5
Plutarchus 2: 96
Poe, Edgar Allan 2: 90, 94, 98, 100
Ponge, Francis 1: 12, 19, 36, *121-134*; 2: 51, 140, 142
Poussin, Nicolas 1: 141, 158
Powers, Richard 2: 92
Prévert, Jacques 1: 5
Prigent, Christian 1: 11; 2: 12, *139-152*
Proust, Marcel 1: 72, 80, 100, 157, 160; 2: 22, 48, 63, 73, 118
Puchol, Jeanne 2: 88
Puech, Jean-Benoît 2: 14
Queneau, Raymond 1: VIII, 11, 15, 60, 163, 167; 2: VIII, 103, 158, 187
Quignard, Pascal 1: 21; 2: *19-31*, 66
Rabelais, François 1: 11, 28; 2: 75, 76, 146, 148
Racine, Pierre 1: 136
Raulet, Philippe 2: 185
Rebatet, Lucien 2: 103
Réda, Jacques 1: 10
Rendell, Ruth 2: 93
Resnais, Alain 1: 5, 18
Ricard, François 1: 6
Ricardou, Jean 1: 16, 23; 2: 131, 133
Richard, Jean-Pierre 2: 42, 64
Ricoeur, Paul 1: 61
Rilke, Rainer Maria 2: 81
Rimbaud, Arthur 1: 10, 141; 2: 33, 35, 38, 41, 72, 74, 75, 77, 148, 149, 150
Rio, Michel 1: 21
Rivière, François 2: 135
Robbe-Grillet, Alain 1: 5, 16, 18, 22, 23; 2: 92, 93, 144, 176
Roche, Denis 1: 7; 2: 12, 143, 144
Roche, Maurice 1: 18
Roegiers, Patrick 2: 8
Rolin, Dominique 1: 20
Rolin, Jean 2: 9, 10
Ronis, Willy 2: 88, 103
Rosenberg, Harold 1: 160
Rosi, Rossano 2: 14, 186
Roth, Philip 2: 179
Rouaud, Jean 2: 14, 112
Roubaud, Alix Cléo 2: 161
Roubaud, Jacques 1: 7, 11, 12; 2: 11, 12, *153-163*
Roussel, Raymond 1: 166, 168; 2: 135, 136, 169, 175
Rushdie, Salman 2: 103
Ruusbroeck, Jan van 1: 110
Sade, D.A.F. de 1: 15; 2: 144
Sagan, Françoise 1: 14, 55; 2: 175
Saint-John Perse 1: 8, 144; 2: 75
Sainte-Colombe, Monsieur de 2: 25
Salacrou, Armand 1: 27
Sallenave, Danielle 2: 23
Sarraute, Nathalie 1: 16, 18, 26, 55; 2: 110
Sartre, Jean-Paul 1: 13, 14, 17, 25, *31-53*, 93, 94, 99, 156; 2: 109, 115, 139, 157, 158
Savary, Jérôme 1: 27
Savitzkaya, Eugène 2: 8, 14, 145, 185
Shakespeare, William 2: 76

Schopenhauer, Arthur **1**: 72
Schumann, Robert **1**: 71
Scutenaire, Louis **1**: 21
Sei Shônagon **2**: 27
Senghor, Léopold **1**: 8
Serena, Jacques **2**: 26, 185
Serreau, Jean-Marie **1**: 27
Serres, Michel **1**: 4
Simenon, Georges **1**: 20; **2**: 90, 94, 100, 102, 103, 129, 135
Simon, Claude **1**: 16, 18, 20, *153-161*; **2**: 8, 65, 73, 132
Sirene, Synesios van **2**: 27
Sjestov, Leo **1**: 137, 139
Sjöwall, Maj **2**: 172
Sollers, Philippe **1**: 18, 22, 133; **2**: 7, 23, 139, 141, 142, 143, 145
Soulat, Robert **2**: 88
Spinoza, Baruch de **2**: 27
Stéfan, Jude **1**: 12
Stein, Gertrud **2**: 140
Steinmetz, Jean-Luc **2**: *139-152*
Stendhal **1**: 14; **2**: 49, 60
Sterne, Lawrence **2**: 179
Stevenson, Robert Louis **2**: 182
Storck, Henri **2**: 103
Tardi, Jacques **1**: 5; **2**: 88
Thomas, Henri **1**: 20
Tortel, Jean **1**: 9
Tournier, Michel **1**: 20, 22
Toussaint, Jean-Philippe **1**: 22; **2**: 8, 84, 169, *185-196*
Vaillant-Couturier, Paul **2**: 88, 89
Valéry, Paul **1**: 14, 136; **2**: 120, 129, 187
Varro **2**: 27
Velde, Bram van de **1**: 70, 146
Vergilius **1**: 136
Verheggen, Jean-Pierre **1**: 21; **2**: *139-152*
Verne, Jules **1**: 168, 170, 177; **2**: 135, 149, 172, 174, 176, 179
Vian, Boris **1**: 10, 25
Vilar, Jean **1**: 25
Vinaver, Michel **1**: 28
Vitez, Antoine **1**: 27
Volodine, Antoine **2**: 4, 26, 185
Voltaire **1**: 57; **2**: 115, 191
Wahlöö, Per **2**: 172
Watteau, Antoine **2**: 38
Weber, Max **1**: 139
White, Edmund **1**: 89
Wittig, Monique **1**: 19
Yacine, Kateb **1**: 24, 27
Yourcenar, Marguerite **1**: 20, *55-66*
Zola, Emile **2**: 174

OMTRENT DE AUTEURS

Sémir BADIR is als aangesteld navorser bij het FWO werkzaam aan de Université de Liège. Hij promoveerde op een proefschrift over Hjelmslev en heeft een bijzondere interesse voor de epistemologische problemen van de postmoderniteit. Hij is hoofdredacteur van het tijdschrift *Ecritures* (dat zonet een themanummer over Renaud Camus uitbracht) en probeert in die hoedanigheid de praktijk en de theorie van de hedendaagse schriftuur dichter bij elkaar te brengen.

Jan BAETENS is docent Visuele cultuur aan de Universiteit van Maastricht en is ook verbonden aan het Instituut voor Culturele Studies van de KU Leuven. Hij publiceerde meerdere boeken over de relatie tussen literatuur en beeldende kunsten. Onlangs verschenen van hem *Le Réseau Peeters* (Amsterdam, Rodopi, 1996) en de dichtbundel *416 Heptasyllabes* (Leuven, uitg. P, 1998; met een Nederlandse versie van Dirk van Bastelaere).

Jean-Pierre BERTRAND doceert Franse literatuur en algemene literatuurwetenschap aan de Université de Liège. Hij is auteur van o.a. *Les Complaintes de Jules Laforgue* (Paris, Klincksieck, 1997) en medesamensteller, met Jean-Paul Aron, van het dubbelnummer van het tijdschrift *Textyles* over hedendaagse Frans-Belgische literatuur ("Lettres du jour", 1996-1997).

Bruno BLANCKEMAN is auteur van een proefschrift en verschillende artikels over Pascal Quignard. Hij is hoofdredacteur van het tijdschrift *Prétexte* waarin tot op heden reeds een aantal belangrijke dossiers verschenen (bijvoorbeeld het themanummer over Noordafrikaanse literatuur). Als recensent publiceert hij regelmatig in *Critique*.

Frédéric BRIOT is docent klassieke Franse Letterkunde aan de Université Charles de Gaulle (Lille-III). In verband met dit onderwerp was hij gastredacteur bij verschillende tijdschriften (o.a. *Nord*). Verder publiceerde hij *Usage du monde, usage de soi: enquête sur les mémorialistes d'Ancien Régime* (Paris, Seuil, 1994). Zijn interesse en onderzoek gaan echter ook uit naar hedendaagse schrijvers met speciale aandacht voor Jacques Roubaud.

Koenraad GELDOF doceert Moderne Franse letterkunde en literaire theorie aan de KU Leuven. Hij publiceerde talrijke studies in dit verband, alsook *La Voix et l'événement. Pour une analytique du discours métalittéraire*, Leuven – Montréal, U.P. Leuven – Balzac, 1993 en *Analytiques du sens. Essais sur la sociologie de la culture*, Leuven – Paris, Peeters – Vrin, 1996. Verder was hij als mederedacteur, samen met Rudi Laermans, betrokken bij de publicatie van *Sluipwegen van het denken. Over Michel de Certeau*, SUN, Nijmegen, 1996.

Sjef HOUPPERMANS doceert Frans aan de Universiteit van Leiden. Zijn proefschrift over Raymond Roussel (verschenen in 1985 bij José Corti onder de titel *Raymond Roussel, écriture et désir*) getuigt zowel van zijn kennis van de hedendaagse literatuur als van een grote vertrouwdheid met de psychoanalyse. Verder verschenen van hem o.a. een studie over Robbe-Grillet als autobiograaf en *Lectures du désir: de Madame de Lafayette à Régine Detambel et de Jean de la Fontaine à Jean Echenoz* (Amsterdam, Rodopi, 1997).

Els JONGENEEL doceert Algemene Literatuurwetenschap en Franse literatuur aan de Universiteiten van Groningen en Leiden. Samen met Barend van Heusden verzorgde ze de uitgave van *Algemene literatuurwetenschap: een theoretische inleiding* (Utrecht, Spectrum, 1993) en met Maarten van Buuren publiceerde ze *Moderne Franse literatuur: van 1850 tot heden* (Groningen, Nijhoff, 1996).

Sidonie LOUBRY is verbonden aan de Université Charles de Gaulle (Lille-III). Ze bereidt er een proefschrift voor over het werk van Pierre Michon, over wiens oeuvre ze reeds verschillende studies publiceerde.

Dominique VIART is hoogleraar Moderne Franse Letterkunde aan de Université Charles de Gaulle (Lille-III). Hij is de auteur van een groot aantal studies over moderne literatuur waaronder *L'Ecriture seconde, pratique poétique de Jacques Dupin* (Paris, Galilée, 1982) en *Une mémoire inquiète. «La Route des Flandres» de Claude Simon* (Paris, PUF, 1997). Hij stelde ook verschillende essaybundels samen. Bij de Editions des Lettres Modernes (Parijs) is hij verantwoordelijk voor de reeks "Ecritures contemporaines."

Franse literatuur na 1945

Jan Baetens & Koenraad Geldof (red.)

Franse literatuur na 1945 *is een driedelig, Nederlandstalig overzichtswerk dat de belangrijkste literaire, theoretische en essayistische stromingen in het naoorlogse Franse literaire veld in kaart wil brengen. Elk volume bestaat uit een algemene inleiding gevolgd door een tiental bijdragen van Franse, Nederlandse en Belgische specialisten. De essays zijn op een toegankelijke manier geschreven zonder evenwel aan kwaliteit en precisie in te boeten. Het perspectief van de verschillende bijdragen is zowel monografisch als kritisch: ze geven een overzicht van het werk van de geselecteerde auteurs met de nodige aandacht voor de intertekstuele en contextuele inbedding en ze maken eveneens een tussentijdse balans op. Alle bijdragen worden bovendien gevolgd door een beknopte primaire en secundaire literatuurlijst, zodat de lezer zelf aan de slag kan.* Franse literatuur na 1945 *is dus duidelijk meer dan een louter encyclopedisch naslagwerk: 'klassieke' namen worden aan een eigentijdse evaluatie onderworpen en 'onbekende figuren' worden voor het eerst in het Nederlandse taalgebied geïntroduceerd. Een zorgvuldig en internationaal samengestelde ploeg moet borg staan voor de kwaliteit van het geheel.*

Deel 1: Figuren uit de canon

bevat, naast een algemene inleiding, bijdragen over Jean-Paul Sartre, Marguerite Yourcenar, Samuel Beckett, Jean Genet, Henri Michaux, Francis Ponge, Yves Bonnefoy, Claude Simon en Georges Perec.

Deel 3: Kritiek, theorie en essay

opent eveneens met een algemeen overzicht van stromingen en tendenzen, gevolgd door bijdragen over Gaston Bachelard, Pierre Bourdieu, Pierre Macherey, Julia Kristeva, Gérard Genette, Maurice Blanchot, Jacques Derrida, Michel Foucault, Jean Ricardou, Gilles Deleuze, Roland Barthes, Hélène Cixous, Georges Bataille, Jean-François Lyotard, Michel Serres, Jean Baudrillard, Cioran, Tzvetan Todorov en A.-J. Greimas.

PRINTED ON PERMANENT PAPER • IMPRIME SUR PAPIER PERMANENT • GEDRUKT OP DUURZAAM PAPIER - ISO 9706
ORIENTALISTE, KLEIN DALENSTRAAT 42, B-3020 HERENT